# FABLIAUX

## LV

## DU MANTEL MAUTAILLIÉ

Paris, Bibl. nat., Mss. fr. 353, fol. 42 r° à 44 r°,
837, fol. 27 r° à 31 r°, 1593, fol. 111 v° à 115 v°,
et Bibl. de Berne, Mss. 354, fol. 93 v° à 100 v°.

'UNE aventure qui avint
A la cort au bon Roi qui tint
Bretaingne et Engleterre quite,
Por ce que n'est pas à droit dite,
Vous vueil dire la verité.
    A la Pentecouste en esté
Tint li Roi Artus cort pleniere.
Onques rois en nule maniere
Nule plus riche cort ne tint.
De maint lontain païs i vint
Maint roi et maint duc et maint conte,
Si com l'estoire le raconte.

Li Rois Artus ot fet crier
Que tuit li jone bacheler
I venissent delivrement,
Et si fu el commandement
Que qui auroit sa bele amie,
Que venist en sa compaignie.
Que vous iroie je contant ?
De damoiseles i vint tant
Que je n'en sai le conte dire.
Molt par en fust griez à eslire
La plus bele, la plus cortoise.
A la Roïne pas n'en poise
De se qu'eles sont assamblées ;
En sa chambre les a menées,
Et, por eles plus esjoïr,
Lor fist maintenant departir
Robes de diverses manieres ;
Molt furent vaillanz les moins chieres
De molt bone soie et de riche.
Mès qui vous voudroit la devise
Et l'uevre des dras aconter,
Trop i convendroit demorer
Qui bien en voudroit reson rendre ;
Mès aillors me covient entendre.
Molt fet la Roïne à loer ;
Après lor a fet aporter
Fermaus, çaintures et aniaus ;
Onques tel plenté de joiaus
Nul hom, mien escient, ne vit
Comme la Roïne lor fist

# RECUEIL GÉNÉRAL
ET COMPLET
DES
# FABLIAUX
DES XIIIe ET XIVe SIÈCLES

IMPRIMÉS OU INÉDITS

*Publiés avec Notes et Variantes d'après les Manuscrits*

PAR MM.

ANATOLE DE MONTAIGLON

ET

GASTON RAYNAUD

TOME TROISIÈME

PARIS

LIBRAIRIE DES BIBLIOPHILES

Rue Saint-Honoré, 338

M DCCC LXXVIII

RECUEIL

DES FABLIAUX

A ses puceles aporter ;
S'en fist à chascune doner
Tant comme onques en voudrent prendre.
　Or me covient aillors entendre
Et du bon Roi Artu parler,
Qui fist aus chevaliers doner
Robes molt riches et molt beles,
Et grant plenté d'armes noveles,
Et molt riches chevaus d'Espaingne,
De Lombardie et d'Allemaingne.
N'i ot si povre chevalier
Qui n'eüst armes et destrier
Et robe, se prendre les volt ;
Onques si grant plenté n'en ot
A une feste plus doné.
Si en ont tuit le Roi loé
Qui nel fist mie en repentant,
Ainz fist toutes vois samblant
Que riens ne li griet ne ne couste.
　Le samedi de Pentecouste,
Fu cele grant cort assamblée ;
Molt ont grant joie demenée ;
Molt i ot le jor grant deduit.
Quant il virent venir la nuit,
Aus ostex alerent couchier ;
Les liz firent li escuier ;
Si coucha chascuns son seignor.
Au matin, quant il fu cler jor,
Resont à la cort assamblé,
Et o le Roi en sont alé

Tuit ensamble à la mestre yglise.
La Roïne vait le service
Et ses puceles escouter.
Ci ne vueil je plus demorer
Ni de noient fere lonc conte,
Si con l'estoire le raconte.
    Quant le service fut finé,
Tuit en sont à la cort alé,
Et la Roïne en a menées
En ses chambres encortinées
Toutes ses puceles o li.
Li serjant furent bien garni
De doner au Roi à mengier :
Seur les tables sont li doublier,
Les salieres et li coutel.
    Mès au Roi Artu n'ert pas bel
Que il menjast ne ne beüst
Por tant que haute feste fust,
Ne qu'à la table s'asseïst
De si que à la cort venist
Aucune aventure novele.
Gavains le seneschal apele;
Se li demande ce qui doit
Que li Rois mengier ne voloit;
Quar il est ja molt près de nonne;
Et Kex le Roi en arresone :
« Sire », fet il, « ice que doit
Que vous ne mengièz orendroit?
Vostre mengier est prest pieça. »
Li Rois sourrist, si l'esgarda :

« Dites moi », fit il, « seneschal,
Quant veistes vous feste anual
Que je à mengier m'asseïsse
De si que à ma cort veïsse
Aucune novele aventure? »
　　Estes vous, poingnant à droiture,
.I. vallet par mi une rue.
Son cheval d'angoisse tressue
Qui molt venoit à grant esploit.
Gavains tout premerains le voit,
Qui aus chevaliers escria :
« Se Dieu plest, nous mengerons ja,
Quar je voi ça venir corant
Seur .i. molt grant roncin ferrant
.I. vallet par mi une porte,
Qui aucune novele aporte. »
　　Atant est li vallès venuz;
Devant la sale est descenduz;
Assez fu qui son cheval prist.
Li vallès de riens ne mesprist,
Quar molt fut sages et membrez :
De son mantel s'est desfublez;
Si l'a geté de maintenant
Sor le col de son auferrant.
　　Quant desfublez fu du mantel,
A grant merveille par fu bel;
* Blont ot le chief et cler le vis,
Bele bouche et nez bien assis,
Grosses espaules et lons braz.
Trestout à .i. mot le vous faz;

Onques plus bel ne fist Nature;
Grant cors et grant enforceüre,
Jambes bien fetes, piez voutiz;
Sages paroles et biaus diz
Ot li vallès à grant plenté.
Quant en la sale fu entré,
Cortoisement et biau parla :
« Cil Diex », fet il, « qui tout forma,
Saut et gart ceste compaignie.
— Biaus amis, Diex vous beneïe »,
Ce li dist Kex le seneschaus;
« Tressuez est vostre chevaus,
Quar me dites que vous querez.
— Sire », fet il, « ainz me moustrez
Et m'enseigniez Artu le Roi;
Quar, par la foi que je vous doi,
Je li dirai ja tex noveles,
Qui à toz ne seront pas beles
E teus i a qu'en auront joie. »
A chascun est tart que il oie
Que c'est que li vallès a quis.
« Par mon chief », dist il, « biaus amis,
« Vez le là en cele chaiere. »
Li chevalier sont tret arriere;
Si lessent le vallet aler.
Cil, qui n'a soing de demorer,
En est devant le Roi venuz;
Se li a fet .I. gent saluz :
« Cil Diex », fet il, « qui fist le mont
Et toutes les choses qui sont

Et de tout fet sa volenté,
Gart le meillor Roi coroné
Qui onques fust ne jamès soit!
Sire », fet il, « or est bien droit
Que je vous die que j'ai quis.
Une pucelle m'a tramis
De molt lontain païs à vous :
I. don vous requier à estrous,
Et si vueil bien que vous sachoiz
Se je ne l'ai à ceste foiz
Ja ne vous ert plus demandé;
Ne ja ne vous sera nommé
Ne le don ne la damoisele
Qui tant est avenant et bele,
De si que je de fi saurai
Si je de vous le don aurai.
Et je vous creant une rien
Et vueil que tuit le sachent bien
Que je ne vous querrai hontage
Où aiez honte ne domage. »
Gavains a premerains parlé :
« Cist dons ne puet estre veé »,
Fet il, « que n'i ait vilonie,
Mès que nis .I. ne l'en mercie. »
Lors a dit li Rois qu'il l'auroit,
Tout maintenant qoi que ce soit;
Cil l'en mercie o bele chiere.
Et li vallès prist s'aumosniere;
Si en a tret fors .I. mantel.
Onques nul hom ne vit si bel,

Quar une fée l'avoit fet;
Nul n'en saveroit le portret
Ne l'uevre du drap aconter.
   Or lerai de l'ouvrage ester;
Si vous dirai une merveille,
Onques n'oïstes la pareille.
La fée fist el drap une oevre
Qui les fausses dames descuevre;
Ja feme qui l'ait afublé,
Se ele a de rien meserré
Vers son seignor, se ele l'a,
Ja puis à droit ne li serra,
Ne aus puceles autressi,
Se ele vers son bon ami
Avoit mespris en nul endroit
Ja plus ne li serroit à droit
Que ne soit trop lonc ou trop cort.
Et cil oiant toute la cort,
Lor a tout aconté et dit
L'uevre du mantel et descrit.
Puis dist au Roi isnelemant :
« Sire », fet il, « de maintenant
Que n'i ait point de demorer !
Fetes le mantel afubler ;
Se n'i ait dame ne pucele
Qui sache mot de la novele
Dont ceenz a grant assamblée.
El me fu de molt loins contée.
Si sui venuz d'estrange terre
Por seulement cest don requerre. »

Molt esgarderent le mantel,
Et dist : « Gavains, ci a don bel,
Et molt regnable est à doner.
Fetes la Roïne mander ;
Gavains, alez i esraument,
Vous et Yvain tant seulement,
Et si dites à la Roïne
Que n'i ait dame ne meschine
Qu'ele ne face o li venir ;
Quar je vueil fermement tenir
Ce qu'au vallet ai creanté. »
Et cil, cui il l'a commandé,
I sont alé de maintenant.
La Roïne truevent lavant,
Qui du mengier s'apareilloit,
Que durement li anuioit
De ce que tant ot jeüné.
Gavains a premerain parlé :
« Dame », fet il, « li Rois vous mande
Et tout à estrous vous commande
Que vous, sans plus de delaier,
Venez en la sale mengier.
Si amenez ces damoiseles
Qui tant sont avenanz et beles,
Quar à cort vint ore .I. danzel
Qui aporta .I. cort mantel :
Onques nus si riche ne vit,
Le drap est d'un riche samit,
Il est à merveilles bien fet ;
Molt honorera le portret

Et les ouvrages qui i sont;
Il n'a son per en tout le mont,
Et sachiez bien de verité
Que il a au Roi creanté
Que il à cele le donra
A cui miex et plus bel serra. »
Or s'en vait la Roïne au Roi,
Molt maint o li riche conroi
De dames et de damoiseles;
Nulz hon ne vit onc de si beles
Onques mais à une assemblée
Que chascune se fust parée
D'atorner gentement son cors.
Quant de la sale vindrent fors,
Por ce que sont si atornées
Furent durement regardées
De toz les barons de la cort;
Toz li barnages i acort
Por esgarder ce que sera.
Li Rois le manteu desploia,
A la Roïne l'a monstré,
Puis li a dit et creanté
Que il tout errant le donra
A cele cui il melz serra.
Mès onques ne lor en dist plus;
S'eles seüssent le sorplus,
Miex vousissent que il fust ars,
Se il vousist .c$^m$. mars.

La Roïne premier le prent;
Maintenant à son col le pent

Que molt amast que il siens fust.
Mès, se la verité seüst
Comment li mantiaus fu toissuz,
Ja à son col ne fust penduz.
A paine au soller li ataint ;
Toz li vis li palist et taint
Por la honte que ele en ot.
Yvains par delez li estot
Qui li voit si noircir le vis :
« Dame », fet il, « il m'est avis
Que il ne vous est pas trop lonc.
Sachiez qui le travers d'un jonc
Du mantel sanz plus osteroit,
Ja puis à droit ne vous serroit.
Cele damoisele de là
Qui delez vous à destre esta,
Ele l'afublera avant ;
Quar ele est bien de vostre grant.
Amie est Tors le filz Arès ;
Le mantel li bailliez après,
Si porrez bien à li veoir
S'il vous porra à droit seoir. »
Desfublée s'est la Roïne ;
Le mantel tent à la meschine
Qui molt volentiers l'afubla,
Et le mantel plus acorça
Qu'à la Roïne n'avoit fet.
« Tost est ore », dist Kex, « retret,
Si ne l'a on pas loin porté. »
Et la Roïne a demandé

Tout entor li à ses barons :
« Dont ne m'est il assez plus lons ?
— Dame », dist Kex li seneschaus,
« Avis m'est qu'estes plus loiaus
Que ceste n'est, mès c'est petit ;
Et si ai je malement dit
Que plus leaus n'estes vous mie,
Mès mains a en vous tricherie. »
Et la Roïne a demandé
Comment va de la loiauté,
Que l'en die delivrement
Tout quanqu'au mantel en apent,
Et Kex li a trestout conté
De chief en chief la verité,
Si con li vallès l'ot contée
Et du mantel et de la fée
Et l'ouvrage qu' ele i fist ;
Tout de chief en chief li a dit
Si c'onques riens n'en trespassa.
La Roïne se porpenssa
S'ele fesoit d'ire samblant
Tant seroit la honte plus grant ;
Chascune l'aura afublé ;
Si l'a en jenglois atorné :
« Quant je l'ai afublé avant,
Que vont ces autres atendant ?
— Dame, dame », ce a dit Koi,
« Ancui verrons la bone foi
Que vous fetes à voz seignors
Et la leauté des amors

Que ces damoiseles demainent,
Por qui cil chevalier se painent
Et metent en granz aventures. »
Molt se feïssent ore hui pures
Qui d'amors les aresonast ;
N'i a cele qui ne jurast
S'il fust qui prendre la vousist
Que onques de riens ne mesprit.
  Quant les dames ont entendu
Comment le mantel fu tissu
Et l'uevre que la fée i fist,
N'i a cele qui ne vousist
Estre arrieres en sa contrée,
Que n'i a dame si osée
Ne damoisele qui l'ost prendre.
« Bien le poons », dist li Rois, « rendre
Au vallet qui ça l'aporta ;
Bien voi, ceenz ne remaindra
Por damoiscle qui i soit. »
Li vallès dist : « Tenez moi droit,
Jamès nul jor ne le prendrai
De si adont que je verrai
Que toutes l'auront afublé,
Quar ce que Rois a creanté
Doit par reson estre tenu. »
Et li Rois li a respondu :
« Biaus amis, vous dites reson ;
Il n'i aura ja achoison
Que ne lor coviegne afubler. »
Lors les veïssiez encliner,

Muer color et empalir,
D'ire et de mautalent fremir.
N'i a cele qui ne vousist
Que sa compaigne le preïst,
Ne ja ne l'en portast en vie.
Kex en a apelé s'amie :
« Damoisele, venez avant ;
Oiant ces chevaliers, me vant
Que vous estes leaus par tout,
Que je sai bien sanz nul redout
Vous le poez bien afubler ;
N'i aurez compaingne ne per
De leauté ne de valor.
Vous en porterez hui l'onor
De ceenz sanz nul contredit. »
La damoisele li a dit :
« Sire », fet el, « s'il vous pleüst,
Je vousisse qu'autre l'eüst
Afublé tout premierement ;
Quar j'en voi ceenz plus de cent
Que nule nel veut afubler.
— Ha ! » fet Kex, « je vous voi douter :
Je ne sai que ce senefie.
— Sire », fet el, « ce n'i a mie ;
Mès j'en voi ceenz grant plenté
Dont chascune a assez biauté,
Et nule ne l'ose sesir ;
Si ne me vueil por ce envaïr
Que ne me fust à mal torné.
— Ja mar en douterez mau gré »,

Fet Kex, « qu'eles n'en ont talent. »
Et la damoisele le prent ;
Voiant les barons, l'afubla
Et li mantiaus plus acorça
Aus jarès et noiant avant,
Et li dui acor de devant
Ne porent les genouz passer.
« Voirement, n'i avoit son per »,
Ce li a dit Bruns, sanz pitié ;
« Bien doit estre joiant et lié
Mesire Kex li seneschaus ;
Voirement estes desleaus. »
Quant Kex li vit si messeoir,
Il ne vousist por nul avoir
Que li Rois peüst aramir
Que ne se pot mie couvrir,
Que veü est de tant de gent.
« Lors », dist Ydier en sorriant,
Bien doit à eschar revertir
Qui en toz tens en veut servir. »
Cele n'i voit point de rescousse,
Et Kex dist à la parestrousse :
« Seignor, trop vous poez haster,
Nous verrons ja sanz demorer
Comment il ert aus voz seant :
Fetes les tost venir avant,
Ja verrons comme il lor serra. »
Arriere lors le desfubla,
Si l'a geté sor .i. seoir:
Si se rest alée seoir.

Quant les autres orent veü
Que si mal li est avenu,
Molt par fu le vallet maudit;
Quar bien sevent que escondit
Ne lor pooit avoir mestier;
Por noient feroient dangier
Que ne lor coviengne afubler.
Le conestable Du Lorer
En a le Roi à reson mis :
« Sire », fet il, « il m'est avis
Que nous sommes tuit molt vilain ;
L'amie mon seignor Gavain,
Venelaus la preus, la cortoise,
A mon seignor Gavain en poise
De ce que trop est oubliée.
— Si soit », fet li Rois, « apelée. »
Beduiers tantost l'apela,
Et la pucele se leva
Qui pas ne l'osoit refuser,
Et li Rois li fist aporter
Le mantel, et ele le prent;
Maintenant à son col le pent,
Que n'i osa essoine querre.
Derriere li ataint à terre
Si que plain pié le traïna;
Le destres acor se leva
Si que le genoil descouvri,
Et li senestres se forni,
Tout entor ala le mantel.
A Keu le seneschal fu bel

Quant il choisi l'acor si cort;
Ne cuidoit qu'en toute la cort
Eüst dame plus fust loiaus :
« Par mon chief », dist li seneschaus,
« Huimès, la dame Dieu merci,
Ne serai je seul escharni;
Quar cel acor que je là voi
Nous senefie ne sai qoi;
Or vous en dirai mon avis :
La damoisele o le cler vis
Ot la destre jambe levée
Et sor icele fu corbée,
Et l'autre remest en estant,
Et si croi je que en gisant
Li avint ce à .I. trespas.
Je croi que je ne vous ment pas
A la besoingne que je di. »
Mesires Gavainz fu marri
Que onques mot ne li sona,
Et Kex dist que il la menra
Seoir avoec la seue amie;
Quar poi ont encor compaignie.
   Li Rois prist par la destre main
L'amie mon seignor Yvain
Qui au roi Urien fu fil,
Le preu chevalier, le gentil,
Qui tant ama chiens et oisiaus :
« Bele », fet il, « icist mantiaus
Doit estre vostres par reson.
Nus ne set en vous achoison

Que bien ne le doiez avoir :
Nus ne puet rien de vous savoir. »
Dist Gahariès li petiz :
« N'afichiez mie si voz diz
Devant que vous aurez veü
Comment il li ert avenu. »
Affublé l'a delivrement :
Li mantiaus arriere s'estent
Si que plain pié li traïna.
Li mestres acors se leva
Seur le genoil .I. seul petit :
« Sire », Gahariès a dit,
« Molt par est fols qui nule en croit,
Que chascune le sien deçoit;
S'il estoit le mieudres de l'ost,
Tant le decevroit el plus tost.
Or en droites le disiez vous
Qu'ele l'auroit tout à estrous;
Or poez bien apercevoir
S'ele le puet par droit avoir;
Or vous en dirai mon semblant :
Li mantiaus qui arriere pant
Nous moustre qu'il chiet de son gré
Volentiers seur icel costé,
Et li autres, qui tant li lieve,
Nous moustre que molt poi li grieve
A lever contremont les dras;
Quar ele veut isnel le pas
Soit la besoingne apareillie. »
La damoisele est tant irie

Qu'ele ne set que fere doie.
Si prent par l'atache de soie
Le mantel, si l'a jus geté;
Le vallet qui l'ot aporté
A molt escordelment maudit,
Et Kex li seneschaus a dit :
« Bele, ne vous corouciez pas ;
O damoisele Venelas
Vendrez seoir et o m'amie;
Quar poi ont encor compaignie. »
Li Rois apela demanois
L'amie au damoisel galois
Qui Percheval ert apelez :
« Bele », fet li Rois, « or prenez
Le mantel, vostres ert en fin ;
Vous avez le cuer enterin :
Bien sai que il vous remaindra. »
Girflès de parler se hasta ;
Si dist au Roi : « Sire, merci ;
N'afichiez nule riens issi
Tant que la fin aurez veüe
Et con l'uevre ert aperceüe. »
La damoisele s'aperçoit
Et à escient set et voit
Qu'ele n'en puet par el passer.
Mès, quant el le dut afubler,
Les ataches en sont rompues
Et à la terre jus cheües
Avoec le mantel tout ensamble ;
Et li cors d'angoisse li tramble,

Si que ne se set conseillier.
Molt l'esgardent li chevalier
Et escuier et jovencel ;
Molt par ont maudit le mantel
Et celui qui l'i aporta ;
Quar jamès à droit ne serra
A dame ne à damoisele,
Tant soit ne cortoise ne bele
Que ja por ce li seïst miex ;
Les lermes li chieent des iex,
N'i a si petit qui nel voie,
Et Kex maintenant la convoie
O s'amie et o la Gavain :
« Tenez », fet il, « je vous amain,
Que ne vous anuit, compaignie. »
Mès nule si ne l'en mercie,
Et il s'en retorne riant.

Le vallet prist de maintenant
Le mantel qui gisoit à terre.
« Or i convient ataches querre,
Biaus amis, » ce li dist li Rois ;
Et il en i mist demanois
Unes qu'il prist en s'aumosniere
Qu'il ne veut en nule maniere
Soit destorbée la besoingne,
Ne que nus hom i quiere essoingne
Mès affubler delivrement ;
Et lors li Rois le mantel prent.
Kex a par grant ire parlé :
« Trop avons », fet il, « jeüné ;

Por qoi font ces dames dangier
Que ja ne serront au mengier
Tant qu'eles l'aient afublé,
Et s'en pueent avoir maugré,
Et si l'afubleront après. »
Girflès, qui fu fel et engrès,
Li respondi : « Sire, nel dites ;
Bien les en poez clamer quites,
Se il vous venoit à plesir ;
Volez les vous plus que honir ?
Et, quant eles le mantel voient,
Eles creantent et otroient,
Oiant seignors, oiant amis,
Que le mantel soit arrier mis.
Volez les vous chacier avant ? »
Lors le lessast li Rois atant,
Por ce que avoit dit Girflès,
Quant avant sailli li vallès,
Et dist au Roi : « Je vous demant
Que vous me tenez couvenant
Si com vous le m'avez promis. »
Li chevalier sont tuit penssis ;
Nus d'aus ne li set mès mot dire.
Ydiers en apela par ire
S'amie, qui lez luy seoit ;
Quar au matin de voir cuidoit
Que nule ne fust plus loiaus :
« Damoisele, li seneschaus
Me dist or que trop me hastoie :
Je dis que riens ne me doutoie ;

Mès je me fiai en vous tant
Que je parlai seüremant ;
Mès molt le fetes lentement,
Or sachiez que je m'en repent
Por ce que je vous voi douter.
Alez le mantel affubler ;
Quar je ne vueil plus delaier.
Por qoi en fetes vous dangier,
Quant n'en poez par el passer ? »
Li Rois li fist tost aporter
Le mantel, et ele le prent,
Maintenant à son col le pent
Que n'i osa essoine querre ;
Li acor cheïrent à terre
Si que plain pié li traïnerent.
Li plus des chevaliers cuidierent
Que en li n'eüst se bien non ;
Puis regarderent le crepon
Qui trestoz descouvers estoit.
Girflet, qui premerains le voit,
Li escrie de maintenant :
« Li acor en sont trop pendant ;
Ne fu pas à vostre oes tailliez ;
Jamès derrier n'ert si moilliez
Qu'il puisse roons devenir. »
Et Kex, qui ne se pot tenir
De ce qu'Ydier l'ot ramposné,
L'en rendi tantost la bonté :
« Ydier, que vous en est avis ?
Vostre amie n'a rien mespris ;

Bien vous en poez or gober :
Vous n'en poez que .iii. trover
Esprovées de leauté.
Li siecles est si atorné
Que chascuns en cuide une avoir.
Vous cuidiiez jehui avoir
La leauté qui en vous ert :
Mal est couvert cui le cul pert.
Or vous en dirai la maniere ;
El se fet cengler par derriere,
Si com li mantiaus le devise. »
Ydiers ne set en nule guise
Que il puisse fere ne dire.
Ele prist le mantel par ire,
Si le geta devant le Roi.
Lors l'a prise par la main Qoi,
Si l'a o les autres menée :
« Par foi », fet il, « ceste assamblée
Est ja, si Dieu plest, grant et bele :
Ja n'i remaindra damoisele
Ne viegne en ceste compaignie.
Por ce seroit grant vilonie
Se l'une aloit l'autre gabant. »
Que vous iroie je disant ?
Unes et autres l'afublerent,
Et lor amis les esgarderent ;
Onques à nule bien ne sist,
Et Kex toutes voies les prist
Si comme il lor vit messeoir ;
Si les mena en renc seoir.

A la cort n'ot nul chevalier
Qui drue i eüst ne moillier
Qui molt n'eüst le cuer dolent,
Qui veïst lor contenement
Com li uns l'autre regardoit;
Mès auques les reconfortoit
Ce que li uns ne pooit mie
Dire de l'autre vilonie
Que il meïsmes n'i partist.
Et Kex li seneschaus a dit :
« Seignor, ne vous corouciez pas.
Igaument sont partis li gas
Quant chascune en porte son fès.
Bien doivent estre dès or mès
Par nous chieries et amées ;
Quar bien se sont hui acuitées.
Ce nous doit molt reconforter :
Li uns ne puet l'autre gaber. »
Mesires Gavains respondi :
« Ici a mauvès geu parti ;
Je ne sai le meillor eslire,
Que la meillor en est la pire.
Et ce seroit anuiz et tort
Se nostre anui estoit confort ;
Ainçois nous en doit toz peser :
Li uns ne doit l'autre gaber. »
Kex li dist : « Ce n'i a mestier,
J'ai oï dire en reprovier
Grant pieça que duel de noient
Seut acorer chetive gent :

Maudehez ait qui ce juga
Et qui ja le creantera
Que ja chevaliers soit honi
Se s'amie fait autre ami ;
Ainz le devons bien contredire
Que doions estre de ce pire.
Se de mauvestié est provée
S'il l'avoit .ix. foiz espousée :
Si feroit ce faus jugement
Que il empirast de noient
Que li doist nuire autrui mesfet
Sor celui soit qui l'aura fet. »
Ce dist Plators, li filz Arès :
« Cis conseus est assez mauvès.
— Certes », ce dist li seneschaus,
« Veritez est qu'il font mains maus.
Bien sachiez que maint chevalier
Est de cest mesfet parçonier,
Et molt en a aillors que ci. »
Li vallès dist : « Sire, merci,
Biaus sire chiers, ce que sera.
Je cuit que il m'en covendra
Mon mantel arriere porter.
Fetes par ces chambres garder
Que n'en i ait nule mucie ;
Ja est vostre cort tant proisie
Et par tout le mont renommée ;
J'ai oï dire à ma contrée
C'onques n'i vint de nule part
Aventure ne tost ne tart

Qui s'en alast en tel maniere;
Hontes ert se s'en vait arriere :
Vostre cort en sera blasmée;
S'en ira en mainte contrée
La novele qui par tout cort,
Et sachiez que en vostre cort
En vendront aventures mains. »
— Par mon chief », ce a dit Gavains,
« De ce se dit li vallès voir :
Fetes par ces chambres savoir
Que n'i ait petite ne grant
Qui orendroit ne viengne avant. »
Li Rois commande qu'on i aut,
Et Girflès i ala le saut
Dès que li Rois le commanda.
Une damoisele i trova;
Mès ele n'estoit pas mucie,
Ainz estoit .i. poi deshaitie;
Si se seoit seule en son lit,
Et Girflès maintenant li dist :
« Levez tost sus, bele pucele;
Quar une aventure novele
Est en cele sale venue;
Onques tele ne fu veüe;
Si la vous convient à veoir;
Vostre part en devez avoir,
Quant toutes les autres en ont. »
La damoisele li respont :
« G'irai volentiers orendroit;
Mès lessiez moi vestir à droit. »

Galeta s'estoit affublée ;
Vestue s'est et atornée
Au miex et au plus bel que pot
De la meillor robe qu'ele ot.
Puis est en la sale venue,
Et, quant ses amis l'a veüe,
Sachiez que il fu molt iriez ;
Devant estoit joianz et liez
De ce que n'i avoit esté.
Que s'il fust à sa volenté,
Ele ne l'affublast ja jor ;
Quar il l'amoit tant par amor,
Quar, s'ele eüst de rien mespris,
Il vousist miex estre à Paris,
Quar il en perdist son solaz ;
Ses nons ert Carados Briebas.
Or voit tantost le damoisel,
Qui ot aporté le mantel,
Et se li a dit et conté
Du mantel toute la verté,
Et por qoi il li aporta ;
Et Carados grant duel en a :
Oiant toz, dist : « Ma douce amie,
Por Dieu, ne l'afublez vous mie
Se vous vous doutez de noient ;
Quar je vous aim tant bonement
Que je ne voudroie savoir
Vostre mesfet por nul avoir ;
Miex en vueil je estre en doutance ;
Por tot le royaume de France,

N'en voudroie je estre cert ;
Quar qui sa bone amie pert
Molt a perdu, ce m'est avis ;
Miex voudroie estre mort que vis
Que vous fussiez orainz assise
Où l'amie Gavain est mise. »
Lors parla Kex li seneschaus :
« Et cil qui part sa desloiaus,
Dont ne doit il estre molt liez :
Vous serez ja molt corouciez,
Se vous l'amez tant bonement ;
Vez en là seoir plus de cent
Qui se cuidoient hui matin
Plus esmerées que or fin ;
Or les poez toutes veoir
Por lor mesfez en renc seoir. »
Cele, qui point ne s'esbahi,
Molt doucement li respondi :
« Sire », fet ele, « bien savon
Que il meschiet à maint preudon,
Ne je ne m'os mie vanter
Que les doie toutes passer
De leauté ne de valor ;
Mès, se il plest à mon seignor,
Je l'affublerai volentiers.
— Par mon chief », dist li chevaliers,
« Vous n'en poez par el passer. »
Encor nel vout ele affubler
Tant que ele en ait le congié
De celui que molt a proisié.

Molt à envis li a doné ;
Ele l'a pris et affublé :
Maintenant, voiant les barons,
Ne li fust trop cort ne trop lons.
Tout à point li avint à terre :
« Ceste fesoit molt bien à querre »,
Fet li vallès, « ce m'est avis.
Damoisele, li vostre amis
Doit estre molt joianz et liez ;
Une chose de voir sachiez ;
Je l'ai par maintes cors porté,
Et plus de .M. l'ont afublé.
Onques mès ne vi en ma vie
Sanz mesfet ne sanz vilonie
Nule fors vous tant seulement.
Je vous otroi le garnement
Qui bien vaut plain .I. val d'avoir
Et vous le devez bien avoir. »
La damoisele l'en mercie ;
Li Rois bonement li otrie
Et dist que siens est par reson.
N'i a chevalier ne baron
Ne damoisele quel desdie,
Et s'en ont il molt grant envie
Qu'il l'enporte, lor iex voiant,
Mès n'en osent fere semblant ;
N'i a chevalier ne baron
Qui en ost dire se bien non.

*Explicit le Mantel mautaillié.*

## LVI

## DE GRONGNET ET DE PETIT

### [PAR GERBERT]

Paris, Bibl. de l'Arsen., Mss. B. L. F. 60, fol. 6 vº à 7 rº,
et Bibl. nat., Mss. fr. 25545, fol. 19 vº à 20 rº.

Dou siecle qui peu est courtois
Nous faist GIRBERS .I. serventois,
Car il se complaint en ces vers
Dou siecle qui tant est dyvers,
Avers, envieus et repoins.
Nequedent jadis fu .I. poins
Qu'il valoit miex que ors ne fait
En diz, em paroles, em fait :
Ce tesmoignent li ancien..
Neporquant c'est il plus de bien
Qu'il ne fu onques à nul tans,
Mais chascuns est mais si doutans
Que, c'il a le bien en sa trappe,
Poor a qu'il ne li eschappe
Et que richesse ne li faille ;
Touz est muez li grains em paille ;
On lait la ronce por l'ortie ;
Toute largesse est resortie ;
Qui l'avarice o soi aquieut,
La rose lait, l'ortie quieut ;

Ausi tost prent Mors à sa mace
Celui qui grant avoir amasse
Com celui qui bien le despent ;
Li avers tantost se repent
Qu'il festoie gent ne honneure.
A paines puis venir nule heure
En l'ostel nul homme tant riche
Que dui serjant aver et chiche
Ne me soient à l'encontrer,
Tantost qu'en l'ostel doi entrer.
Se je ruis c'on l'ostel me prest,
Groignet truis je tout avant prest ;
C'est uns servans de male frume ;
Groignet m'asiet au feu qui fume ;
Groignet ferme l'uis et la porte ;
Groignet laide nappe m'aporte ;
Groing sont touz jors mi premier mès ;
Ja n'iere en cel lieu n'en sel mès
Que Groingnès ne me soit devant.
Dont vient l'autre serjans avant
Touz emflés et touz aatis ;
C'est li compains Groignet Petis ;
Petiz est kex et seneschaus
Et boutilliers et mareschaus ;
Petis est de molt mal affaire,
Par son conseil Petis fait faire
Petis hanas et petis pos ;
Petis n'a omques nul repos ;
Petis, si com li plait et siet,
Partout ses mès met et assiet ;

Petis est de molt male vaine ;
Petis est au livrer l'avaine ;
Petis a trestout en sa garde.
Se je ruis, Groignès me regarde ;
S'on me donne, c'est par Petit ;
Groignès voussit bien le respit.
Groignès et Petis soit destruis,
Car em plusors osteus les truis ;
Pour ce ne sai mais où torner.
Groignès si fait tout trestorner
Les biens et Petis les retrait.
Qui tex serjans à lui atrait
Ne puet mie gramment valoir
Por tant qu'il facent lor voloir,
Et ci sont par tout si creüs
Que li riche sont recreüs
De onnor faire et de largesse.
Touz biens et toute gentillesse
Sont mis arierre par ses deus ;
Certes c'est damages et deus
Qant .ii. mauvais vices lor tolent ;
Largece et honor nous retolent ;
Avarice ont mis à cheval ;
Honte est ou mont, honours ou val,
Tant par Groingnet et par Petit ;
Onques Diex tiex serjans n'aïst !
La male mort les tust et fiere !
Mais une gent les ont tant chiere
En lor bailliée qui les garde
Qu'il n'ont omques de nului garde,

De roi, de prince, ne de conte.
Groignès les met touz en son conte
Et Petis emporte la taille
Qui largesse et honor retaille ;
Et ci sont partout si antis,
Enracinés sont et repris
Si c'om ne les puet essarter
Ne par biau dire deserrer.
Biautez ne vaut mais une melle
Que Mauvestiez par tout revelle.
Neporquant sai bien la mecine
Par qoi om porroit la racine
Esraigier et faire sechier,
Se riches hom s'eüst tant chier
Que il voussist devenir teus
Que il fust large et piteus
Et biaus parliers à toute gent,
Et qu'il donnast de son argent
Selonc ce que il porroit faire :
Si porroit honir et deffaire
Le pooir Petit et Groingnet,
Qu'il se deduissist bel et net
Et fust de cuer et nès et cointes
Et à la bonne gent acointes,
Et qu'il amast les Menestreus
Et qu'il se deduissist entr'eus
Sans ramposner, sans coppoier.
Ainsi se porroit appoier
Riches hom par dis et par fais ;
Si seroit li siecles refais

FABL. III      5

Et Largesse, qui iert vaincue
Et Honors seroit revestue,
Et GERBERS entrer oseroit
Partout et escoutez seroit,
Et si diroit aucun biau mot;
Ce poise moi quant on ne m'ot
Plus volentiers à mon pourfist;
Mais Menestreus sont descomfist
Par Avarice la cuiverte,
Qui trueve adès la porte ouverte,
Et Largesse la trueve close.
Se nous dist GERBERS en sa glose
Que cil qui de cest siecle part
Emporte molt petite part
De son avoir, ainçois la laisse.
Ici fenist GERBERS sa laisse.

*Explicit.*

# LVII

## DU CHEVALIER

### A LA ROBE VERMEILLE

Paris, Bibl. nat., Mss. fr. 837, fol. 128 r° à 129 v°,
et 1593, fol. 149 r° à 150 v°.

N la conté de Dant Martin
Avint entor la saint Martin
Le boillant, que gibiers aproche,
Uns chevaliers qui sans reproche
Vesqui ou païs son aage.
Molt le tenoient cil à sage
Qui de lui estoient acointe.
Une dame mingnote et cointe,
Fame à .I. riche vavassor,
Proia cil et requist d'amor,
Et tant qu'ele devint s'amie.
Entor .II. liues et demie
Avoir entre lor .II. osteus.
Li amis à la dame ert teus
Qu'il erroit par toute la terre,
Por honor et por pris conquerre,
Tant que tuit le tindrent à preu.
Et li vavassors por son preu
Entendoit à autre maniere,
Qu'il avoit la langue maniere

A bien parler et sagement,
Et bien savoit .i. jugement
Recorder, c'estoit ses delis.
 Por aler aus plais à Senlis,
Apresta .i. matin son oirre ;
Et la dame manda bon oirre
Son ami par .i. homme sage,
Qui bien sot conter son message ;
Et, quant cil oï la novele,
Robe d'escarlate novele
A vestu, forrée d'ermine.
Comme bacheler s'achemine,
Qui amors metent en esfroi ;
Montez est sor son palefroi,
Ses esperons dorez chauciez,
Mès por le chaut ert deschauciez,
Et prist son esprevier mué,
Que il meïsmes ot mué,
Et maine .ii. chienès petiz,
Qui estoient trestoz fetiz
Por fere aus chans saillir l'aloe.
Si com fine amor veut et loe,
S'est atornez ; d'iluec s'en part,
Et est venuz droit cele part
Où il cuida trover la dame ;
Mès n'i trova homme ne fame,
Qui de nis une rien l'aresne ;
Son palefroi tantost aresne,
Et mist son esprevier seoir :
En la chambre cort por veoir

Où il cuidoit trover s'amie.
Et cele ne se dormoit mie,
Ainçois se gisoit toute nue,
Et si atendoit la venue
De son ami, et il vint là
Droit au lit où il la trova.
Il la vit crasse, et blanche et tendre :
Sanz demorer et sanz atendre,
Se voloit toz vestuz couchier.
Et la dame qui molt l'ot chier,
I mist .i. poi de contredit,
Debonerement li a dit :
« Amis, bien soiez vous venuz ;
Lez moi vous coucherez toz nuz,
Por avoir plus plesant delit. »
Sus une huche aus piez du lit
A cil toute sa robe mise ;
Ses braies oste et sa chemise,
Et ses esperons a ostez :
Maintenant est el lit entrez ;
Ele le prist entre ses braz,
D'autre joie, d'autre solaz
Ne vous quier fere menssion,
Quar cil qui ont entencion,
Doivent bien savoir que ce monte ;
Por ce ne vueil fere lonc conte,
Mès andui firent liemant
Tel deduit com font li amant
En ce qu'il se jouent ensamble.
    Li plet furent, si com moi samble,

Contremandé au vavassor :
Ainçois qu'il fust prime de jor,
Est il à l'ostel revenuz.
« Dont est cis palefroiz venuz? »
Fet il; « cui est cis espreviers? »
Lors vousist cil estre à Poitiers,
Qui dedenz la chambre enclos iere :
Entre le lit et la mesiere
Est coulez, mès tant fu sorpris
Qu'il n'a point de sa robe pris,
Fors ses braies et sa chemise ;
Assez a robes sor lui mise
La dame, mautiaus, peliçons.
Li sires ert en granz friçons
Du palefroi que il remire ;
Encore ot au cuer greignor ire
Quant il est entrez en sa chambre ;
Quant voit la robe, tuit li membre
Li fremissent d'ire et d'angoisse,
Lors destraint la dame et angoisse,
Et dist : « Dame, qui est ceenz ?
Il a .I. palefroi leenz ;
Cui est il ? cui est cele robe ? »
Et la dame, qui biau le lobe,
Li dist : « Foi que devez saint Pere,
N'avez vous encontré mon frere,
Qui orendroit de ci s'en part ?
Bien vous a lessié vostre part
De ses joiaus, ce m'est avis ;
Por tant seulement que je dis

Que tel robe vous serroit bien,
Ainc plus ne li dis nule rien,
Ains despoilla tout maintenant
Cele bele robe avenant,
Et prist la seue à chevaucier ;
Son palefroi qu'il ot tant chier,
Son esprevier et ses chienès,
Ses esperons cointes et nès,
Freschement dorez, vous envoie :
Par poi que je ne me dervoie,
Et juroie trop durement,
Mès onques por mon serement,
Ne por rien que seüsse dire
Ne poi je son voloir desdire.
Dès qu'il li plest, prenez cest don,
Bien l'en rendrez le gueredon
Encor, se Diex vous done vie. »
Et li vavassors, qui envie
Avoit du biau present avoir,
Li dist : « Dame, vous dites voir ;
Du palefroi m'est il molt bel,
Et des chienès et de l'oisel,
Mès .I. petit i mespreïtes,
Quant vous sa robe retenistes,
Quar ce samble estre convoitise.
— Non fet, sire, mès grant franchise,
Que l'en doit bien, par saint Remi,
Prendre .I. biau don de son ami ;
Quar qui de prandre n'est hardiz
De doner est acouardiz. »

Atant lessierent la parole,
Et la dame, qui biau parole
A son seignor par tel reson,
Qu'il n'i puet trover achoison,
Par qoi i mete contredit,
La dame à son seignor a dit :
« Sire, vous levastes matin ;
Foi que vous devez saint Martin,
Venez vous delez moi gesir?
Si vous reposez à loisir :
L'en appareille le mengier. »
Et cil n'en fist onques dangier,
Ainz s'est toz nus lez li coulez.
Si vous di qu'il fu acolez,
Et besiez .11. tans qu'il ne seut ;
La dame à tastoner l'aqueut
Si souef, que il s'endormi.
Lors bouta un poi son ami,
Et cil tout maintenant se drece,
Vers la huche tantost s'adrece
Où il avoit sa robe mise.
N'i a pas fete grant devise
A lui crespir, ainçois s'atorne,
Et au plus tost qu'il puet s'en torne,
Et atout son harnois s'en vait,
Et le vavassor dormant lait,
Qui dormi jusques vers midi.
Quant il s'esveilla, si vous di
Qu'à la dame n'anuia point.
Li vavassors qui en biau point

Estoit de son riche presant,
Dist c'on li aportast avant
A vestir sa robe vermeille.
Son escuier li apareille
Une robe vert qu'il avoit,
Et, quant li vavassors la voit,
Se li a dit isnel le pas ;
« Ceste robe ne vueil je pas,
Ainz vueil m'autre robe essaier,
Dont richement me sot paier
Mon serorge, que je molt pris. »
Lors fu li vallès entrepris,
Qui de tout ce riens ne savoit,
Quar toute jor esté avoit
Aus chans les soieors garder.
Lors prist la dame à regarder
Son seignor, et se li a dit ;
« Biaus sire, se Diex vous aït,
Or me dites, se vous volez,
Quele robe vous demandez ;
Avez vous donc robe achatée,
Ou se vous l'avez empruntée
De là où vous avez esté ?
Quele est ele ? Est ele à esté ?
— Je vueil » fet il, « ma robe chiere,
Qui hui main sor cele huche iere,
Que vostre frere m'a donée ;
Bien m'a s'amor abandonée,
Et bien doi estre ses acointes,
Quant veut que du sien soie cointes,

Et de ce l'aim je encore miex,
Qu'il despoilla, voiant voz iex,
Les garnemenz qu'il m'a lessiez.
— Certes forment vous avilliez »,
Fet la dame, « ce m'est avis :
Bien doit estre vavassors vils
Qui veut estre menesterez ;
Miex voudroie que fussiez rez
Sans eve, la teste et le col,
Que ja n'i remainsist chevol ;
Ce n'apartient mie à vostre oes
D'avoir garnement s'il n'est nues ;
Ç'apartient à ces jougleors,
Et à ces bons enchanteors,
Que il aient des chevaliers
Les robes, que c'est lor mestiers.
Devez vous donc robe baillier
S'el n'est à coudre ou à taillier
Et soit fete à vostre mesure?
Se je vous di sens et droiture,
Creez moi ; si ferez savoir. »
Lors ne puet il apercevoir
Que cele robe est devenue ;
Si cuide il bien qu'en sa venue
L'eüst veüe sor la huche.
Maintenant son escuier huche,
Mès tuit furent si enseignié,
Que ja n'i aura gaaingnié
A son oes vaillant une poire ;
Si cuide il bien et espoire

Vraies enseignes en orra ;
Mès ja par aus rien n'en saura ;
Ainçois sera toz bestornez ;
Tels les a la dame atornez,
Que toz les a trez à sa corde ;
Chascuns du tout à li s'acorde.
 Lors ist li sires de la chambre,
Et dist : « Dame, dont ne vous membre,
Quant je fui hui main arivez,
C'uns palefroiz fu ci trovez,
Et .I. esprevier et dui chien,
Et disiez que tout estoit mien
Cest present, de par vostre frere.
— Sire », dist ele, « par saint Pere,
Il a bien .II. mois et demi,
Ou plus, que mon frere ne vi ;
Et, s'il estoit ci orendroit,
Ne voudroit il en nul endroit
Qu'en vostre dos fust embatue
Robe que il eüst vestue ;
Ce deüst dire uns fols, uns yvres.
Ja vaut plus de .IIII$^{xx}$. livres
La grant rente que vous avez,
Et la terre que vous tenez :
Querez robe à vostre talant,
Et palefroi bel et amblant,
Qui souef vous port l'ambleüre :
De vous ne sai dire mesure,
Quar vous estes tels atornez
Que toz les iex avez troublez ;

J'ai paor de mauvès encontre,
Qui hui vous venist à l'encontre,
De fantosme et de mauvès vent :
Vous muez color molt sovent,
Que je m'en esbahiz trestoute ;
Ice sachiez vous bien sans doute.
Criez à Dame Dieu merci,
Et à monseignor saint Orri
Que vostre memoire vous gart :
Il pert bien à vostre regart
Que vous estes enfantosmez.
Par la rien que vous plus amez,
Cuidiez vous ore, au dire voir,
La robe et le cheval avoir ?
— Oïl, dame, se Diex me saut.
— Diex », dist la dame, « vous consaut,
Et de sa destre main vous saint ;
Quar vous vouez à .i. bon Saint,
Et si i portez vostre offrande,
Que Diex la memoire vous rande.
— Dame », dist il, « et je me veu
A Dieu et au baron saint Leu,
Et s'irai au baron saint Jaque,
Et saint Eloy, et saint Romacle.
— Sire, Diex penst de vous conduire ;
Revenez vous en par Estuire,
Par monseignor saint Sauveor ;
Iluec vont li bon pecheor,
Et si revenez par la terre
Monseignor saint Ernoul requerre :

Vous deüssiez dès l'autre esté
Avoir à son moustier esté
O chandoile de vostre lonc;
Por ce que vous n'i fustes onc,
Vouez li, sire, à fere droit.
— Dame, volentiers, orendroit
Ferai, se Dieu plest, ceste voie. »
Ainsi la dame l'en envoie,
Qui li a fet de voir mençonge,
Et se li a torné à songe
Ce qu'il ot veü à ses iex.
Encore esploita ele miex,
Qu'el le fist pelerin à force,
Et tant se paine, et tant s'esforce,
Qu'el le fet movoir au tiers jor;
Onques n'i quist plus lonc sejor.
 Cis fabliaus aus maris promet
Que de folie s'entremet
Qui croit ce que de ses iex voie;
Mès cil qui vait la droite voie,
Doit bien croire sans contredit
Tout ce que sa fame li dit.

*Explicit du Chevalier à la robe vermeille.*

## LVIII

## DE LA CROTE

Paris, Bibl. nat., Mss. fr. 837, fol. 332 v° à 333 r°,
et 1593, fol. 177.

Acui que il soit lait ne bel,
Commencier vous vueil un fablel,
Por ce qu'il m'est conté et dit
Que li fablel cort et petit
A nuient mains que li trop lonc.
Or escoutez ci après donc
Que il avint à un vilain.
   Sor un coussin tout plain d'estrain
Se degratoit delez son feu,
Et sa fame sist en son leu
De l'autre part sor une nate,
Et li vilains, qui se degrate,
Apoingne sa coille et son vit ;
Sa fame apele que il vit :
« Suer », fet il, « foi que moi devez,
Or devinez, se vous savez,
Que c'est que je tieng en mon poing ? »
Et cele, qui ne fu pas loing,
Li respont, qui n'ert pas couarde :
« Li maleois feus le vous arde :

Je cuit que ce est vostre andoille.
— Par mon chief, ainçois est ma coille »,
Fait li vilains, « qui gist souvine ;
Vous n'estes pas bone devine. »
La dame trestout coiement
Taste à son cul isnelement,
Si i a trové une crote
Qui resamble une machelote
Qui estoit plus grosse d'un pois ;
A soi le tire demanois,
Atout le poil à soi le tire,
A son seignor commence à dire :
« Sire », dist ele, « or gageroie
A vous, se gagier m'i devoie,
Qu'a .III. moz ne devinerois
Que c'est que je tieng en mes dois.
— Et g'i met denrée de vin »,
Fait li vilains, « par saint Martin. »
Issi fu fete la fermaille.
Et cele la crote li baille.
Li vilains la prent puis le taste :
« Par le cuer bieu », fet il, « c'est paste,
Que où que soit avez trovée.
— Par foi, c'est mençonge prouée, »
Fait la dame molt hautement ;
« Vous mentez au commencement ;
Or n'avez que .II. motz à dire.
— Par le cuer bieu », fet il, « c'est cire »,
Por ce qu'il la sent .I. poi mole.
— Par foi, ce est fausse parole,

Fet cele qui le tient por sot ;
Or n'avez à dire c'un mot. »
Et cil en sa bouche dedenz
La met et masche entre ses denz,
Que paor a que il ne perde.
« Par le cuer bieu », fet il, « c'est merde ;
Je m'en puis bien apercevoir.
— Par mon chief, vous avez dit voir, »
Fet la dame tout à estrous,
« Jamès ne gagerai à vous.
Deable vous ont fet devin ;
J'ai perdue denrée de vin. »

*Explicit le Fablel de la Crote.*

# LIX

# DE GAUTERON ET DE MARION

Paris, Bibl. nat., Mss. fr. 1593, fol. 208 r°.

UANT Gauteron se maria,
Marion prist, qui dit li a
Que l'aime molt et est pucele.
La nuit jurent et cil et cele;
Son vit au con li apoucha
Et Marion un pou guicha,
Et si roidement l'assailli
C'un grant pet du cul li sailli.
Quant il oï le pet qui saut :
« Dame », dist il, « se Dex me saut,
Je sai bien et si ai senti
Que de covent m'avez menti;
Car pucele n'estiez pas. »
El li respont enelepas :
« Jel fui, mès je nel sui or mie,
Et vos fetes grant vilenie
Et si me dites grant outrage.
N'oïtes vos le pucelage
Qui s'enfoï quant vos boutastes?
Molt vilainement l'enchaçastes. »

Quant Gauteron l'a entendu :
« Par le cuer Deu », fet il, « i put ;
Ce poise moi que il se mut ;
Miex fust el com à une part,
Car j'en eüse asséz du cart.
Pour ce maudi ge que de Deu
Soit la pucele confondue
Qui tant le garde que il pue. »

*Explicit de Gauteron et de Marion.*

# LX

## DE L'ANEL

### QUI FAISOIT LES ... GRANS ET ROIDES

[PAR HAISIAU]

Paris, Bibl. nat., Mss. fr. 1593,
fol. 207 v° à 208 r°.

HAISEAUS redit c'uns hons estoit;
Un merveilleus anel avoit;
Tant com il avoit en son doit,
Adès son membre li croissoit.
Un jor chevauchoit une plaigne
Tant qu'il trova une fonteine;
Descenduz est quant il la vit,
Et lés la fonteine s'asist;
Si lava ses meins et son vis,
Et son anel qu'il a hors mis.
Quant il li plut, si s'en leva,
Mès l'anel seur l'erbe oublia.
Un evesque par là passoit;
Si tost com la fonteine voit,
Il descent et trova l'anel;
Por ce que il le vit si bel,

En son doi l'a mis sanz atendre;
Le membre li commence à tendre,
Quant il li ot un poi esté.
Et vos l'evesque remonté;
A molt trés grant mesese estoit
Du membre qui si li tendoit,
Ne n'aloit pas sans plus tendant,
Ençois aloit tozjors croissant.
Tant crut et va tant aloignant,
Que ses braies vont derompant.
Li evesques honteusement
Montre s'aventure à sa gent;
Mès nul n'i ot qui s'avertist
Que ce li anel li feïst.
Tant crut que li traïne à terre :
Par conseil comanda à querre
Home ou fame qui li aidast,
Et qui à point le ramenast.
Cil qui l'anel avoit perdu,
Ceste merveille a entendu.
A l'evesque est venuz tot droit;
Si demanda qui li donroit
Du sien si le poeit garir.
Cil, qui avoit trop à soufrir,
Li dist: « Tot à vostre talent.
— J'aurai dont », fait il, « par covent,
Vos .II. aneaus tout au premiers,
Et cent livres de vos deniers. »
Quant les aneaus furent fors très,
Li membres est tantost retrès;

Ainz que cil eüst ses cent livres,
Fu li evesques tot delivres.
Et cil marchié fu bien seanz,
Comme chascun en fu joianz.

*Explicit de l'Anel qui faisoit les ... grans
et roides.*

# LXI

## DU PRESTRE KI ABEVETE

[PAR GARIN]

Paris, Bibl. nat., Mss. fr. 12603,
fol. 240 1° à 240 v°.

Ichi après vous voel conter,
Se vous me volés escouter,
.I. flablel courtois et petit,
Si com Garis le conte et dit
D'un vilain qui ot femme prise
Sage, courtoise et bien aprise;
Biele ert et de grant parenté.
Mout le tenoit en grant certé
Li vilains et bien le servoit,
Et icele le prestre aimoit;
Vers lui avoit tout son cuer mis.
Li prestres ert de li souspris
Tant que .I. jour se pourpensa
Que à li parler en ira.
Vers le maison s'est esmeüs,
Mais ains qu'il i fust parvenus,
Fu li vilains, ce m'est avis,
Au digner o sa femme asis.
 Andoi furent tant seulement,
Et li prestres plus n'i atent,

Ains vint à l'uis tous abrievés,
Mais il estoit clos et fremés ;
Quant il i vint, si s'aresta
Près de l'uis et si esgarda.
Par .I. pertruis garde et si voit
Que li vilains menguë et boit,
Et sa femme delés lui sist ;
Au prestre volentiers desist
Quel vie ses maris li mainne
Que nul deduit de femme n'aimme.
Et, quant il ot tout esgardé,
Esraumment .I. mot a sonné :
« Que faites vous là, bone gent ? »
Li vilains respondi briefment :
« Par ma foi, sire, nous mengons ;
Venés ens, si vous en douron.
— Mengiés, faites ? vous i mentés,
Il m'est avis que vous foutés.
— Taisiés, sire, nous faisons voir :
Nous mengons, ce poés veoir. »
Dist li prestres : « Je n'en dout rien,
Vous foutés, car je le voi bien,
Bien me volés ore avuler.
O moi venés cha fors ester,
Et je m'en irai là seoir ;
Lors porrés bien appercevoir
Se j'ai voir dit u j'ai menti. »
 Li vilains tantost sus sali,
A l'uis vint, si le desfrema,
Et li prestres dedens entra,

Si frema l'uis à le keville ;
Adont ne le prise une bille.
Jusqu'à la dame ne s'areste,
Maintenant le prent par le teste,
Si l'a desous lui enversée,
La roube li a souslevée ;
Si li a fait icele cose
Que femme aimme sor toute cose.
Puis a tant feru et heurté
Que cele ne pot contresté
Que il fist che que il queroit.
 Et li vilains abeuvuetoit
A l'huis et vit tout en apert
Le cul sa femme descouvert
Et le prestres si par desseure ;
Et quist chou : « Se Dix vous sequeure »,
Fait li vilains, « est che à gas ? »
Et li prestres en eslepas
Respont : « Que vous en est avis ?
Ne veés vous ? je sui assis
Pour mengier chi à ceste table.
— Par le cuer Dieu, ce samble fable »,
Dist li vilains, « ja nel creïse,
S'anchois dire nel vous oïsce,
Que vous ne foutissiés ma femme.
— Non fach, sire, taisiés ; par m'ame,
Autrestel sambloit ore à moi. »
Dist li vilains : « Bien vous en croi. »
 Ensi fu li vilains gabés
Et decheüs et encantés

Et par le prestre et par son sans
Qu'il n'i ot paine ne ahans,
Et, pour ce que li uis fu tuis,
Dist on encor : *Maint fol paist duis.*

*Ci define li Fabliaus du Prestre.*
*Explicit. Amen.*

# LXII

# DU PRESTRE ET DES .II. RIBAUS

Paris, Bibl. nat., Mss. fr. 837,
à 236 r°. fol. 235 r°

Qui biaus mos set conter et dire,
Il ne les doit pas escondire
Entre bone gent ne repondre,
Ainz les doit volentiers despondre
Des meillors et des plus massis
Quant il voit qu'il sont bien assis
Et que chascuns volentiers l'ot,
Si qu'en la fin du tout se lot.
Or fetes pais, si m'entendez.
Puisque du tout vous atendez
A moi d'oïr aucun biau dit,
Il ne vous est pas escondit :
Si vous dirai de .ii. ribaus
Dont li uns ot à non Thibaus
Et l'autre apeloit on Renier ;
Onques ne gaaigna denier
Que li dez ne li retousist,
Et ses compains ne revousist
Onques nule autre chose fere.
D'une maniere et d'un afere

Estoient li dui compaignon,
Quar, s'il eüssent .i. paignon,
Si le vendissent il ainçois
.I. alemant ou .i. françois,
S'en mi lor chemin l'encontraissent,
Por metre au geu qu'il en goustaissent.
De lor aferes dire doi.
    .I. jor s'en alerent andoi
Tout lor chemin grant et plenier,
Thibaus en apela Renier
Et li dist : « Tu ne sez, compaing,
Que je fis ersoir biau gaaing
A Briset, le frere Chapel ?
Onques ne li remest drapel
Que tout ne perdist sanz recul
Comme les braies de son cul.
— Non, por saint Jaque de Galisce.
— Si fet il molt plus de malisce
Que ribaus que je veïsse onques.
— Et comment le cunchias tu donques ? »
Fet Reniers ; « il est si repoins.
— J'ai », fet Thibaus, « uns dez mespoins,
Qui tuit sont de .ii. et de troies,
Que j'aportai l'autrier de Troies,
Dont j'ai mon ribaut desgagié.
— Ne doivent pas estre engagié »,
Fet Reniers, « quant il sont si fet.
— Non certes, plus de bien m'ont fet
Qu'en aient trestuit mi parant,
Quar il me voient mal parant,

Et povre et à poi de drapaille;
Si n'ont cure de tel frapaille
Ne ne vont pas ce souhaidant. »
   Si comme il aloient plaidant
Li uns à l'autre tout à plain,
S'encontrerent .I. chapelain
Seur .I. bai palefroi amblant,
Apert et de haitié samblant;
Ainçois qu'il les puist saluer,
L'ont il aati de juer,
Quar d'autre chose ne lor est.
« Trop auroie petit conquest
A jouer à vous, ce me samble,
Quar andui n'avez mie ensamble
Qui vaille .x. tornois clavez.
— Certes mauvesement savez
Que nous avons », ce dist Reniers;
« Encore avons nous de deniers
Plus que tel grant beubance maine
Que nous avons ceste semaine
Gaaigniez à torchier pailleus :
Encore en ai le dos pailleus;
Si les avons nous bien gardez. »
   Li prestres les a regardez,
Si vit lor chemises couées
Qui tout entor erent nouées
Devant et derriere et encoste;
En maint leu lor paroit la coste,
Quar petit i avoit d'entir;
Lors cuida bien tout sanz mentir

Li prestres que tout denier fussent
Qu'en lor drapiaus noez eüssent,
Lors se pensse que gaaingnier
Porra bien, sanz lui mehaingnier,
Grant cop à ces .ii. menestrels;
Il ont tant de deniers entr'els
Qu'il ne les sevent ou mucier.
A Renier commence a huchier :
« Je juerai », fet il, « à ti
Puisque tu m'en as aati ;
Alons une minete querre. »
Et li prestres descent a terre,
Si empasture son cheval.
Tant ont quis amont et aval
Qu'il ont une minete eslite,
Et Thibaus primes s'i alite
Qui de jouer estoit ardant ;
Les dez ataint ains que l'argent,
Quar le geu covoite et desire.
« Quel geu », fet il, « volez vous, sire ?
Est ce à la maille de refus ?
— Certes onques hardiz ne fus »,
Fet li prestres, « mès au tornois.
— Soit bien, ja por ce li tornois
Ne faudra. Vez là por le dé,
Qui lait si lait ! soit en non Dé ! »
Fet Thibaus, « j'en ai pour tout dis.
— De cheance soit .i. toz dis »,
Fet Reniers, « que Diex vous maintiegne !
— Metez donc à qoi je me tiegne »,

Fet li prestres, « ains que je get. »
Et cil, qui fu de bon aguet,
A son argent à la main mise,
Puis prent .1. neu à sa chemise,
Si en ataint .v. artisiens,
.III. tornois et .II. cambrisiens ;
Ce fu quanqu'il orent vaillant,
Mès de juer furent taillant,
Si les mistrent molt liement :
« Getez », fet il, « hardiement,
Ne fetes mie l'estormi,
Encore a tels .x. neus sor mi
Dont ainc deniers ne fu ostez. »
Puis s'est vers le geu acostez.

   Lors cuida bien le chapelain
Que tuit li neu fussent tuit plain
De deniers si comme estoit cil.
« Vez là ; c'est por l'argent », fet il ;
« Que gaaignier le me lest Diex.
— J'ai .XII. », fet Thibaus, « à deus.
Je ne vueil mie couchier trop,
Je le tendrai cest premier cop.
— Et je .VII., voiz comme or l'ai bone ;
Ce m'est avis que Diex me done
La pior qu'il i puet eslire.
— Mauvesement seüs eslire »,
Fet Thibaus, qui fu deslavez ;
« Vez là .XII., perdu l'avez,
.IIII. devez, hasart encore.
— Va », fet il, « male mort t'acore,

Hoche le dé, ne laisse mie.
— Certes, sire, n'en sai demie,
Quar onques de ce riens n'apris. »
Les dez ainz que l'argent a pris,
Si les estrique, puis li change;
Le geu croist toz dis et engrange.
« Hasart, Diex ! » fet il, « j'ai là sis.
— Va, si te pent, tu l'as assis,
Je ne t'en paierai ja point,
Je cuit que ce sont dé mespoint,
Dont tu ici quingné le m'as.
— Non sont, sire, par saint Thomas. »
Si l'en remoustre une autre pere,
Et li chapelains les apere,
Si les trueve quarrez et droiz.
« Par le cul Dieu », fet il, « c'est droiz;
Je l'ai perdu, ce m'est avis;
Or est toz mes argenz ravis
Que plus n'en ai petit ne grande.
Encore l'oi je orains d'offrande :
Si ne l'aurai de qoi secorre
S'au geu ne faz mon cheval corre;
Mès certes ainçois li metra je
Que je mon argent ne ratra je.
Getez aval, .XII. en i voist! »
Et cil, qui bien les dez connoist,
Tient tout, ne va rien refusant.
   Que vous iroie je plus contant?
Si bien fu esforciez li jus
Que li prestres a tout mis jus :

Tant exploita li bons vassaus
Que sor le cheval ot .c. saus.
« Ho ! » dist Reniers, « c'est à plentez.
— Certes, ribaus, vous i mentez »,
Fet li prestres, « il vaut .VII. livres.
— Vous en estes molt bien delivres »,
Ce dit Thibaus, « se Diex me saut ! »
Et li prestres a fet .I. saut,
Si cuide son cheval ataindre,
De mautalent commence à taindre,
Et dist qu'il ne l'en menront mie.
Là veïssiez grant estormie ;
Au cheval sont venu tuit troi,
Et dist Reniers : « Pas ne l'otroi,
Vous ne monterez jamès sus. »
A force l'ont bouté en sus,
Tant l'ont ledengié et foulé
A poi qu'il ne l'ont afolé,
Puis prenent le cheval atant.
A poi ne se vont combatant
De monter chascuns premerains :
Tant l'ont sachié par les lorains
Que bien l'ont estendu .VII. paus.
« Certes », fet Thibaus, « ors crapaus,
Je monterai premierement. »
Reniers se resqueut fierement,
Et dist que non fera, s'il puet.
« Puisqu'ainsi est, il nous estuet
Geter à plus poins liquels monte.
Vez là, commencie. — Or les conte »,

Fet Thibaus, « j'en ai .ix., je cuit.
— Et je n'en ai tout par tout c'uit »,
Fet Reniers; « que maus feus les arde! »
  Lors saut Thibaus, plus ne se tarde,
Si est montez sor le destrier,
Mès trop li sont cort li estrier,
Quar il ot une longue jambe
Plus noire que forniaus de chambre;
Plas piez avoit et agalis,
Grans estoit, haingres et alis,
Et deschirez de chief en chief,
Et li huvès c'ot en son chief
Sambloit miex de cuir que de toile;
Dès la cuisse jusqu'en l'ortoile
N'ot fil de drap, ce vous tesmoing,
Ne dès le coute jusqu'au poing.
Molt ot en lui biau soudoier
Por aler en guerre ostoier.
Le cheval hurte des talons
Qu'il avoit durs et gros et lons,
Tant qu'il le mist du pas en l'amble,
Et li ribaus chancele et tramble,
Quar n'avoit chevauchié, ce croi je,
Onques mès se ne fu en loge,
Mès ne fu mie sor tel beste.
Et li chevaus contre l'areste
D'un fossé vint de tele esclate,
Que li ribaus à terre flate
Si qu'à poi qu'il ne se tua,
Mès ce qu'il pot s'esvertua

Quar il se tint si fort aus ongles
Qu'il en fist desrompre les cengles
Et le frain si fort empoingna
Que du musel li descoingna.
Thibaus cheï en mi la place,
Et dist Reniers : « Ja Dieu ne place
Que sor tel beste monter puisse,
Quar tost m'auroit brisié la cuisse
Ou la teste par aventure ;
Ja n'aie je bone aventure,
Se g'i monte mès au jor d'ui ! »
　Au cheval sont venu andui,
Se li cuident le frain remetre,
Mès ne s'en sorent entremetre,
Quar paor ont qu'il ne les morde
Ou qu'à force ne lor estorde.
Au chapelain sont revenu
Cui forment est mesavenu ;
Penssis le truevent, si ont dit :
« Venez avant, » Thibaus a dit,
« Remetez nous cest frain bien tos,
Ou vous aurez batu vo dos. »
Quant il les vit, s'ot grant peür,
Quar il n'estoit mie asseür :
« Seignor, » dist il, « trop se desguise
Li chevaus : il est de tel guise
Qu'il ne feroit riens por nului ;
Li frains, s'on ne monte sor lui,
Ne li puet estre ou chief boutez. »
Et dist Reniers : « Dont i montez,

Quar ainçois ne seroit remis :
Si m'aït Diex et sainz Remis,
En cest an que je plus i mont. »
Li prestres est montez amont,
Atout le frain si le ratache,
Des esperons le cheval daque,
Puis lor escrie à haute vois :
« Adieu, seignor, quar je m'en vois,
Li chevaus n'est hui mès voz ostes,
Quar tost eüst maigres les costes
S'il fust auques en vo baillie;
Sa provende li fust baillie
Plus sovent de cops que d'avaine,
Quar sovent feïst l'etrivaine. »
Atant s'en va, si les degane,
Li prestres ainsi les engane,
Atant s'en va, si les esbuffe ;
Par son malice et par sa buffe
Rot son cheval, si l'ala prendre,
Et por ce fet il bon aprendre
Guile et barat, ce est la somme,
Quar mestier ont eü maint homme.

*Explicit du Prestre et des .II. Ribaus.*

# LXIII

DU

## PESCHEOR DE PONT SEUR SAINE

Paris, Bibl. nat., Mss. fr. 837,
fol. 184 r° à 185 r°.

J'oï conter l'autre semaine
C'uns peschieres de Pont seur Saine
Espousa fame baudement :
Assez i prist vin et forment
Et .v. vaches et .x. brebis.
La meschinete et ses maris
S'entr'amoient de bone amor.
Li vallès aloit chascun jor
Peschier en Saine en son batel,
Et si fesoit argent novel
Toutes les foiz que il peschoit ;
Assez en vendoit et menjoit
Et s'en pessoit mout bien sa fame.
Il estoit sire et ele dame
De lui et de quanqu'il avoit,
Comme preudom se maintenoit,
Et la foutoit au miex qu'il pot.
Qui ce ne fet, l'amor se tolt
De jone fame quant il l'a,
Ja bone joie n'en aura,

Quar jone fame bien peüe
Sovent voudroit estre foutue.
  Un jor gisoient en lor lit,
Au bacheler tendi le vit
Que il avoit et lonc et gros ;
Ou poing sa fame l'ot enclos,
Si nel senti ne mol ne vain.
« Sire », dist ele, « plus vous aim
Que je ne faz Perrot mon frere,
Voire par Dieu plus que ma mere,
Ne que mon pere ne ma suer.
— Je ne t'en croiroie à nul fuer, »
Fet cil, « que tu m'amaisses tant
Comme tu me fez entendant,
Ainz cuit que tu le dis par guile.
— Non faz, » dist ele, « par saint Gile,
Je vous aim por ce que m'amez,
Vous me chauciez bien et vestez,
Et donez assez à mengier
Et si m'achetastes l'autrier
Bone cote et bon sorcot bleu.
— Tu m'ameroies, » fet il, « peu
Se plus ne te savoie fere ;
D'aillors covient l'amor atrere :
Se je ne te foutoie bien,
Tu me harroies plus c'un chien.
Je m'en esfors por toi sovent,
Ja fame por nul garniment
N'amera si bien son mari
Com por fere ce que je di. »

Cele fist mout le grimouart :
« Fi ! » fet ele, « que Diex m'en gart,
Que je vous aime por ce fere !
Mout m'anuieroit vostre afere
Se le vous osoie veer ;
Ja ne vous leroie bouter
Vostre longaigne de boiel,
Cuidiez vous or qu'il m'en soit bel?
Ce est la riens qui plus m'anuie,
Mengié l'eüst ore une truie,
Mès que vous n'en eüssiez mort.
— Suer, » dist il, « tu auroies tort :
Se j'avoie le vit perdu,
Il me seroit trop mescheü :
Tu ne m'ameroies jamès.
— Si feroie plus c'onques mès, »
Fet cele qui volentiers ment,
« Mout me poise quant je le sent,
Tel deable de pendeloche
Qui entre les jambes vous loche ;
Quar pleüst ore au vrai cors Dé
Que un chien en fust enossé. »
Or ne set son mari de voir
S'ele ment ou ele dist voir
Tant qu'un example li moustra
Par qoi mout trés bien l'esprova.
Il se leva .I. jor bien main,
Son aviron prist en sa main
Et prist sa roi et son truel ;
Si s'en entra en son batel

Et s'en rala peschier en Saine
Tant qu'il vint à la mestre vaine
De l'eve qui estoit corant.
Lors a veü venir flotant,
.I. provoire qui ert noié,
Si vous dirai par quel pechié :
Uns chevaliers le mescreoit
Qui por sa fame le haoit;
S'en fu espris de jalousie,
Tant le gueta et tant l'espie
Que il trova la char jumele,
Le masle deseur la femele
Trova ensamble nu à nu.
Cil saut en piez, le vit tendu,
En l'eve sailli qui ert grant,
Noier le covint maintenant,
Mès onques nul lieu n'aresta
Et li peschierres le trova.
Ausi tost comme il à lui vint,
De sa fame lors li souvint
Qui dist que rien ne haoit tant,
Qui fust en cest siecle vivant,
Comme ele fesoit son ostil.
Le vit rez à rez du poinil
Li a à son coutel trenchié,
Puis l'a bien lavé et torchié,
Si l'a mis dedenz son giron.
  Atant comme il ot de poisson,
S'en vint en sa meson arriere,
Si a fet une tele chiere

Comme s'il deüst lors morrir :
Sa fame le cort conjoïr,
Et il li dist : « Suer, trè te en là,
Jamès mon cuer joie n'aura,
Quar je sui mors et mal bailli :
Troi chevalier m'ont assailli
Où ne trovai nule merite
Fors qu'il me mistrent à eslite.
Il me distrent que je perdroie
Lequel membre que je voudroie :
S'il me tolissent la veüe,
Toute joie eüsse perdue ;
S'il me trenchaissent les oreilles,
Li mons en parlast à merveilles ;
Je dis c'on me copast le vit,
Por ce que tu avoies dit
Que tu n'en avoies que faire. »
Le vit a geté en mi l'aire,
Et cele l'a bien regardé :
Si le vit gros et bien carré,
Et connut bien que c'estoit vit.
« Fi ! » fet ele, « com fet despit !
Diex vous envoit corte durée !
Or n'est il riens que je tant hée
Comme je faz le cors de vous :
Certes or departirons nous.
— Qoi, bele suer, ja deïs tu,
Se j'avoie le vit perdu,
Que tu ne m'en harroies ja :
Je me merveil comment ce va ?

— Encor, » dist ele, « di je bien
Qu'il ne me chaut de vostre rien
Se de vostre mauvestié non :
Jamès ensamble ne girron. »
　Une baiasse ot amenée
Qui estoit de la vile née,
Ne sai sa niece ou sa cousine :
Ele l'apele Ysabeline :
« Cueil ces vaches par cel porpris,
Maine les en par cel postis,
Je m'en irai par l'uis derriere. »
Il i avoit une faviere
Qui ja estoit toute cossée ;
Oiez de qoi s'est porpenssée,
Ele en apele Ysaberon :
« Bele niece, fai bon giron,
Eslis de ces plus beles cosses,
Et je cueillerai des plus grosses,
Si en emplirai tout mon sain,
Ja n'en leroie une au vilain
Se les en peüsse porter ! »
　Cil le commence à rapeler :
« Douce amie, quant je t'oi prise,
Je te promis en sainte yglise
Que je te porteroie foi :
J'ai bien .xxvi. sous sor moi ;
Vien avant, pren en la moitié,
G'i cuideroie avoir pechié
Se je t'en toloie ta part ;
Vien avant et si les depart,

Pren la moitié, l'autre me lesse. »
Et cele contreval s'abesse,
Se li cerche entor le braier,
Si a trové un vit si fier
Qui en ses braies li pantoise ;
Ele le paumoie et souspoise,
Si le senti et dur et chaut,
De joie toz li cuers li saut :
« Qu'est ce, » dist ele, « que je sent ?
— C'est mon vit, » dist il, « qui me tent,
Itel com je soloie avoir.
— Gabez me vous ? — Ainz vous di voir.
— Comment vous est il revenu ?
— Ja l'a Diex fet par sa vertu
Qui ne voloit mie, ce croi,
Que tu te partisses de moi. »
   Lors le commence à acoler,
A besier et à langueter,
Et tint la main au vit toz dis :
« Ha ! biaus frere, biaus douz amis,
Tant m'avez hui espoentée :
Onques puis l'eure que fui née
Ne fu mon cuer plus à malaise. »
Tout maintenant l'acole et baise.
El rapele sa chamberiere :
« Ramaine les bestes arriere, »
Ele li crie à grant alaine,
« Ramaine les bestes, ramaine,
Mesire a son vit recouvré,
Nostre Sires i a ouvré. »

Seignor, fols est qui fame croit
Fors tant comme il l'ot et la voit.
Je di en la fin de mon conte
Que, s'une fame avoit un Conte
Le plus bel et le plus adroit
Et le plus alosé qui soit,
Et fust chevaliers de sa main
Meillor c'onques ne fu Gavain,
Por tant que il fust escoillié,
Tost le voudroit avoir changié
Au pior de tout son ostel,
Por tant qu'ele le trovast tel
Qu'il la foutist tost et sovent.
Se dames dient que je ment,
Soufrir le vueil, atant m'en tais,
De m'aventure n'i a mais.

*Explicit du Pescheor de Pont seur Saine.*

# LXIV

## DES .III. MESCHINES

Paris, Bibl. nat., Mss. fr. 837,
fol. 196 r° à 197 r°.

OR escoutez une aventure
Et puis si en dites droiture.
A Brilli ot ja .III. meschines,
Ne sai comme eles erent fines,
Ne sai s'erent sages ou foles,
Mès mout hantoient ces caroles,
Et volentiers se cointissoient
A lor pooir et s'acesmoient.
L'une ert Brunatin apelée,
L'autre Agace, l'autre Suerée.
.I. jor tindrent lor parlement
D'atruper lor acesmement
Por une grant place aramie
Qui fu criée et aatie
De Boudet et de Jovincel,
En ces chans vers Buesemoncel.
« Certes, » dit Suerée à Agace,
« Tel poudre sai, qui en sa face
L'auroit mise .I. poi destrempée,
Que tantost seroit colorée :

Si lo que nous querre l'alon,
Quar, se le sanc ert el talon,
Sel feroit ele amont venir,
Et le vis vermeil devenir ;
Si l'a à Roem .I. mercier.
— Mès atant poons bien marchier,
Qu'il n'a el monde si trés fine, »
Dist Brunatin, l'autre meschine,
« Et j'ai .III. sous à vous prester :
Si vous alez tost aprester
Et metez errant à la voie. »
   Suerete a prise la monoie,
Si s'est vers Roem esmeüe.
Atout la poudre est revenue
A ses .II. compaingnes qu'el trueve.
Si commencierent la bone oevre,
Le jor que la place dut estre,
A la luor de la fenestre
D'une chambrete où els s'assistrent,
Dedenz .I. test la poudre mistrent.
Dist Suerée : « Diex nous i vaille !
Mès sachiez, il covient sanz faille
Que o pissat soit destrempée.
Je ne sui mie reposée,
Si me dueil de l'errer encore :
Si me covient reposer ore,
Mès fetes, et j'esgarderai. »
Dist Agace : « Et je pisserai
Ou test et ferai mon orine. »
Dist Brunatin : « Bele cousine,

Et je tendrai bien atiriez
Le test quanque vous pisserez. »
Lors li tint desouz et i garde
Et i prist au plus que pot garde.
Por miex esgarder el se plie,
Mès Agace ne pissast mie
Se l'en la deüst escorcier,
N'i pissast el sanz esforcier,
Mès ele i a mise sa force;
En ce que Agace s'esforce,
Et .I. trés grant pet li eschape,
Por neent deüst taillier chape :
Pet fist du cul et poudre vole.
« Qu'est ce deable, pute fole? »
Dist Brunatin, « que as tu fet?
Certes vez ci vilain mesfet :
Toute a nostre poudre souflée,
Ele m'est dusqu'es iex volée,
Si m'a enfumée trestoute.
Que passion et male goute
Te puisse ore en tes iex descendre!
Ça, mes .III. sous, tu les dois rendre,
Jes aurai par sainte Marie. »
— Dist Agace : « Je nel di mie
Que je les vous rende par droit,
Que ne tenistes pas à droit
Le test que tenir deviiez
En droit le con, et l'aviiez
En droit le cul, si mesfeïtes
Que la poudre nous en tolistes;

Et quant ele est par vous cheüe,
Je di qu'ele est vostre perdue :
Si covient que vous la rendez. »
Dist Brunatin : « Or entendez,
Vostre cul est si près du con
Que il n'est sages ne bricon
Qui i veïst à paine marche,
Ce samble le cop d'une hache
Qui à .I. roont trou s'aboute,
Et vez ci ma reson trestoute :
Comment que je le test tenisse,
Jamès la poudre ne perdisse
Se ne fust vostre souflerie,
Et quant vous l'avez hors jalie,
Je di que vous la devez rendre.
— S'en oserai bien droit atendre
Et en romanz et en latin.
— Bien puet estre, » dist Brunatin,
« Mès quant vous ice saviiez
Que vous au pissier poirriiez,
Que doit que vous ne le deïstes?
Si fussiez du domage quites.
S'eüssiez dit vostre maniere
J'eüsse tret le test arriere,
Mès vous nous avez deceües
Et toutes nos colors perdues,
Et vilainement hors souflées :
S'en devez rendre les denrées.
— Cest contens n'est ne bon ne gent :
Metons nous en sus bone gent. »

Dist Brunatin : « Jel lo bien certes,
Et qui devra rendre les pertes. »
Ainsi ont la chose atirée.
« Damoisele, » ce dist Suerée,
« Que Diex vous doinst male semaine!
Laquele me rendra ma paine
Des colors que j'ai aportées
Que vous avez au cul souflées?
— Qui perdra, rende les domages, »
Font eles, « et prenez bons gages
De chascune, c'est bien reson,
Tant que cest afere apelon. »
Si firent comme oï avez.

Seignors et dames qui savez,
De droit jugiez sanz delaier
Qui doit ceste poudre paier,
Cele qui tint le test en l'uevre,
Ou cele qui soufla deseure.
Mout est de gent, qoi que nus die,
Qui bien ne pisseroient mie
En nul leu que il ne peïssent;
Et puis après ice si pissent,
Si ra grant force en test tenir
En droit le con sanz avenir
En droit le cul, ce n'est pas fable :
Or en dites droit couvenable.

*Explicit des .III. meschines.*

# LXV

## DE LA DAMOISELE

### QUI NE POOIT OÏR PARLER DE FOUTRE

Paris, Bibl. nat., Mss. fr. 837, fol. 182 v° à 183 r°,
et 1593, fol. 182 r° à 182 v°.

SEIGNOR, oiez .I. noviau conte
Que mon fablel dit et raconte,
Que jadis estoit un baron
Qui mout estoit de grant renon.
Une fille avoit merveilleuse
Et tant par estoit desdaingneuse
Qui ne pooit oïr parler
De foutre ne de culeter,
Ne de rien qui à ce tornast,
Que maintenant ne se pasmast.
Mout en fu granz la renommée :
.I. vallet ot en la contrée
Qui a oïes les noveles,
A merveille les tint à beles
Et jure Dieu, à qoi qu'il tort,
Ne lera qu'il ne voist à cort
Por soi deduire et deporter.
Alez i est sans demorer,
Et, quant ce vint après souper,
Si commencierent à border

Et contoient de lor aviaus
Lor aventures, lor fabliaus,
Tant que li uns foutre nomma,
Et la pucele se pasma.
Quant li vallès la vit pasmée
Tout maintenant goule baée,
Se lest cheoir comme pasmez,
Et quant il se fu relevez
Et la pucele fu levée,
Mout en fu grande la risée,
Et dient tuit par la meson
C'or a la pucele baron,
Car ele meïsme jura
Que ja mari ne per n'aura
S'ele n'a celui qui se pasme,
Quar ele cuide bien et asme
Qu'il soit auques de sa maniere ;
A son pere en a fait proiere :
« Donez le moi, biaus pere chiers.
— Fille, » dist il, « mout volentiers. »
 Que vous feroie lonc sermon?
L'endemain le prist à baron.
Granz noces i ot et grant feste,
Assez i ot chanté de geste,
Et, quant ce vint à la vesprée
Qu'il ont lor joie demenée,
Si les a l'en couchiez ensamble.
La damoisele, ce me samble,
Li mist la main droit sor le pis :
« Ice que est, » fet ele, « amis ?

— Douce, par sainte patrenostre,
Quanqu'il i a ce est tout vostre. »
Puis lest aval sa main glacier,
Si a trové un vit si fier
Que cil avoit entre .ii. aines,
Mout bien fresté à .xiii. vaines
Comme baston à champion ;
Gros ert en mi et gros en son.
« Sire, por Dieu le roi celestre,
Dites moi que ce puet ci estre?
— Bele, » fet il, « c'est mes poulains.
Qui mout par est de grant bien plains. »
Puis taste avant, si a sentues
Unes grandes coilles velues :
« Et qu'est ceci, por sainte Elaine?
— Douce, c'est li sas à l'avaine :
Ne vueil mie estre desgarnis.
— Sire, mout estes bien apris. »
Tout maintenant que cil l'oï,
Si le besa et conjoï,
Sa main li mist sor la mamele
Que ele avoit durete et bele.
« Amie, » fet il, « qu'est ceci?
— Sire, c'est fruis vostre merci
Que je porte adès en mon sain. »
Puis lest aval couler sa main,
Si la mist droit sor le poinil :
« Amie, qu'est ceci? » fet il;
« Par Dieu qui fist et mer et onde,
C'est li plus biaus praiaus du monde.

— Praiaus, voire por Dieu, c'est mon. »
Lors li met la main sor le con :
« Et qu'est ceci, amie bele ?
— Sire, c'est une fontenele
Qui siet ci en mi mon praiel :
Si i fet mout bon et mout bel
Qu'ele est assise en .I. recoi. »
Puis taste avant del plus lonc doi,
Si comme avint par aventure,
Si trueve une autre haveüre.
Maintenant a sa main retrete :
« Ne doutez, sire, c'est la guete
Qui la fontaine et le pré garde,
Mès ja por ce mar aurez garde
Que n'i puissiez bien amener
Vo poulain pestre et abevrer.
— Bele, que dira donc la gaite
Qui la fontaine et le pré gaite ?
— Sire, se le trovez si sot,
Qu'il en parolt .I. tout seul mot,
Si le ferez en mi les denz
Du sachet ou l'avaine est enz. »
Quant cil l'oï, s'en ot grant joie,
Maintenant le prent, si la ploie,
En la fontaine mist sa beste
Trestout jusques outre la teste.
Quant la guete s'est perceüz
Qu'il est honiz et deceüz,
Maintenant a .II. cris getez :
« Oez, douce, » dit il, « oez,

Oiez, » dit il, « du trahitor.
— Sire, por Dieu le creator,
Ferez, batez, hurtez, boutez,
Batez le tant que l'ociez,
Si que l'estordissiez trestout
Que ne se face si estout. »
Que vous feroie longue fable ?
Par Dieu le pere esperitable,
Tant le bati, tant le frapa,
Que onques puis mot ne sona ;
Tant le bati, le las dolant,
Qu'il li fist l'alaine puant.

*Explicit de la Damoisele qui ne pooit oïr parler de foutre.*

# LXVI

## DU FAUCON LANIER

Paris, Bibl. nat., Mss. fr. 837,
fol. 256 r°.

Au biau faucon lanier mauvès
Resamble maint homme de fès,
Si vous en dirai la reson :
Quant les perdris sont en seson
Et on le gete por voler,
Sachiez que il ne veut aler :
A la terre s'assiet tantost
Jusqu'atant qu'il trueve qui l'ost,
Son mengier veut avoir por nient
Par la mauvestié qui le tient,
Et volast bien se il vousist,
Mès onques tant de bien ne fist
Qu'il ne face ore le contrere,
Si que l'en a de lui que fere.
Ausinques est il d'aucun hom
Qui mestier set et bel et bon
Por gaaignier se il vousist,
Mès mauvestié si le saisist
Dont il ne se veut remuer
Qu'il li estuet trestout trover

Et a vestir et à chaucier,
Et honis soit le sien mestier,
Quar il iroit par le sien pris
De toz biens et nus et despris,
Et quant il est desatiriez
Et d'aucune chose arririez,
Si dist : « Se j'estoie à harnas
Et je eüsse uns linges dras »
Ou tel chose que il n'a mie,
« Foi que je doi sainte Marie
Encor iroie gaaingnier
Et seroie hors de dangier. »
Et quant on l'a remis arriere
Ou point et à droite maniere
Pour gaaignier aucune chose,
Tant fet qu'il est à la desclose,
Et quant ert cel gaaing veü,
Quant erent trestuit revenu
Li deable de rasteler,
Tel gent ne doit on pas amer,
Ainz le doit on mout desprisier
Qu'il resamble de son mestier
Au faucon lanier, ce m'est vis,
Qui par sa perece est honis.

*Explicit du Faucon lanier.*

# LXVII

## DE PLEINE BOURSE DE SENS

[PAR JEAN LE GALOIS]

Paris, Bibl. nat., Mss. fr. 837, fol. 68 v° à 70 v°,
et 1593, fol. 125 v° à 128 r°; Bibl. de Pavie,
Mss. 130 E 5, fol. 15 r° à 18 r°.

JEHANS li Galois nous raconte
Qu'il ot en la terre le conte
De Nevers .I. riche borgois
Qui mout ert sages et cortois.
Li borgois estoit marcheanz,
Et de foires mout bien cheanz;
Sages estoit et bien apris,
Et avoit fame de haut pris,
La plus bele que l'en seüst
Ou païs, ne que l'en peüst
Trover, tant seüst l'en cerchier.
La dame ot mout son seignor chier,
Et il li, mès que tant i ot
Que li borjois une amie ot
Qu'il ama et vesti de robes,
Et cele le servoit de lobes ;
Car mout le savoit bien deçoivre.
La dame s'en prist à perçoivre,
Qui l'i vit aler et venir,
Ne se pot mie de tenir

Qu'ele ne die à son seignor :
« Sire, à mout grande deshonor
Usez vostre vie lez moi;
N'avez honte ? — Dame, de qoi?
— De qoi, sire? or i prenez garde,
Vous maintenez une musarde
Qui vous honni et vous afole,
Et toz li mondes en parole,
Que toute la vile le set,
Et dit chascuns que Diex vous het,
Et sa mere, et tous ses pooirs.
— Tesiez, dame; n'est mie voirs;
Gens sont coustumier de mesdire. »
Lors s'en part iriez et plains d'ire,
Si s'en va parmi le chastel,
Qui mout seoit et bien et bel;
Je ne sai vile miex assise;
Si est apelée Dysise,
Et siet en une isle de Loire.
Li borjois devoit à la foire
Aler en Troies en Borgoingne.
La dame, qui cremoit vergoingne,
Le fist revenir à l'ostel.
Assez li conte d'un et d'el,
Et le chastie de parole;
Mais il n'a cure de s'escole,
A poi l'en est, et poi i pensse.
La dame voit que sa desfensse
Ne li puet nule riens valoir.
Si a tout mis en non chaloir,

Tant que ce vint à l'endemain
Que li borjois leva bien main;
Son palefroi fist enseler,
Et ses charretes ateler,
Qui carchies furent d'avoir.
Quant les ot fetes esmovoir,
Si revint parler à sa fame :
« Dites moi, » fet il, « bele dame,
Quel joiaus por vostre deport
Volez vous que je vous aport
De la bone foire de Troies ?
Volez vous guimple ne corroies,
Toissus d'or, aniaus ou afiches ?
Je ne serai ja vers vous chiches
De rien que je puisse trover.
— Sire, je ne vous vueil rover, »
Fet cele qui le tient por fol,
« Foi que doi saint Piere et saint Pol,
Fors seul plaine borse de sen ;
Mès s'il vous plest, aportez m'en
Plaine une borse de deniers.
— Volentiers, » fait sire Reniers,
« Vous l'aurez combien qu'il me coust. »
    Ce fu à la foire d'aoust
Que sire Reniers de Dysise
Se parti de dame Felise,
Et vint à la foire de Troies ;
Là trova marcheanz de Broies
Qui achaterent son charroi.
Quant vendu ot, si prist conroi

Isnelement, sanz atargier,
De ses charretes rechargier,
Mais ce ne fu mie d'estoupes ;
Hanas d'or, d'argent et de coupes,
I ot assez et draperie,
Ne n'ot cure de freperie,
Mès d'escarlate tainte en graine,
De bons pers et de bone laine
De Bruges et de Saint Omer :
Nus ne pot dire n'assommer
L'avoir c'on mist en .x. charretes ;
Ne covient pas que soient fretes,
Quar à merveille i ot grant somme,
Et à chascune avoit .i. homme
Por miex conduire le charroi.
Il les comande à Dieu le Roi,
Congié demandent, si s'en vont,
Et cil acheminé se sont
Tout droit le grant chemin plenier.
  Or oez de sire Renier,
Com fu de sens vuis et delivres ;
Ne deüst pas estre si yvres,
S'il eüst beü vin de Cipre ;
Il s'en vint en la hale d'Ypre,
.I. bastonet en sa main tint,
Et de s'amie li souvint.
Achata li robe de pers,
Mout par ot le sens à envers,
Si la ploia en .i. troussel :
Desus son palefroi roussel

La trousse et lie derriere soi,
Ne veut qu'en le sache que soi,
Quant la baillera à sa drue.
Lors s'en vet par la mestre rue
Tant qu'il est venus chiés son oste ;
Là descendi, et sa chape oste,
Si a baillié son palefroi
Son garçon qui ot non Jofroi.
Lors li sovint de la proiere
Sa fame, qui plaine aumosniere
Li ot demandée de sen ;
Mès il ne sot mie en quel sen
Il puisse de l'avoir chevir.
Devant lui garde et voit venir
Son oste q'ot non Alixandre :
« Sire, » fet il, « savez à vendre
Nul lieu plaine borse de sen ?
Se le savez, conseilliez m'en. »
Tantost ses ostes li ensaingne
Un mercier de terre lontaingne ;
« Je cuit, » fet il, « que cil en a. »
   Adonc sire Reniers i va ;
Son estre conta au mercier,
Et cil li dist sans atargier
Qu'il n'en a point, mès il l'envoie
A un espissier de Savoie,
Qui de viellece estoit chenuz.
Sire Reniers est là venuz,
Si li demande qu'il li faut ;
Et cil jure, se Diex le saut,

C'onques à nul jor de sa vie
N'en sot denrée ne demie.
Lors s'en part iriez et penssis,
Et par mautalent s'est assis
Sus .i. siege delez .i. fust,
Et jure s'à poi ne li fust
N'enqueïst plus n'avant n'arriere.
Lors vit venir par la charriere
.I. viel marcheant de Galice :
« Demandez, » dist il, « recolice,
Ou clos de girofle ou canele?
De qoi demandez vous novele
A ce marcheant de Savoie ?
— Sire, » dist il, « se Diex me voie,
Je ne demant pas recolice,
Ne clos de girofle, n'espice,
Ainz quier plaine borse de sens,
Dont je sui en mout grant porpens ;
Savez en nule part à vendre?
— Oïl bien, te ferai entendre,
Se tu veus, comment tu l'auras,
Que ja plus avant n'en querras.
Mès di moi se tu as moillier?
— Oïl, fille de chevalier,
La plus bele qui soit en terre.
Por lui m'estuet cerchier et querre
Plaine borse de sens petite.
Or vous ai ma besoingne dite,
Et sanz vilonie et sanz noise.
— Tu as amie : s'il en poise,

Par aventure, à ta moillier,
Et si t'en voi les iex moillier.
N'as tu amie? — Oïl voir, sire. »
Li preudom commence à sorrire.
De la folie qu'il entent :
« Diva, » fet il, « or di, ne ment :
En portes tu riens à t'amie?
— Oïl, ne vous mentirai mie,
Bonne robe de bon pers d'Ypre,
Il n'a meillor de ci en Cypre. »
Li preudom qui fu debonere,
Li dist : « Il te convendra fere
Autre chose que tu ne pensses;
Honiz es, se ne te porpensses
Que je te voudrai conseillier :
Sanz toi mout forment traveillier.
Il te covient de ci movoir,
Et aler après ton avoir.
Quant près de ton ostel vanras,
Ta robe et ton cheval leras
En tel lieu où il ait viande,
Et pren une robe truande
Qui soit depecie et deroute,
Si que parmi perent ti coute.
Par nuit enterras chiés t'amie,
Et li di que tu n'as demie
Ne denrée de ton avoir,
Tout as perdu mès icel soir :
Te veus avoec li osteler,
Et au main t'en voudras aler

Ainz jor, por ce c'on ne te voie.
Se bel t'aquieut et te fet joie,
Bien a la robe deservie;
Mès garde, n'i demeure mie,
S'ele est orguilleuse ne fiere,
Com affiert à tel pautoniere,
Qu'el ne te vueille recevoir,
Lors te porras apercevoir
Que mal as emploié ton tens,
Et le servise et le despens
Qu'as por li fet ça en arriere.
Lors te remet à la charriere
De ta maison, et si entre enz.
Et quant seras venuz leenz,
Et ta fame ert à toi venue,
Se li di ta descouvenue,
Sanz joie faire et sanz deduit;
Et tu la troveras, je cuit,
De mout plus cortoise maniere,
Que n'auras fet la pautoniere.
Qoi qu'el te die, c'est ta fame,
Garde ton cors, pensse de t'ame.
Ainsi com je t'ai devisé,
Va t'en; je te commant à Dé. »

 Atant l'uns de l'autre se part,
Reniers monte; mout li est tart
Qu'il viegne à Dysise sor Loire;
S'amie, qui n'est mie noire,
Voudra esprover à cel tor,
Et paier selonc son labor.

Adonc chevauche l'ambleüre,
Vers Dysise grant aleüre
Tant qu'il ataint ses charretiers.
« Seignor, » dist il, « or est mestiers
Que me gardez mon palefroi,
Ma robe et mon garçon Jofroi,
Car il me covient à chief trere
D'une chose que j'ai à fere. »
Tantost de sa loiere trest
Une hiraudie qu'il vest,
Qui ne valoit pas .VI. deniers.
Ainsi s'en va sire Reniers,
Ne fina, si vint à Dysise,
.I. noble chastel à devise.
En la ville est entrez par nuit,
Ne vout que le veïssent tuit;
Si vint droit à l'ostel s'amie,
Qui encor n'estoit endormie,
Quar maintenant s'estoit couchie.
Il vint à l'uis, si l'a huchie :
Cele se lieve, et son huis oevre,
Il entre enz, et ele descuevre,
Le feu alume, si le voit;
Lors li demande que ce doit
Qu'il ert ainsi haligotez.
« Bele suer, » dist il, « escoutez;
J'ai tot perdu quanques j'avoie,
Demain ainz jor, c'on ne me voie,
M'enfuirai en estrange terre.
— Alez aillors vostre ostel querre, »

Fet ele, « ci n'avez que fere.
— Avoi! bele suer debonere,
Ja me soliez vous tant amer,
Et ami et seignor clamer;
Ne soiez pas vers moi si dure.
— Biaus sire, par male aventure
N'ai cure de vostre raison. »
  Reniers ist hors de la maison,
Quant il oï cele novele;
A son ostel vint, si apele
.I. mot, et sa fame l'oï,
Qui durement s'en esjoï.
Lors corut comme preus et sage
L'uis ouvrir sanz autre message;
Son seignour mena contre mont,
Qu'ele aime miex que rien du mont,
Et il li dist comme esperdu :
« Dame, » fet il, « j'ai tout perdu
Quanques je menai à la foire,
Com se tout fust cheü en Loire.
Las! que feront cil que je doi?
Ja ne seront paié par moi,
Car je nes porroie paier. »
La dame le vit esmaier,
Et ot qu'il se claime chetiz :
« Sire, » fet ele, « or soiez fiz,
S'il i avoit .x. mile livres,
Si en serez vous toz delivres;
Aiez bon cuer et bon corage,
Et vendez tout mon heritage,

Vignes, mesons, et prez et terres,
Robes, joaus et clers et serres :
Je l'otroi mout bien endroit moi.
Et ceste robe que ci voi,
N'est pas bele, despoilliez la,
Prenez à cele perce là
Cele robe de menu ver
Que ne vestistes dès yver;
Vestez la, et confortez vous;
La merci Dieu ja avez vous
Plus demie que ceste vile;
A Monpellier ne à Saint Gille
N'a plus riches bourjois de nous,
Laissiez le duel, confortez vous. »
Lors le fist vestir comme roi.
Et du mangier a pris conroi.
Quant mangié orent par loisir,
Si vont reposer et gesir
Dusqu'au matin que l'aube crieve,
Que la gent dou chastel se lieve.
Ja fu la parole esmeüe,
Qui par la garse fu seüe,
Que venus ert sire Reniers
Mal vestuz comme pautoniers,
A pié, sanz escu et sanz lance,
Et de perdre sont en balance
Cil et celes qui plevi l'ont.
Lors se lievent et venuz sont
Chiés le borjois por lui veoir.
Il les a fait lés lui seoir,

Si lor a mostrée sa perte :
« Seignor, c'est veritez aperte, »
Fait il, « que j'ai perdu le mien,
Encor m'en deportaisse bien,
S'il n'i eüst point de l'autrui ;
Mès por ce desconfortez sui
Que de l'autrui i a assez.
Entre vous qui plevi m'avez,
Me deporterez, s'il vous plest. »
Chascuns de respondre se test,
Fors que l'uns à l'autre conseille
Tout coiement dedenz l'oreille :
« Malement sommes malbailli,
Et par icest homme escharni ;
Nous serons par lui mal mené,
Mar le veïsmes onques né. »
A ce qu'il sont en tel esfroi,
Si ont veü venir Joffroi
Qui le palefroi maine en destre,
Et son roncin maine à senestre :
Après lui sont li charretier.
Symons, Aliaumes et Gautier
L'ont veü ; si dient entr' aus :
« Cui est or, » font il, « cil chevaus,
Et ces charretes, à cui sont,
Qui vienent par desus cel pont ?
— Je ne sai qui, » ce dit Guilliaumes,
— Ne je ainsinc, » ce dit Aliaumes.
Quant Reniers vit qu'il sont si près,
Si lor dist : « Mout estes engrès

De savoir à cui eles sont ;
Par celui Dieu qui fist le mont,
Moies sont, et ce qui est enz.
Ja nus de vous ne soit dolenz ;
Merci Dieu, bien vous puis paier,
Ne vous covient à esmaier.
Si vous dirai parole voire !
Je fui à Troies à la foire,
Quant j'oi ma besoigne atornée,
Et je fui à la retornée,
Adonc me souvint de Mabile,
Une garce de ceste ville
Que je soel amer par amors,
Mais or va la chose à rebors.
Or escoutez com il avint.
Quant de Mabile me sovint,
Je m'en ving en la hale d'Ypre ;
Robe de pers, n'a tele en Cypre,
Achetai por la pautoniere ;
Puis quis à vendre une aumosniere
Plaine de sen ; si la trouvai,
Aporté l'ai, encore l'ai.
Quant j'oi ce fait, ma voie ting,
Droit à mes charretes m'en ving,
Si lor livrai mon palefroi,
Ma robe et mon garçon Jofroi ;
Puis vesti une povre cote
Où il ot mainte haligote :
Si m'apenssai de bele guile,
Par nuit m'en entrai en la vile,

A l'ostel Mabile tout droit ;
Samblant fis que j'eüsse froit,
S'entrai leenz. Quant el me vit
Mal vestu, et je li oi dit
Que trestoz estoie escilliez,
Et ele vit que fui soilliez,
Fors de son ostel m'enchaça.
Je m'en issi et m'en ving ça.
Où j'estoie miex conneüs.
Merci Dieu, bien fui receüs ;
Mès la robe, que j'aportoie
A la garce, est encore moie :
La dame de ceans l'aura,
Qui mout meillor gré m'en saura. »
Quant la dame ot cest mot oï,
Mout durement s'en esjoï.
« Sire, » fet ele, « ahen, ahen,
Or avez vous trové le sen
Que vous avoie demandé ;
Vous l'avez trové, en non Dé. »
Cel jour fist li borjois grant feste.

 Seignor, vos qui estes de geste,
Qui cuers avez legiers et fols,
Se vous volez croire mon los,
Chascuns de vous i prendra garde.
Fox est li hom qui croit musarde ;
S'or aviiez autant d'avoir
Com li rois de France, por voir,
Se l'eüssiez abandoné
A une garce, et tout doné

S'ele vous veoit au desous,
Plus vil vous auroit que .i. gous.
Ci poez aprandre et oïr
C'on ne puet de garce joïr
Qu'il n'i a amor ne fiance.
Fous est qui lor tient aliance,
Et qui lor depart rien dou sien.
Encor a on fabliau dou sen.
 JEHANS LI GALOIS, d'Aubepierre,
Nous dit, si com la fuelle d'yerre
Se tient fresche, nouvelle et vers,
Est li cuers de la fame ouvers
Toutes por ome decevoir :
Pour ce est fous, ce saciez de voir,
Li hons qui a bonne moillier,
Quant il aillors se va soillier
Aus foles garses tricherresces,
Qui plus que chas sont lecherresces,
Où il n'a verité ne foi,
Ne bien, ne loiauté, ne loi.
Et quant de l'ome ont fait lor preu,
Miex l'ameroient en .i. feu,
Que ne feroient delez aus ;
Si en sont avenu maint maus.

*Explicit de Pleine Bourse de sens.*

# LXVIII

## LE PET AU VILAIN

[PAR RUTEBEUF]

Paris, Bibl. nat., Mss. fr. 837, fol. 315 r°, 1593, fol. 71 v°
à 72 r°, et 1635, fol. 63 r° à 63 v°.

En Paradis l'esperitable
Ont grant part la gent cheritable,
Mès cil qu'en aus n'ont charité,
Ne bien, ne pais, ne loiauté,
Si ont failli à cele joie,
Ne ne cuit que ja nus en joie,
S'il n'a en li pitié humaine.
Ce di je por la gent vilaine,
C'onques n'amerent clerc ne prestre,
Si ne cuit pas que Diex lor preste
En Paradis ne leu ne place.
Onques à Jhesu Crist ne place
Que vilainz ait herbergerie
Avec le Fil sainte Marie ;
Car il n'est raison ne droiture,
Ce trovons nous en Escriture ;
Paradis ne pueent avoir
Por deniers ne por autre avoir ;
Et à Enfer ront il failli,
Dont li maufé sont maubailli ;

Si orrez par quel mesprison
Il perdirent celle prison.
   Jadis fu uns vilains enfers;
Appareillez estoit Enfers
Por l'ame au vilain recevoir;
Ice vous di je bien por voir,
Uns deables i ert venuz,
Par cui li drois ert maintenuz.
Un sac de cuir au cul li pent,
Maintenant que leanz descent,
Que li maufez cuide sans faille
Que l'ame par le cul en saille.
Mais li vilains por garison
Avoit ce soir prise poison,
Tant ot mengié bon buef as aus,
Et dou gras humé qui fus chaus
Que la pance n'estoit pas mole,
Ainz li tent com corde à citole,
N'a mès doute qu'en soit periz,
Car, si puet poirre, il est gariz.
A cest esfort forment s'esforce,
A cest esfort met il sa force;
Tant s'efforce, tant s'esvertue,
Tant se torne, tant se remue,
C'uns pet en saut qui se desroie,
Li saz emplist, et cil le loie,
Quar li maufés par penitance
Li ot aus piez foulé la pance;
Et en dit bien en reprovier
Que *Trop estraindre fait chier.*

Tant ala cil qu'il vint à porte,
Atout le pet qu'en sac aporte;
En Enfer jete sac et tout,
Et li pez en sailli à bout.
Estes vous chascun des maufez
Mautalentiz et eschaufez,
Et maudient l'ame au vilain;
Chapitre tindrent l'endemain,
Et s'accordent à cel acort
Que jamais nus ame n'aport
Qui de vilain sera issue ;
Ne puet estre qu'ele ne pue.
Ainsin s'acorderent jadis
Qu'en Enfer, ne en Paradis,
Ne puet vilains entrer sans doute.
Oï avez la raison toute.

RUTEBUEZ ne set entremetre
Où l'en puisse ame à vilain metre,
Qu'ele a failli à ces .II. regnes ;
Or voist chanter avec les raines,
Que c'est li mieudres qu'il i voie,
Ou el tiegne droite la voie,
Por sa penitence alegier,
En la terre au pere Audigier;
C'est en la terre de Cocusse,
Où Audigiers chie en s'aumusse.

*Explicit du Pet au Vilain.*

# LXIX

## LI DIS DE
## LE VESCIE A PRESTRE

[PAR JACQUES DE BAISIEUX]

Bibl. de Turin, Mss. L. V. 32, fol. 108 v° à 110 v°.

En lieu de fable vos dirai
Un voir, ensi k'oï dire ai,
D'un prestre ki astoit manans
Deleis Anwiers; li remanans
Estoit mut biaus de son avoir,
Car plains estoit de grant savoir.
Si n'avoit pas tot despendut,
A amasser avoit tendut,
S'estoit riches hons et moblés;
Buez et vaches, brebis et bleiz
Avoit tant c'on n'en savoit conte,
Mais li Mors, qui roi, duc ne conte
N'espargne, l'ot par son message
Somont al naturel passage :
Eutropikes ert devenus;
De nul home n'estoit tenus

Ki li promesist longe vie.
Li prestes, qui out grant envie
De bien morir et justement,
Manda tost et isnelement
Son doiien et toz ses amis,
Son avoir entre lor main mis
Por donner et por departir
Cant ilh verront que departir
De son cors estovera l'ame :
Jouuel, cossin, pot ne escame,
Cuete, tuelle, neiz une nape,
Brebis, moutons, buef, ne sa chape
Ne li remaint que tot ne donne,
Et nome chascune persone
A qui ilh vuet c'on doinst ses chozes.
Descovertes, et non pas clozes,
Lettres saeler et escrire
En fist, que ne le vos puis dire ;
Plus briément, quant que il avoit
Ilh dona tot quant qu'il savoit,
Con chil qui n'avoit esperance
D'avoir de son mal aligance,
Car sa maladie ert amere.
 Atant se sont d'Anwier dui Frere
De Saint Jake issu por prechier,
Qui mut se vuelent estachier
Cant aucun desviiet ravoient.
Cele part tot droit en lor voie
Si sont chés le prestre venus.
I estre quidarent retenus

Al mangier, à joie et à feste
. . . . . . . . . . . . . .
Si c'autrefois esté i furent
Mais ne mengierent ne ne burent,
Car malade ont trové le prestre.
Non porquant li ont de son estre
Demandé et de son afaire.
Ses mains manient, son viaire,
Ses piés, ses jambes regarderent
Et tot son cors mut bien tansterent;
Si lor sembla bien par droiture
C'awoir ne poist de son mal cure
Ke ne l'en coviengne morir :
Trop lonc tans l'a laisié norrir,
Si n'est pas legiers à curer.
« Mais des or nos covient curer, »
Dist l'uns à l'autre, « c'est passé
Ke de l'avoir k'a amassé
Doinst à nostre maison .xx. livres
A lé, por refaire nos livres;
Se nos le poons ensi faire,
A no Prius devera plaire
Et si en seront liet no Frere.
— Vos dites voir, par Dieu no pere,
Frere Louuiz; or i para
Liqueis miez à lui parlera
Et mostrera nostre besongne. »

Al prestre, ki out grant esoingne
De maladie, ont dit sans faille :
« Sire, chis maus mut vos travaille,

Vos nos sambleis mut agreveis,
De vostre ame penser deveis ;
Doneis por Dieu de vostre avoir. »
Dist li prestes : « Ne puis savoir
K'aie caché sortout ne cote
Neis les linchuès à coi me frote,
Ke tout n'aie por Dieu doné.
— Comment aveis vos ordené, »
Dient li Frere, « vo besongne?
Li Escriture nos temongne
C'on doit garder à cui on done,
S'emploiiet est à la persone
A cui on vuet aumone faire. »
Li prestes respont, sans contraire :
« J'ai à mes povres parentiaus
Doné brebis, vaces et viaus,
Et à povres de cele vilhe
Ai doné ausi, par saint Gilhe,
De bleis qui vaut plus de .x. livres :
Por ce ke je soie delivres
De ce ke j'ai vers iaus mespris,
Car entor iaus mon vivre ai pris :
Si ai doné as orfenines,
A orfenins et à beguines
Et à gens de povre puissance,
Et si ai laisiet, por pitance,
.C. souz as Freres des Cordeles.
— Ces amuenes si sont mut beles ;
Et as Freres de no maison,
Aveis vos fait nule raison ? »

Ce dient li doi Frere al prestre.
« Naie, voir. — Ce comment peut estre ?
En maison a tant de preudomes,
Et à vos prochain voisien somes,
Et si vivons mut sobrement,
Vos ne moreis pas justement
Se del vostre ne nos laiiés. »
Li prestes trestous esmaiiés
Respont : « Par les oelz de ma teste,
A doner n'ai ne bleif ne beste,
Or ne argent, hanap ne cope. »
Chascuns des Freres li rencope
Et li mostre par exemplaire
K'ilh puet un de ses dons retraire
Et rapeler por iaus doner :
« Nos nos vorimes mut pener
Ke vostre ame fust adrechie,
Car chaiens a esté drechie
Soventes fois bien nostre escuele,
Et li amuene si est biele
Ki est à nostre maison mise.
Nos ne vestons nule chemise
Et si vivomes en pitance.
Ce sache Dieus, por la valhance
De vostre argent nel disons mie. »
Li prestes l'ot, si s'en gramie
Et pense qu'il s'en vengera,
S'ilh puet, et k'ilh les trufera,
Mar le vont or si près tenant.
As Freres respont maintenant :

« Appenseis sui, doner vos voelh
.I. jouuel ke mut amer suel
Et aime encore. Par saint Piere,
Je n'ai chose gaires plus chiere ;
Milh mars d'argent n'en prenderoie,
Et, se je bien haitiés estoie,
Je n'en voroie mie avoir
.II$^e$. marchies d'autre avoir ;
Diez vos a chaiiens asseneis.
Vostre Prieus me ramineis ;
Si vos en ferai conissanche
Ains que de vie aie faillance. »
Li Frere, sans duel et sans ire,
Ont respondut : « Dieus le vos mire !
Cant voleis vos que revenons,
Et nostre Prieuz ramenrons ? »
— Demain, je sui ou Dieu plaisir,
Vo promesse deveis saisir
Ains que je trop agreveis soie. »
   Atant ont acueilli lor voie
Li Frere ; à Anwier sont venu,
Si ont lor chapitre tenu.
Chascuns s'aventure raconte,
Mais chil n'ont cure de lonc conte,
Ains ont dit haut en audience :
« Faites venir bone pitance.
.II$^e$. livres gaangniet avons
A .I. prestre ke nos savons
Malade chi à une vilhe. »
Frere Nichole et Frere Gilhe,

Frere Guilhiame et Frere Ansiaus
Vinrent oïr ces nos nouviauz,
Ki mut forment lor abelissent.
De ces grans poisons mander fisent,
Viez vin, novel, flons et pasteis.
Chil grans mangier fu mut hasteis;
Chascuns de lui bien aisier pense;
Ne burent pas vin de despense,
De boire et de mangier bien s'aisent,
Por le prestre le hanap baisent
Ki le jouuel lor ot promis.
Cant en lor testes orent mis
De ce bon vin, grant feste fisent;
Lor cloches sovent en bondissent
Ansi con ilh auuist cors saint;
N'i a voisin qui ne se saint,
Et se merveillent qui la voient,
Qui miez miés as preschors s'avoient
Por la grant merveilhe esgarder.
Nus d'iauz ne se savoit garder
De mener vie deshoneste,
Car chascuns a serré la teste
De bon vin et de lor pitance.
A lor diverse contenance
Et al maintieng et à lor estre
Semblerent bien hors de sens estre.
Chascuns ki les voit s'en merveilhe,
Et Frere Louuis s'aparailhe
De demander con faitement
Il poroient plus sagement

Al prestre querre lor promesse.
« Demain, auchois c'on chante messe,
Se fera bon metre à la voie, »
Dist chascuns, « se Jhesus m'avoie,
Anchois ke li Mors le sorprengne,
Si comment ke la choze prengne,
De no don aions conissance ;
Nos i arons mainte pitance :
Si s'en doit on mut bien pener.
Frere Louuis, lesqueis miner
I voreis vos ? Or le nos dites.
— Frere Guilhiames, li ermites,
En venra et Frere Nichole,
Bien saront dire la parole,
Et si venra Frere Robiers ;
Çaiens n'a si sage Convers,
Si portera no breviaire ;
De no Prieus n'avons ke faire. »
Ensi ont le plait otriiet.
 L'endemain se sont avoiiet
Tot droit vers la maison le prestre,
Ja n'i cuidierent à tans estre ;
Mais, ains ke li jors fu passeis,
Amassent ilh mieus estre asseis
A Anwiers dedens lor maison.
Atant ont le prestre à raison
Mis, et de Deu l'ont salué ;
Puis demandent s'il a mué
Son mal en nul aligement.
Li prestes mut trés sagement

Lor dit : « Bien soiiés vos venu,
Je n'ai mie desconneü
Le don ke promis vos avoie,
Encore en sui je bien en voie ;
Faites les eschevins venir
Et le maieur, si k'awenir
Ne vos puist nule grevance ;
Devant iaus la reconissance
Mut volentiers vos en ferai
Et la choze vos nomerai.
Et vos dirai u ele ert prise. »
   Entrues que li prestes devise,
Freres Robers a tant pené
K'ilh a le maieur aminé
Et toz les eschevins ensemble.
Li .IIII. Frere, ce me samble,
Les ont hautement benvigniés.
Li prestes ki fu ensigniés,
Si a parlé premierement
Et lor a dit si faitement :
« Sangnor, vos estes mi ami,
Por Dieu, or entendeis à mi ;
Frere Louuis, Frere Symons
Vinrent ier chi faire sermons,
K'ilh me cuidoient en santé,
Mais Dieus par sa grasce a planté
En moi maladie si grieve
C'aparant est ke mais n'en lieve.
Il me virent et esgarderent,
Et après si me demanderent

Se j'avoie pensé de m'ame,
Et je lor dis, par Nostre Dame,
Ke j'avoie trestot donet.
Ilh demanderent s'ordiné
A lor maison riens née avoie,
Et je dis non; se Dieus m'avoie,
Il ne m'en estoit sovenu,
Or estoient trop tart venu ;
Je n'avoie mais que doner.
« Non, » dissent ilh, « trop malmener
Vos voi, mavaisement moreis
S'en cestui propoz demoreis,
Se vos ne nos doneis del vostre. »
Et je, par sainte patenostre,
Ne vuelh pas morir malement.
Si ai pensé si longement
K'apenseis me sui d'une coze
Ke j'ai en mon porpris encloze,
Ke j'aime mut et tieng mut chiere,
Mais je lor doin en tel maniere
K'ilh ne l'aront tant con vivrai,
Car onkes ne le delivrai
En autrui garde k'en la moie.
Sachiés ke durement l'amoie
Et amerai tote ma vie :
Sans convoitise et sans envie
Lor done chi en vo presence.
— Et ke nus n'i amene tenche, »
Dient al prestre li .v. Frere,
« Dites quel choze c'est, biaz pere.

— Volentiers voir, c'est me vesie.
Se la voiiés bien netoiie,
Mieus ke de corduan varra
Et plus longement vos dura :
Se poreis ens metre vo poivre.
— Nos aveis vos ci por dechoivre
Mandeis, foz prestes entesteis?
Avoir nos cuidiés ahonteis,
Mais n'en aveis, par saint Obert,
Bien nos teneis or por bobert.
— Mais vos, por beste me teneis,
Cant les dons que je ai doneis
Me voleis faire recolhir.
Bien me faites le sanc bolir
Ki voleis ke je le rapiele ;
Bien vos dis ke pot ne paele
Ne riens née à doner n'avoie ;
Or me voleis metre en tel voie
K'en vos soit mieus l'amouene asise
K'en lieu u je l'euuise mise,
Por ce ke de tos melhor estes. »
Li Jacobin baisent les testes,
Si se sunt retorné arriere
Vers lor maison à triste chiere,
Et tot chil ki là demorerent
De ris en aise se pamerent
Por la trufe de la vesie,
Ke li prestes ot tant prisie
As Jacobins, ki bien en burent
Et mangierent et en rechurent

De vin et de poissons pitance.
　Jakes de Baisiu, sans dotance,
L'a de Tieus en Romanc rimée
Por la trufe qu'il a amée.

## LXX

## DE CELLE QUI SE FIST

### FOUTRE SUR LA FOSSE DE SON MARI

Paris, Bibl. nat., Mss. fr., 837, fol. 166 r° à 166 v°,
et 1593, fol. 183 v° à 184 v°;
Bibl. de Berne, Mss. 354, fol. 59 v° à 60 r°.

Ou tens que volentez me vient,
De fable dire me covient;
Dirai en leu de fable voir :
Un hon qui de petit d'avoir
Ert en grant richece embatuz,
Si con ses termes ert venuz,
Le prist Mors en Flandres jadis.
Mout fu et par fais et par dis
Sa fame de sa mort irie;
Quar fame est mout tost aïrie
A plorer et a grant duel faire,
Quant ele a .I. poi de contraire,
Et tost ra grant duel oublié.

Quant la dame vit devié
Son seignor qui tant l'ot amée,
Sovent s'est chaitive clamée,
De grant dolor mener se paine ;
Mout i emploie bien sa paine
Qu'ele en a le molle trové.

Si a mout bien son preu prové,
Ce semble, a toz vers son seignor,
Ainz fame ne feist tel dolor,
Et quant ce vint à l'enterrer,
Dont oïssiez fame crier
Et veïssiez mout grant duel faire,
Et poins de tordre et cheveus trere,
Et si s'escrie de seur touz :
« Prodon, bon hon, où irez vos ?
Or vos met l'en en cele fosse ;
Sire, je remaing de vos grosse ;
Qui garira l'enfant et moi ?
Mieus voil que morissons andoi. »
Quant li cors fu en terre mis,
Dont s'escria à mout hauz cris,
Si se decire et pleure et brait,
A la terre cheïr se lait.
Si parent la reconfortoient,
A l'ostel mener l'en voloient,
Mès ele dit qu'ele n'iroit
Ne jamès ne s'en partiroit
De la fosse, morte ne vive.
Tant s'en escombat et estrive
Qu'il l'ont leissie par anui ;
Avec li ne remaint nului ;
Seule remest et sanz compaigne.
  Esvos .I. chevalier estraigne ;
Lui et son escuier venoit,
Son chemin à l'autre tenoit ;
La dame vit illuec seoir

Qui à trestot le sien pooir
Destruit et essille son cors
Por son seignor qui estoit mors
« Voiz tu, » dit il à l'escuier,
« Cele dame là essillier
Son cors ? N'a mie son cuer lié.
Certes mout en ai grant pitié.
— Pitié au deable vos tient,
Quant il li de pitié vos vient :
Je gagerai, se vos volez,
Par si que de ci vos tornez,
Que ja à mout petit de plet,
Si dolente comme el se fait,
La foutrai, mès que vos traiez
En tel lieu que ne nos voiez.
— Qu'as tu dit, escommeniez ?
Je croi que pas crestiens n'ies,
Ainz as ou cors le vif deable
Quant contrové as or tel fable.
— Est ce fable ? Je gageroie
Vers vos, se gagier m'i osoie.
— Or i parra que tu feras ;
Ja par moi veüs n'i seras.
Repondre m'irai soubz cel pin. »
   Cil descent jus de son roncin
A la terre et fet chiere morne ;
Vers la dame sa voie atorne ;
Si dit en bas, non pas en haut :
« Chere suer, » dit il, « Deus vos saut !
— Saut ? » fet ele, « mès doinst la mort,

Que je sui vive à mout grant tort,
Que mes sire est mors, mes mariz,
Par cui mes cuers est si marris,
Qui me gita de povreté
Et me tenoit en grant chierté,
Et m'amoit plus que lui meïsme.
— Suer, je sui plus dolenz la disme.
— Coment plus ? — Jel te dirai, suer.
Je avoie mis tout mon cuer
En une dame que j'avoie,
Et assez plus de moi l'amoie,
Qui ert bele, cortoise et sage ;
Ocise l'ai par mon outrage.
— Ocise l'as ? Coment, pechierre ?
— En foutant, voir, ma dame chiere,
Ne je ne voudroie plus vivre.
— Gentilz hon, vien ça, si delivre
Cest siecle de moi, si me tue ;
Or t'en esforce et esvertue,
Et si me fai, se tu pues, pis
Que tu ta fame ne feïs ;
Tu dis qu'ele fu morte à foutre. »
   Lors s'est lessie cheoir outre,
Aussi com s'ele fust pasmée.
Cil a la robe sus levée,
Si li embat el con le vit,
Si que ses sires bien le vit
Qui se pasmoit de gieus en aize :
« Me cuides tu dont tuer d'aize, »
Fet la dame, « qui si me fous ?

Ainz t'i desromperoies touz
Que tu m'eüsses ainsi morte. »
Ainsi la dame se conforte,
Qui ore demenoit tel dol.
 Por ce tieng je celui à fol
Qui trop met en fame sa cure ;
Fame est de trop foible nature,
De noient rit, de noient pleure,
Fame aime et het en trop poi d'eure ;
Tost est ses talenz remuez :
Qui fame croit, si est desvés.

*Explicit.*

# LXXI

## DES .III. CHEVALIERS

### ET DEL CHAINSE

[PAR JACQUES DE BAISIEUX]

Bibl. de Turin, Mss. L. V. 32, fol. 99 v° à 101 v°.

Par bon semblant et par bel dire
Sevent acun felon plain d'ire
Autrui soprendre et dechivoir,
Et cant ilh sevent de ce voir
Dont ilh sont de savoir en grant,
Mais n'aront bien, s'aront en grant
Anui et en grant deshonur
Mis ches cui offroient honur.
Por ce ne seit on mais cui croire,
Ke li faus ne vuelent recroire
De lor traïson porchachier;
Les loiaus font si deschachier,
Ains k'il soient de riens creü,
Ke teil travalh lor sont creü
K'il n'ont repos, ne jor ne eure,
De pener à ce k'al deseure
Puise lor loialté monter,
Si con fist chil dont velh conter.
 Ilh avint c'une gentis dame
N'avoit plus bele en un roiame,

Ne plus large ne plus cortoise ;
Contesse n'estoit ne Duchoise,
Mais ele estoit de haut parage ;
Prise l'avoit par mariage
Uns bachelers de bone afaire.
Laiens avoit mut grant repaire
De chevaliers, car riches ere,
Cortois et larges despendere ;
Ilh n'estoit mie tornoyeres,
Mais ilh estoit bons herbegieres ;
En grans mangiers et en grans dons
Despendoit le sien li preudons ;
De ses voisins avoit bon pris.

 En icele marche avoit pris
Et criet un tornoiement ;
Laiens prisent herbegement
Troi chevalier qui i aloient ;
D'amis et d'avoir mut valoient
Li dui, et ausi de prouece ;
Mais li tiers n'ot pas grant richece,
De certe n'avoit k'au tornois
Douz cens livrées, ne tornois
Ne li eschapoit k'il n'i fuist.
Il ne cremoit acier ne fust,
Cant ilh avoit la teste armée.
Tot troi ont la dame enamée,
U ilh l'ont fausement proyée.
La dame s'amor otroyée
N'a à nul d'iaus ne escondite ;
Non porcant mainte raison dite

Li a li plus riches des trois.
Por s'amor se fait mut destrois,
Lui et son pooir li presente :
« Ha », dist ilh, « duce dame gente,
Mon cuer, mon cors, ma mort, ma vie,
Sor vo voloir n'aroie envie
De mon greffre lessier sechier,
Mors sui et si, dame, se chier
Ne m'aveis tant ke m'amur prendre
Vuelhiés, sans le vostre au mains rendre,
Car vostre amur ne requier mie :
Petit vail por avoir amie
Si bele, si bone et si sage.
Dame, humiliiés vo corage
Tant k'ensi soie recheüs ;
Por vos serai si preus veüs
K'en cortoisie et en largece
Florirai et en grant proëce,
S'à vos sui par vo gré amis. »
Chascuns des autres douz a mis
Son cuer, sa pensée et s'entente
Au faire proyere ausi gente ;
Al miez k'il sorent l'ont requise,
Et la dame fu si aprise
Ke sagement s'en departi.
Au matin sont d'iluec parti,
Car l'endemain dut tornois estre ;
A son hostel et à son estre
Ala cascuns teil k'il l'avoit.
    La dame, ki asseis savoit

De bien, un sien blanc chanse a pris.
A son escuier bien apris,
En cui avoit mut grant fianche,
A fait do chanse delivrance,
Et li dist k'al tornoi en voise
Purement et sans faire noise :
« A cel chevalier le me livre »
Et li noma ; « di lui, se vivre
Vuet, si k'il dist, en mon service,
Demain veste cest chanse riche
Al tornoi, sans autre armeüre
Fors son hiame et chacheüre
De fer, et espée et escut.
S'ilh le prent et ilh l'a vestut
Al tornoi ensi faitement,
Retorne à moi isnelement.
S'ilh ne le prent, va à celui, »
Son non li dist, « di li ke lui
Envoie cest chanse en tel guise
Ke je à cestui te devise.
S'ilh nel rechoit, al tier le porte ;
C'est chil ki parla à la porte
Huy main à toi derrainement ;
De par moi di li ensement
K'aus autres dous t'ai rové dire. »
 Chil prent le chanse, atant s'atire,
Vers le tornoi acuet sa voie ;
Celui le balhe u on l'envoie ;
Sens mesprendre dist son message,
Li bachelers rechut le gage

Et dist k'al tornoi s'en parra,
Tant fra d'armes c'on en parra,
Por l'amur de sa dame chiere.
Un poi après, baisant la chiere,
Entre ses compangnons repaire;
Paors li palist son viaire,
Tant crient la jornée et resongne.
Proëche li dist et tesmogne
C'on ne doit pas avoir sans paine
Amur de dame soveraine;
Amurs de fauseté l'encuse
Cant le voloir celi renfuse
A cui si amis se faisoit;
S'ilh rent le chanse, ilh mesfaisoit.
Paors le revient assaillir
Et li dist k'à l'amur faillir
Le covient, comment k'il en prengne;
S'ilh avient ke le chanse prengne,
Mors est, si à l'amur fara;
Nel prende pas, miés li venra
K'ilh vive et à amie failhe.
Ensi est ses cuers en batailhe
Et ne seit u laisier u faire.
En la fin paors tant le maire
Ke le chanse al valet rendi.
  Al secunt chevalier tendi
Li escuiers la main et donne
Si ke ne s'en perchut personne;
En teil guise et en teil maniere
Le rechut, et renvoie arriere,

Ke chil devant le renvoia.
  L'escuiers le chanse ploia,
Al tierc chevalier est venus
Et li offre ; là retenus
Est li chanses mut liement,
Et dist ke le commandement
Sa dame volentiers fera ;
Do chanse miés armeis sera
Ke de nule arme k'ilh avoit.
Son palefroit, dont plus n'avoit,
Done à l'escuier, et li rueve
Ke lues ù ilh sa dame trueve,
Ke de par lui grasces li rende
Do bel don, et k'ele en gré prende
Ce k'ilh pora d'armes ens faire.
  La nuis s'en va, li jors esclaire ;
Hiraut crient : « Lachiés, lachiés ! »
Li chanses estoit enbrachiés
Do bacheler estroitement,
Baisiet l'avoit mut dolcement
Plus de milhe foies la nuit,
Et dist bien, anchois k'ilh anuit,
Fera ens d'armes tel jornée
C'onques ne fu à nul jor née
Dame por cui tele fuist faite.
Mut s'esjoïst et se rehaite
Et loie amur kant tant l'oneure.
Coardise, en cui paürs neure,
Le ramentoit d'achiers les brans
Dont ilh aura trenchiés les flans :

« Des espales et des costeis
Onques mais ne rechut coz tez
Bachelers, con rechiveras;
Ta proëche deceveras,
Por la biele et por truferie
Morte est ta char, t'ame perie;
Dieu et le siecle pers ensamble. »
Toute la chars fremist et tramble
De ce ke paür li raconte,
Mais ses cuers noiant n'i raconte
A cui couste riens la besongne.
Amurs li dist et li tesmogne
K'al chanse vestir aquerra
Tel joie k'autre ne querra;
Ele li mostre conpangnie
De bele dame et d'ensengnie,
Duz regars, acolers, biaz rires
Et baisiers, ki n'est pas li pires,
Sage parler et enbrachier;
S'en doit faire sa char achier
Por tant de desduis rechivoir.
Or perchoit ilh que decevoir
Le vuet paürs et coardise.
D'autre part proëche l'atise
Et li dist, ke s'ensi astoit
Ke ilh le chanse ne vestoit,
C'à blame li seroit torné;
S'ilh avoit son cors atorné
Si k'avoir ne peüst grevance
Por cop d'espée ne de lance,

Petit pris d'armes doit aquerre;
Mais s'ilh est en pieche de terre
Mal montés à pou d'armeüres
Et ilh ose colées dures
Rechivoir et son pooir rendre,
S'ilh ne fait fiancher ne rendre
Autrui, por ce ne pert ilh mie
Pars d'armes ne grasce d'amie,
Se si jugor jugent droiture.
Ensi proëche l'asseüre
Et de bien faire li enorte.
Amurs l'enhardist et conforte
Tant ke del chanse li changiers
Al plus trés fort haubert d'Angiers
Ne li plairoit, et se seuist
K'à sa dame ausi bien pleuist,
Ke le chanse d'avoir vestu.
Trop a à l'armer arestu,
Ce li samble; les chauces lace,
L'espée chaint, l'escut enbrache,
Monte à cheval, son elme a prise;
Por pou ke ses estriers ne brise,
Si s'afiche sus à l'esmuevre;
Por sa dame tel cuer recuevre
K'ilh ne crient mort ne bleceüre.
Vers son content tot l'ambleüre
S'en va, en l'escut enbuisiés.
Ses contraires a si buisiés
Al branc d'achier et tant malhiés
Ke lor escus a detalhiés,

Lors habiers ros, et enbareis
Lor hiames : ja ert debarreis
Ses chanses et mut depechiés,
Et s'ert ses cors forment blechiés,
Mais li cuers noient ne s'esmaie;
Ilh ne sent angoisse de plaie
Ki li seit à l'espée faite;
Tout adès a la main entaite
De lui al branc asseürer
Se ses cors peuist endurer
Ce ke li cuers oisaist emprendre,
Tous les covenist à lui rendre.
Adès est en la plus grant presse,
De cos mengier son chanse anesse
Et d'autrui armes paist s'espée;
Tant a le char par lius copée
Ke tout li chanses en sanc bangne.
Chascuns ki l'aperchoit l'espargne,
Mais ce n'est pas par son voloir;
Ce li fait plus le cuer doloir
K'il ne trueve ki sor lui fiere,
Ke de ses plaies la haschiere.
De content en content s'acointe.
Adès li membre de s'acointe
Ki le chanse li ot tramis.
Bien s'est maintenus con amis :
Tant fu ferus et tant feri
Ke mut de sa force peri.
Par tot le tornoi l'aventure
Conoist on k'il n'a armeüre

Fors ke le chanse seulement.
En .xxx. liés crueusement
Fu navreis, mais ne recroit mie;
Toute jor maintient l'eskermie
Tant ke li tornois fu espars.
On li done, de totes pars,
Le pris do tornoi, et en voie
Chascuns à l'hosté le convoie.
Ilh fait ses plaies remuer;
Por mal k'il ait ne puet muer
Ke ce chanse garder ne face,
Tout ensi ne vuet oster tache;
Ne le donroit por tot à perdre,
Ce jure ilh par le roi celestre.
Chascuns qui l'ot, mut s'en merveille.
 Li escuiers soi rapareille,
Ki le chanse avoit aporté;
A sa dame a mut enorté
K'ele pense do chevalier
Ki por s'amur est contralhiés
Tant k'il a del tornoi le pris,
Mais tant a le cors entrepris
De plaies ke niens est de vie :
« Lasse » dist ele, « s'ilh devie,
Je serai de sa mort copable;
Il a miés fait son dit estauble
Ke li autre dui ki plus dissent. »
— Dame », fait chil, « le chanse prisent,
Mais ne l'oserent retenir. »
L'escuiier fait sovent venir

La dame al chevalier plaiiet ;
Tout son despens li a paiiet
Et son amur li a donée.
Chis dons a la plaie sanée
Al chevalier, ki plus li grieve ;
Por un petit k'il ne se lieve
Contre le duch cop desiré.
Li autre dui sont mut iré,
Cant ilh le chanse refuserent ;
En lor cuer forment s'en blamerent,
Non pas sor tot por le damage
De l'amur de la dame sage ;
Mais, por ce ke mains sont hardi
Ke chil ki del prendre enhardi,
Chascuns se tient à engeneis.
Li bachelers fu près saneis
Des plaies k'al tornoi a prises.
   Li maris à la dame aprises
Avoit beles cors à tenir ;
Encor les voloit maintenir,
Car pas n'iert apovris d'avoir.
Ilh li prent volonteis d'avoir,
Sor son fiez et sor ses tenures,
Festes de jostes, d'aventures ;
Tant porcacha k'eles i furent
Toutes planieres ; .viii. jors durent.
Après i out tornoiement,
Là ont donné main parement
Et main mangier cortois et riche.
Li bachelers n'ot pas cuer niche,

Ki à la dame estoit maris ;
Largece amoit plus ke Paris
N'amaist onkes nul jor Helaine ;
Cort tint ki ne fu pas vilaine.
Tot chil ki vorent i mangierent
Et orent kant k'il sohaidierent,
Tant ke por boire et por mangier.
La feme al seignor del mangier
Servi, o li maintes puceles.
Li chevaliers plaiiés noveles
Sout ke la dame sert à table
A sa cort ki est honerauble.
Son chanse errament li renvoie
Par son escuier, et li proie
Ke por l'amur de li le veste,
Tant k'ele ait servi à sa feste,
Desore toz ses paremens ;
Ce li ert mut aligemens.
Li escuiiers le chanse a pris ;
A la dame, con bien apris,
Dist son message sans mesprendre.
La dame tent sa main por prendre
Le chanse ki mut ert solhiés,
Et dist, por ce k'il est molhiés
Dou sanc à son ami loiaul,
Tient ele à parement roial
Le chanse, car ors fins ne pieres
Ne poroient estre si chieres
Ke li sanc dont ilh estoit tains,
Et dist ke le vestiroit ains

K'ele tenist vin ne viande,
Puis ke ses duz amis li mande.
Lors l'acole de bon corage,
Après le vesti. Or ne sa ge
Liqueis d'iaus dous fist plus grant choze
L'uns por l'autre; chascuns l'en cose
De trestoz chiaus k'ele a servi
Et dient k'ele a deservi
C'on li face grant desonur,
Car ele l'a por faire onur
A aucun chevalier vesti.
Ilh sevent bien trestot cesti
Ke ses sires ne porsuit armes;
Trestot plerent à chaudes larmes
Por ce ke hors del sens le quident.
Cant ont mangié, sa sale vuident,
Es gardiens vont esbanoiier.
La dame al chanse reploiier
Et al regarder met s'entente.
Mut en fu à son seigneur ente,
Mais ilh ne fist semblant ne chiere;
On ne l'en vit muer maniere,
Ne mains parler ne mains taisir.
 Or prie JAKES DE BASIU
As bacheliers et as puceles,
As dames et as damoisieles
Et as chevaliers ensiment,
K'il fachent loial jugement
Liqueis d'iaz fist plus grant emprise :
U chil ki sa vie avoit mise

En aventure amant sa dame,
U cele ki honte ne blame
Ne cremi tant ke lui irer;
Por s'amur s'ala atirer
Del chainse, si c'ai dit deseure;
Jugiés droit, k'Amurs vos horreure.

# LXXII

## DES .III. CHANOINESSES

### DE COULOINGNE

[PAR WATRIQUET BRASSENEL, DE COUVIN]

Paris, Bibl. de l'Arsen., Mss. B. L. F., 318, fol. 84 v°
à 88 r°.

Il n'a homme de si à Sens,
S'adès vouloit parler de sens,
C'on n'en prisast mains son savoir
Qu'on fait sotie et sens savoir.
Qui set aucunes truffes dire,
Ou parlé n'ait de duel ne d'ire,
Puis que de mesdit n'i a point,
Maintes foiz vient aussi à point
A l'oïr que fait uns sarmons.
 Il a chanoinesses à Mons,
Au Moustier seur Sambre, à Nivele,
Et à Andaine riante bele
Et trop plus assez à Maubeuge,
Mais ore droit conter vous veul ge,
Sans ajouter mot de mençoingne,
De .III. de celes de Couloingne
Et dire .I. poi de reverie
Par covent que chascuns en rie

S'il y a mot qui bien le vaille.
De longue rime ne me chaille,
Mais briément, sanz prologue faire,
Vous veul dire et conter l'afaire
De ces .iii. dames Chanoinesses.
   D'amor aprises et maistresses,
L'art sorent tout et le mestier
De quanqu'en amer a mestier ;
Tant l'avoient lonc temps usé
C'on tenoit ja pour refusé
Leur cors et leurs biautez usées,
S'erent ainssi que refusées.
Et non pourquant mout erent cointes
Et jolies, et biaus acointes
Orent racointiez de nouvel ;
Ce les tenoit en grant revel
Et faisoit en amour penser.
   Or vous voudrai avant passer
Et dire toute l'aventure
D'eles et la verité pure,
Selonc ma vraie entencion.
Vigille iert d'une Assencion
Que chascuns doit joie mener,
Et Dieus, qui me volt amener
A droit port, si bien m'asena
Qu'à l'eglyse droit m'amena.
Si fui à bonne destinée
Tant que grant messe fu finée
Et touz li mestiers Dieu finez.
Je, qui pas n'estoie avinez

Au matin ne beü n'avoie,
Par mi le Cuer tornai ma voie
Pour moi vers l'ostel ravoier,
Et Eürs me volt convoier,
Qui si trés bien me convoia
Qu'entre ces dames m'avoia,
Où il faisoit si trés bel estre
C'iert uns fins paradis terrestre,
Plains d'anges, de sains et d'ymages;
Tant y avoit de biaus visages
Et de douz qu'il me fu avis
Qu'en regardant fusse ravis.
Onques n'oi si grant melodie,
Et si n'oi pas chiere esbahie.
Quant je fu à moi revenuz,
Balades et Rondiaus menuz
Leur dis et autres Dis d'amours,
De Complaintes et de Clamours,
Que mout trés volontiers oïrent,
Et en l'oiant me conjoïrent
Et dirent iere bons compains :
« Habandonnez te soit nos pains,
Nos chars, nos vins et nos ostez :
Jamais ne te sera ostez;
Hons es pour soulacier malades,
Qui tant sés Rondiaus et Balades;
De toi ne doit estre se non
Nus princes. Or nous di ton non
Tant que bien t'aions cogneü.
T'avons nous autre foiz veü?

Seroies tu nient Raniquès?
— Non voir, dame, mais Watriquès
Sui nommez jusqu'en Areblois,
Menestrel au Conte de Blois
Et si à monseignor Gauchier
De Chastillon.—Tant t'ai plus chier, »
Dist li une; « par saint Niquaise,
Avec moi disneras tout aise,
Car toutes aprestées sommes
De servir ceuls dont tu te nommes;
Si t'en verrai plus volentiers.
Mes ostieus est tiens touz entiers
Et quanque j'ai, de ce me vant.
Or me sui et g'irai devant :
Nous n'i serons qu'entre nous trois
Compaignes; li lieus est estrois :
En secré nous voulons baignier;
Plus n'en i voil acompaignier;
Là nous diras de tes bons mos.
Vien i, si voir que parler m'os,
Tu seras aise à volenté :
On m'a dès ersoir presenté
.II. chisnes cras et .III. chapons. »
Et je, sans faire autre respons,
Volentiers et de clere vois
Dis : « Dame, granz merciz. J'i vois;
Je ne m'en doi faire prier;
Je vous sivrai sanz detrier. »
  Atant entrai dans la maison
Où ja iert du mengier saison;

S'erent .ii. des dames venues,
Chascune en son baing toutes nues,
Et le tierce, sans nul desdaing,
Se despoille et entre en son baing,
C'onques pour moi n'i fist dangier.
Lors commenchames à mengier.
Ma table estoit assez près d'eles;
Si les vi vermeilles et beles
Et esprises de grant chaleur,
Que leur fesoit avoir couleur
Li bains chauz et li bons vins frois,
Dont assez burent sanz effrois.
Là fumes aise de touz poins,
Et, quant il fu du parler poins,
Je commençai *D'amer l'escole*
*Qui l'amant à amer escole,*
Car eles le voudrent oïr,
Pour vie amoreuse esjoïr
Et ceuls qui aiment de cuer fin.
Et, quant mes dis fu trais à fin
Que chascune ot bien escouté,
En a l'une l'autre bouté
Et distrent que c'iert trés bien dit.
Puis me firent .i. autre Dit
Commencier par comandement,
Qui parlast plus parfondement
De paroles crasses et doilles,
« Si que de risées nous moilles »,
Dist l'une des mieus emparlées;
« Nous sommes compaignes quarrées :

Di hardiment de quanqu'il touche
A ....s, s'il te vient à la bouche;
Ja n'en seras de nous repris.
Ne voulons pas choses de pris,
Mais ce qui mieus rire nous face. »
 Atant leur redreçai ma face ;
Si leur dis le Dit, à briez mos,
Des .iii....... et des...... mos,
Comment l'un l'autre rampona,
Dont li Cons jugement donna
Qu'ainz n'en fu bleciez ni quassez.
De ce ristrent eles assez
Et d'autres bons mos que je di.
Atant au bien boire entendi ;
Mes parlers lors fu acoisiez
Tant que fui de touz poins aisiez,
Et chascune à son droit aisie.
 Lors parla la plus envoisie,
Et dit que cele ait mal dehait
Qui ne fera aucun souhait
Tel qui as dames ne desplaise :
« Nous sommes ci à pais et aise ;
Li disons gogues et risées ;
Nous n'en poons estre accusées,
Car nous sommes en lieu secré. »
Lors dist cele au cuer plus letré.
« Honnie soit à cui il poise,
Or faites abaissier la noise
Tant que je aie souhaidié,
Car Dieus proprement m'a aidié

A mon souhait à aviser;
Or vous le voudrai deviser.
Je souhaide q. . . . . . . ,
Fust aumosne aussi con pechiés,
Et c'on en aquerist pardon
De touz meffais et guerredon,
Que ja Dieus ne s'en courouçast;
Mais certes, qui qui en grouchast,
Je vous jur et ai en couvent
. . . . . . . . . . . . . . . .
S'ensi estoit que je devise.
— Or est il temps que je m'avise, »
Dist la seconde, « à souhaidier
Chose qui mieus nous puist aidier.
Je souhaide à nostre Seignour
Que ce fust aussi grant honor. . . . »
« Laquelle set mieus souhaidier?
Juges, si Dieus te puist aidier,
Ouquel puet plus de bien avoir.
— Dames, je ne le puis savoir »,
Dist Watriquès, « sanz les plus sages.
Si serai du porter messages,
Tant que l'on en aura jugié. »
    Ainssi pris d'eles mon congié;
Si mis tout cest affaire en rime,
Où il n'a ne honte ne rime,
Ni chose qui grieve à nului.
Qui que le voille traire à lui,
Huimais n'en puet estre autre chose,
N'ai deservi que nus m'en chose;

A moi ne s'en doit nus conbatre ;
Ce sont risées, pour esbatre
Les roys, les princes et les contes.
Ci faut des .III. dames li contes.

*Explicit le Dit des .iij. Chanoinesses
de Couloingne.*

## LXXIII

## DES .III. DAMES DE PARIS

[PAR WATRIQUET BRASSENEL, DE COUVIN]

Paris, Bibl. de l'Arsen., Mss. B. L. F. 3i8, fol. 88 v°
à 94 r°.

JADIS souloient les merveilles
Conter, as festes et as veilles,
Colins, Hauvis, Jetrus, Hersens;
Or sont à Paris, de touz sens,
Les maisons plaines et les rues
De grans merveilles avenues
A .iii. fames nouvelement,
Si com vous l'orrez ja briément,
Se de vous puis estre escoutez.
 Haus jours iert et sollempnitez
C'on dit des .iii. Rois de Couloigne;
Conter ne vous i veul mençoigne
Fors que droite verité pure,
Mais onques si faite aventure
En pays du monde n'avint.
L'an c'on dit M. CCC. et vint,
.I. matin, devant la grant messe,
Que la fame Adam de Gonnesse
Et sa niece Maroie Clippe
Distrent que chascune à la trippe

Iroient .ii. deniers despendre,
S'en alerent, sans plus atendre,
Entre elles .ii. à la taverne,
En la maison Perrin du Terne,
Qui nouviaus taverniers estoit.
Si com l'une l'autre hastoit
Qu'elles vouloient ens entrer,
Lors revint, droit à l'encontrer,
Dame Tifaigne, la coifiere,
Qui dist : « Je sai vin de riviere
Si bon qu'ainz tieus ne fu plantez.
Qui en boit, c'est droite santez,
Car c'est uns vins clers, fremians,
Fors, fins, frès, sus langue frians,
Douz et plaisanz à l'avaler ;
A celui nous convient aler.
Autre vin goust ne nous ara,
Ne ja hons ne nous i sara
Pour demorer .iii. jours entiers,
Et si nous croira volentiers
Li ostes chascune .x. sous.
— Ses cors soit benis et absous
De celle qui si bien parla »,
Dist Margue ; « alons celle part là ;
Il i fait bon, et Dieus m'avoie. »

 Atant se metent à la voie
Vers la taverne *des Maillez*.
Là vint li filz Druins Baillez,
Uns varlès qui vint avec eles,
Par cui sai toutes leur nouveles.

Cis les servi à leur mengier
Et leur aporta sanz dangier
Quanc'on pot de bon recouvrer.
Là veïssiez des denz ouvrer
Et henas emplir et vuidier :
En petit d'eure, à mon cuidier,
Orent .xv. sous despendu.
 « Riens ne m'ara savour rendu
A cest mengier », dist Margue Clouve,
« Se nous n'avons d'une crasse oue
Et des aus plaine une escuele. »
Lors court Druins par la ruelle
En l'ostel où on les cuisoit;
.II. en prist, et après puisoit
Des aus tout plain .I. grant platel,
Et à chascune .I. chaut gastel
Aporta quanqu'il pot haster.
Qui veïst chascune taster
Ces fors aus et celle oue crasse,
Mengié l'orent en mains d'espasse
Assez c'on ne mist au tuer.
Lors commença Margue à suer
Et boire à grandes henapées;
En poi d'eure erent eschapées
.III. chopines par mi sa gorge :
« Dame, foi que je doi saint Jorge, »
Dist Maroclippe sa commere;
« Cis vins me fait la bouche amere;
Je veul avoir de la garnache :
Se vendre devoie ma vache,

S'en aurai ja au mains plain pot. »
Druin hucha quanqu'elle pot
Et li dist : « Va nous aporter
Pour nos testes reconforter
De la garnache .iii. chopines,
Et de tost revenir ne fines.
S'aporte gauffres et oublées,
Fromage et amandes pelées,
Poires, espices et des nois,
Tant, pour florins et gros tornois,
Que nous en aions à plenté. »
Cilz i court, et elle a chanté
Par mignotise .i. chant nouvel :
*Commere, menons bon revel;*
*Tieus vilains l'escot paiera,*
*Qui ja du vin n'ensaiera. »*
  Ainssi chascune se deporte.
Et Druins le fort vin aporte,
Qui fu par les henas versez.
« Commere, or en bevons assez, »
Dist Maroie à dame Fresens,
« Car c'est vins, pour garder le sens,
Mieudres assez que li françois. »
Lors but chascune, mais,ançois
C'on eüst tornées ses mains,
C'une plus que li autres mains,
Fu tous lapez et engloutis.
« Cis pochonnez est trop petis »,
Dist Maroie, « par saint Vincent;
Pour boire le quartier d'un cent

Ne nous en convient esmaier,
Je ne l'ai fait el qu'essaier ;
Tant est bon que j'en veul encore.
Or va donc, se Dieus te secore,
Druins, raportes en .III. quartes,
Car, avant que de ci departes,
Seront butes. » Et cis i court,
Qui tost revint, à terme court,
Puis dona son pot à chascune.
« Compains bien veignant », dist li une,
« Manjue, .I. morsel, puis si bois ;
Cilz vous est mieudres que d'Ervois
Ne que vins de Saint Melion.
— Voire assez, » ce dist Marion,
« Je le boif trop plus volentiers ;
Se mes pos iert plainz touz entiers,
N'en y ara assez tost goute.
— Hé, que tu as la gorge gloute »,
Dist Maroclippe, « bele niece ;
Je n'aurai encor en grant piece
But tout le mien, mais tout à trait
Le buverai à petit trait,
Pour plus sur la langue croupir ;
Entre .II. boires .I. soupir
I doit on faire seulement :
Si en dure plus longuement
La douceur en bouche et la force. »
 En tel point chascune s'efforce
De garnache engloutre et tant boire
Qu'il n'est nus hons qui peüst croire

Comment chascune s'atourna.
Du matin que il ajourna
Furent là jusqu'à mie nuit,
Et menerent si bon deduit
Qu'adès orent le henap plain.
« Je veul aler là hors au plain, »
Dist Margue Clippe, « en mi la voie
Treschier si que nus ne nous voie ;
Si en vaudra trop mieus la feste.
Chascune aura nue la teste,
Et s'irons empurés les cors.
— Dont lairés ci vos vardecors »,
Dist Druins, « de gage à l'escot ;
S'averez, en guise d'Escot,
Escourchie pelice et cote,
Et chemise qu'elle ne crote :
S'irons treschier par mi la rue. »
Atant chascune à terre rue
Sa chemise et son chaperon ;
Escourchié furent li geron
Des cotes desus la pelice,
Et Druins hors de l'uis les glice,
Chantant chascune à haute vois :
*Amours, au vireli m'en vois.*
Mout parloient de leurs amis ;
Ainssi son cors chascune a mis
Dehors à la bise et au vent ;
Si tresbuchoient plus souvent
C'on ne peüst sa main tourner.
A .ii. lieues près d'ajourner

Les a Druins en tel point mises
Que cotes, pliçons et chemises,
Chaucemente, bourse et corroie,
Leur toli tout. Je, qu'en diroie?
Ainssi les lessa toutes nues,
Gisanz au fuer des bestes mues,
Vilment et en divers couvine,
L'une adenz et l'autre souvine,
Trebuschies en .ii. monciaus,
Plus emboées que pourciaus.
Tout en tel point Druins les lait
Ou boier plus grant et plus lait
Qui fu en toute la cité.
   Là jurent à mout grant vilté,
L'une sus l'autre comme mortes,
Tant que partout guichez et portes
De la cité furent ouvertes
C'on vit les merveilles apertes.
Chascuns y acourt pour veoir,
Car n'avoient sens ne pooir
D'eles tant ne quant remuer;
Qui ja les vousist partuer,
Pour mortes les tenoient toutes.
Testes et mains avoient routes
Et touz sanglens cors et visages.
Tous disoient, et folz et sages,
C'on les avoit la nuit murdries;
S'en erent la gent abaubies
Du lait point où il les veoient;
Et leur chetif baron cuidoient

Qu'il fussent en pelerinage,
Quant uns preudons de leur visnage
Vint là, qui bien les reconut
Au cors que chascune ot tout nut.
　Si le corut leur barons dire
Qui pasmerent de duel et d'ire
Quant il ont leur fames trouvées
Gisant, nues et desrobées,
Comme merdes en mi la voie.
N'est hons, s'il veult, qui ne les voie
Par tout, et en coste, et en mi;
Lors crierent: « Hareu, ain mi »,
Et mout tendrement vont plorant.
　Ainssi qu'il vindrent là corant,
Leur .iii. fames ont reconutes,
Qui tant ne quant ne se sont mutes,
Gisans nues à tel diffame;
Les cueurs de courouz leur enflame,
Car cus et teste leur paroit.
Nus hons raconter ne saroit
Queles erent à grant meschief;
N'onques ne murent pié ne chief.
　Si furent au moustier portées
Des Innocens, et enterrées,
L'une sus l'autre, toutes vives;
Hors leur sailloit par les gencives
Li vins et par tous les conduis.
　Ainçois fu plus de mie nuis
Que se peüssent resveillier,
Et mout les convint travaillier

Ainçois qu'elles fussent issues
Hors de la terre, et des issues
Et des portes des Innocens.
Elles n'odorent point encens :
Mout erent ordes et puans.
Si con gens povres ou truans
Qui se couchent par ces ruelles,
S'en raloient ces .iii. entr'elles
Qu'à paines pooient parler ;
Ne ne poïssent mie aler
.II. pas ou .iii. sanz trebuschier ;
Souvent les oïssiez huchier :
« Druin, Druin, où es alez ?
Aporte .iii. harens salez
Et .i. pot de vin, du plus fort,
Pour faire à nos testes confort,
Et penses de tost revenir
Pour nous compagnie tenir,
Et si clorras la grant fenestre. »
Ainssi qu'elles cuidoient estre
En la taverne toutes trois,
Les aqueult uns vens si destrois
Et si frois, qu'il les fist pasmer
Et toutes pour mortes clamer,
Et jus trebuchier en la place.
N'orent buche, oil, ne nés, ne face
Qui ne fust de boe couvers,
Et toutes chargies de vers,
N'onques ne murent piés ne main
Deci au jour à l'endemain

Que li aube esclarcist et point,
C'on les retrouva en tel point
Comme ot fait le jour de devant,
Droit ainssi qu'à soleil levant.
Chascuns qui mieus mieus y acourt,
Mais assez en brief terme et court,
Si bien la chose ala et vint
Que cil meïsmes i sourvint
Qui le soir les out enterrées,
Et, quant ilec les a trouvées,
De grans merveilles s'en seigna,
Et dist : « Dyables les engigna
Qui les a raportées ci.
Oiés, seigneur, pour Dieu merci,
Comment sont eles revenues.
En terre les mis toutes nues
L'une seur l'autre en une fosse ;
Foi que je doi au cors saint Josse,
Elles ont les deables es cors.
Voiés les, à chascun des cors,
Comme elles sont de vers chargies,
Enterrées et demengies,
Les cors noirs et delapidés :
C'est d'eles veoir grans pitez ;
Touz li cuers du ventre m'en tremble. »
 Ainsi qu'il parloient ensemble
De l'aventure desguisée,
S'est dame Tifaigne escriée,
Qui revint .I. poi en memoire :
« Druin, raportez nous à boire.

— Et moi aussi », dist Maroclipe ;
« Je veul de la nouvele tripe. »
Ainssi sont relevées toutes
Dessivres, feles et estoutes ;
S'en va chascune à son refuit,
Et chascuns de paour s'en fuit,
Qui cuident ce soient Mauffez ;
Car les cuers orent eschauffez
De corrouz quant sont aperçutes
Qu'ainssi orent esté deçutes
Et menées par reverie.
 Or pri à chascun qu'il en die
Verité, s'onques aventure
Oï mais tele en escripture,
Et, tantost c'on le m'ara dit,
J'en finerai atant mon Dit.

*Explicit le Dit des .III. Dames de Paris.*

## LXXIV

## DU VILAIN MIRE

Paris, Bibl. nat., Mss. fr. 837, fol. 139 r° à 141 r°,
et Bibl. de Berne, Mss. 354, fol. 49 v° à 52 r°.

JADIS estoit uns vilains riches,
Qui mout estoit avers et chiches;
Une charrue adès avoit,
Tos tens par lui la maintenoit
D'une jument et d'un roncin;
Assez ot char et pain et vin
Et quanques mestier li estoit,
Mès por fame que pas n'avoit
Le blasmoient mout si ami
Et toute la gent autressi :
Il dist volentiers en prendroit
Une bonne, se la trovoit;
Et cil dient qu'il li querront
La mellor que il troveront.
 El païs ot .1. chevalier,
Viez hom estoit et sanz moillier,
S'avoit une fille mout bele
Et mout cortoise damoisele,
Mès por ce qu'avoirs li failloit,
Li chevaliers pas ne trovoit

Qui sa fille li demandast,
Que volentiers la mariast
Por ce que ele estoit d'aage
Et en point d'avoir mariage.
Li ami au vilain alerent
Au chevalier, et demanderent
Sa fille por le païsant
Qui tant avoit or et argent,
Plenté forment et planté dras.
Il leur dona isnel le pas
Et otroia cest mariage.
La pucele qui mout fu sage,
N'osa contredire son pere,
Quar orfeline estoit de mere,
Si otroia ce qui li plot,
Et li vilains plus tost qu'il pot
Fist ses noces et espousa
Celi cui forment en pesa,
S'ele autre chose en osast fere.
Quant trespassé ot cel afere
Et des noces et d'autre chose,
Ne demora mie grant pose
Quant li vilains se porpenssa
Que malement esploitié a :
N'aferist mie à son mestier
D'avoir fille de chevalier ;
Quant il ira à la charrue
Li vassaus ira lez la rue
A cui toz les jors ot foiriez.
Et quant il sera esloingniez

De sa meson, li chapelain
Vendra tant et hui et demain
Que sa fame li foutera,
Ne jamès jor ne l'amera
Ne ne le prisera .II. pains :
« Las ! moi chetiz, » fet li vilains,
« Or ne me sai je conseillier,
Quar repentir n'i a mestier. »
Lors se commence à porpensser
Comment de ce la puist garder :
« Dieus ! » fet il, « si je la batoie
Au matin quant je leveroie :
Ele plorroit au lonc du jor,
Je m'en iroie en mon labor.
Bien sai, tant con ele plorroit,
Que nus ne la donoieroit.
Au vespre quant je revendrai,
Por Dieu merci la prierai,
Je la ferai au soir haitie
Mès au matin ert courroucie.
Je prendrai ja à li congié,
Se je avoie un poi mengié. »
Li vilains demande à disner :
La dame li cort aporter;
N'orent pas saumon ne pertris :
Pain et vin orent, et oes fris,
Et du fromage à grant plenté
Que li vilains ot amassé.
 Et quant la table fut ostée,
De la paume qu'ot grant et lée,

Fiert si sa fame lez la face
Que des doiz i parut la trace,
Puis l'a prise par les cheveus
Li vilains qui mout estoit feus,
Si l'a batue tout ausi
Con s'ele l'eüst deservi ;
Puis vait aus chans isnelement,
Et sa fame remest plorant.
« Lasse, » fet ele, « que ferai ?
Et comment me conseillerai ?
Or ne sai je mès que je die,
Or m'a mon pere bien trahie
Qui m'a donné à cel vilain.
Cuidoie je morir de fain ?
Certes bien oi au cuer la rage
Quant j'otroiai tel mariage :
Dieus ! porqoi fu ma mere morte ! »
Si durement se desconforte,
Toutes les gens qui i venoient
Por li veoir s'en retornoient.
Ainsi a dolor demené
Tant que soleil fut esconssé
Que li vilains est reperiez.
A sa fame cheï aus piez,
Et li pria por Dieu merci :
« Sachiez ce me fist Anemi
Qui me fist fere tel desroi ;
Tenez, je vous plevis ma foi
Que jamès ne vous toucherai :
De tant con batue vous ai

Sui je courouciez et dolenz. »
Tant li dist li vilains pulens
Que la dame lors li pardone.
Et à mengier tantost li done
De ce qu'ele ot apareillié ;
Quant il orent assez mengié,
Si alerent couchier en pais.

 Au matin li vilains pusnais
Ra sa fame si estordie
Por poi qu'il ne l'a mehaingnie,
Puis s'en revait aus chans arer.
La dame commence à plorer :
« Lasse, » dist ele, « que ferai ?
Et comment me conseillerai ?
Bien sai que mal m'est avenu :
Fu onques mon mari batu ?
Nennil, il ne set que cops sont :
S'il le seüst, por tout le mont,
Il ne m'en donast pas itant. »

 Que qu'ainsi s'aloit dementant,
Esvos .II. messagiers le roi,
Chascun sor un blanc palefroi ;
Envers la dame esperonerent,
De par le roi la saluerent,
Puis demanderent à mengier
Que il en orent bien mestier.
Volentiers leur en a doné ;
Et puis si leur a demandé :
« Dont estes vous et où alez ?
Et dites moi que vous querez. »

Li uns respont : « Dame, par foi,
Nous sommes messagiers le roi ;
Si nous envoie .I. mire querre,
Passer devons en Engleterre.
— Por quoi fere ? — Damoiselle Ade,
La fille le roi, est malade ;
Il a passé .VIII. jors entiers
Que ne pot boivre ne mengier,
Quar une areste de poisson
Li aresta el gavion :
Or est li rois si corouciez ;
S'il la pert ne sera mès liez. »
Et dist la dame : « Vous n'irez
Pas si loing comme vous penssez,
Quar mon mari est, je vous di,
Bons mires, je le vous afi ;
Certes il set plus de mecines
Et de vrais jugemens d'orines
Que onques ne sot Ypocras.
— Dame, dites le vous à gas ?
— De gaber, » dist ele, « n'ai cure,
Mès il est de tele nature
Qu'il ne feroit por nului rien,
S'ainçois ne le batoit on bien. »
Et cil dient : « Or i parra,
Ja por batre ne remaindra ;
Dame, où le porrons nous trover ?
— Aus chans le porrez encontrer :
Quant vous istrez de ceste cort,
Tout ainsi con cil ruissiaus cort

Par defors cele gaste rue,
Toute la premiere charrue
Que vous troverez, c'est la nostre.
Alez; à saint Pere l'apostre, »
Fet la dame, « je vous commant. »
    Et cil s'en vont esperonant,
Tant qu'ils ont le vilain trové.
De par le roi l'ont salué,
Puis li dient sanz demorer :
« Venez en tost au roi parler.
— A que fere ? » dist li vilains.
— Por le sens dont vous estes plains;
Il n'a tel mire en ceste terre :
De loing vous sommes venu querre. »
Quant li vilains s'ot clamer mire,
Trestoz li sans li prent à frire;
Dist qu'il n'en set ne tant ne quant.
« Et qu'alons nous ore atendant ? »
Ce dist li autres; « bien sez tu
Qu'il veut avant estre batu
Que il face nul bien ne die ? »
Li uns le fiert delez l'oïe
Et li autres par mi le dos
D'un baston qu'il ot grant et gros;
Il li ont fet honte à plenté,
Et puis si l'ont au roi mené.
Si le montent à reculons
La teste devers les talons.
Li rois les avoit encontré ;
Si lor dist : « Avez rien trové ?

— Sire, oïl, » distrent il ensamble.
Et li vilains de paor tramble.
Li uns d'aus li dist premerains
Les teches qu'avoit li vilains,
Et comme ert plains de felonie,
Quar de chose que on li prie
Ne feroit il por nului rien,
S'ançois ne le batoit on bien.
Et dist li rois : « Mal mire a ci,
Ainc mais d'itel parler n'oï.
— Bien soit batus puisqu'ainsi est, »
Dist un serjans, « je sui tout prest ;
Ja si tost nel commanderois,
Que je li paierai ses drois. »
Li rois le vilain apela :
« Mestre, » fet il, « entendez ça,
Je ferai ma fille venir,
Quar grant mestier a de garir. »
Li vilains li cria merci :
« Sire, por Dieu qui ne menti,
Si m'aït Dieus, je vous di bien,
De fisique ne sai je rien :
Onques de fisique ne soi. »
Et dist li rois : « Merveilles oi :
Batez le moi. » Et cil saillirent
Qui assez volentiers le firent.
Quant li vilains senti les cops,
Adonques se tint il por fols :
« Merci, » commença à crier,
« Je la garrai sanz delaier. »

La pucele fu en la sale
Qui mout estoit et tainte et pale,
Et li vilains se porpenssa
En quel maniere il la garra;
Quar il set bien que à garir
Li covient il ou à morir.
Lors se commence à porpensser,
Se garir la veut et sauver,
Chose li covient fere et dire
Par qoi la puisse fere rire
Tant que l'areste saille hors,
Quar el n'est pas dedenz le cors.
Lors dist au roi : « Fetes .I. feu
En cele chambre en privé leu ;
Vous verrez bien que je ferai,
Et se Dieu plest, je la garrai. »
Li rois a fet le feu plenier ;
Vallet saillent et escuier,
Si ont le feu tost alumé
Là où li rois l'ot commandé.
Et la pucele au feu s'assist
Seur .I. siege que l'en li mist ;
Et li vilains se despoilla
Toz nuz, et ses braies osta,
Et s'est travers le feu couchiez,
Si s'est gratez et estrilliez :
Ongles ot grans et le cuir dur,
Il n'a homme dusqu'à Samur
Là on louast grateeur point
Que cil ne fust mout bien à point.

Et la pucele qui ce voit,
A tout le mal qu'ele sentoit,
Vout rire, si s'en esforça
Que de la bouche li vola
L'areste hors enz el brasier.
Et li vilains sanz delaier
Revest ses dras et prent l'areste,
De la chambre ist fesant grant feste;
Où voit le roi, en haut li crie :
« Sire, vostre fille est garie,
Vez ci l'areste, Dieu merci. »
Et li rois mout s'en esjoï,
Et dist li rois : « Or sachiez bien
Que je vous aim seur toute rien.
Or aurez vous robes et dras.
— Merci, sire, je nel vueil pas,
Ne ne vueil o vous demorer :
A mon ostel m'estuet aler. »
Et dist li rois : « Tu non feras,
Mon mestre et mon ami seras.
— Merci, sire, por saint Germain,
A mon ostel n'a point de pain :
Quant je m'en parti ier matin,
L'en devoit carchier au molin. »
Li rois .ii. garçons apela :
« Batez le moi, si demorra. »
Et cil saillent sanz delaier.
Et vont le vilain ledengier.
Quant li vilains senti les cops
Es braz, es jambes et ou dos,

Merci lor commence à crier :
« Je demorrai, lessiez me ester. »
   Li vilains est à cort remez,
Et si l'a on tondu et rez,
Et si ot robe d'escarlate ;
Fors cuida estre de barate
Quant les malades du païs,
Plus de .IIII$^{xx}$., ce n'est vis,
Vindrent au roi à cele feste.
Chascuns li a conté son estre ;
Li rois le vilain apela :
« Mestre, » dist il, « entendez ça,
De ceste gent prenez conroi,
Fetes tost, garissiez les moi.
— Merci, sire, » li vilains dit,
« Trop en i a, se Dieus m'aït,
Je n'en porroie à chief venir :
Si nes porroie toz garir. »
Li rois .II. garçons en apele,
Et chascuns a pris une estele,
Quar chascuns d'aus mout bien savoit
Porqoi li rois les apeloit.
Quant li vilains les vit venir,
Li sans li commence à fremir :
« Merci, » lor commence à crier,
« Je les garrai sanz arrester. »
Li vilains a demandé laingne,
Assez en ot comment qu'il praingne :
En la sale fu fez li feus,
Et il meïsmes en fu keus.

Les malades i aüna,
Et puis après au roi pria :
« Sire, vous en irez à val,
Et testuit cil qui n'ont nul mal. »
Li rois s'en part mout bonement,
De la sale ist, lui et sa gent.
Li vilains aus malades dist :
« Seignor, par cel Dieu qui me fist,
Mout a grant chose à vous garir,
Je n'en porroie à chief venir :
Le plus malade en eslirai,
Et en cel feu le meterai ;
Si l'arderai en icel feu,
Et tuit li autre en auront preu,
Quar cil qui la poudre bevront,
Tout maintenant gari seront. »
Li uns a l'autre regardé,
Ainz n'i ot boçu ne enflé
Qui otriast por Normendie
Qu'eüst la graindre maladie.
Li vilains a dit au premier :
« Je te voi mout afebloier ;
Tu es des autres li plus vains.
— Merci, sire, je sui toz sains
Plus que je ne fui onques mais :
Alegiez sui de mout grief fais
Que j'ai eü mout longuement ;
Sachiez que de rien ne vous ment.
— Va donc à val ; qu'as tu ci quis? »
Et cil a l'uis maintenant pris.

Li rois demande : « Es tu gari?
— Oïl, sire, la Dieu merci;
Je sui plus sain que une pomme :
Mout a ou mestre bon preudomme. »
  Que vous iroie je contant?
Onques n'i ot petit ne grant
Qui por tout le mont otriast
Que l'en en cel feu le boutast,
Ainçois s'en vont tout autressi
Con se il fussent tuit gari.
Et quant li rois les a veüz,
De joie fu toz esperduz,
Puis a dit au vilain : « Biaus mestre.
Je me merveil que ce puet estre
Que si toz gariz les avez.
— Merci, sire, jes ai charmez :
Je sai .I. charme qui mieus vaut
Que gingembre ne citovaut. »
Et dist li rois : « Or en irez
A vostre ostel quant vous voudrez,
Et si aurez de mes deniers
Et palefroiz et bons destriers;
Et quant je vous remanderai,
Vous ferez ce que je voudrai :
Si serez mes bons amis chiers,
Et en serez tenus plus chiers
De toute la gent du païs.
Or ne soiez plus esbahis,
Ne ne vous fetes plus ledir,
Quar ontes est de vous ferir.

— Merci, sire, » dist le vilain;
« Je sui vostre homme et soir et main,
Et serai tant con je vivrai
Ne ja ne m'en repentirai. »
   Du roi se parti, congié prent,
A son ostel vint liement ;
Riches mananz ainz ne fu plus :
A son ostel en est venus,
Ne plus n'ala à la charrue,
Ne onques plus ne fu batue
Sa fame, ainz l'ama et chieri.
Ainsi ala con je vous di :
Par sa fame et par sa voisdie
Fu bons mires et sanz clergie.

   *Explicit du Vilain Mire.*

# LXXV

## LA PLANTEZ

Bibl. de Berne, Mss. 354, fol. 145 r° à 146 v°.

Aïde Deus qui tot governe!
Il avint en une taverne
L'autre an, si con Acre fu prise,
Bien en ai la matire aprise,
C'uns bachelers de Normandie,
Dont maint gentil ome mandie,
Se voloit disner par matin;
Mais n'ot geline ne pocin
Ne à mangier qui gaires vaille,
Fors un sol panet de maaille.
En sa main tenoit un denier;
Si commanda au tavernier
Que danrée de vin li traie;
Et cil de noiant ne delaie,
Qui mout ert fiers et orgoillos
Cointes, vasaus et otragos :
Au tonel vint grant aleüre,
Trestote plaine la mesure
Prant un henap : trestot de plain
Au Normant lo mist en la main :

« Tien, va » fait il, « isnelemant! »
Lors li versa si roidemant
El hanap que cil li tandi
Que demi lo vin espandi
Par son orgoil et par s'otrage.
Quant li Normanz vit son domage,
Lors n'ot en lui que aïrier,
Qu'il ne li remaint c'un denier ;
Al tavernier escrie haut :
« Sire vasaus, se Deus me saut,
De ton orgoil mestier n'avoie! »
Et cil li respont : « Va ta voie,
Fous musarz, espoir, se Dé vient,
Ce est gaaigne qui te vient,
Car à celui qui vin espant
Vient, ce dit l'an, gaaigne grant ;
Cist domages te doit mout plaire
Li vins est près, si an fai traire ;
Ne me parler de tel lasté ;
Maint hanap en ai or gasté,
Ainz n'en fis chiere ne sanblant :
D'un mui n'en parleroie tant
Con tu feroies de demie. »
Li Normanz l'ot ; ne li sist mie
Que li taverniers lo ranpone ;
Ainz voldroit mielz estre à Espone
Qu'il nel corost, commant qu'il aille.
De sa borse oste une maaille ;
Si li dit que li aut boen erre
Demie de fromache querre :

« Bau ça, » fait il; lors s'an torna,
Les degrez do celier monta,
Si en va mout tost et isnel.
Et li Normanz vint au tonel
Commant que il praigne ne chiée,
Si a la broche hors sachiée,
Si fait lo vin aler par terre.
Cil qui lo fromache ala querre
N'a mie grantmant atandu;
Quant il vit son vin espandu,
Mout ot au cuer et duel et ire.
Ançois que il volsist mot dire
Au Normant, ne à lui tochier,
Ala lo tonel estanchier.
Quant il ot la broche remise,
Au Normant vient, si li devise
Que vilainement a mespris
Par lo pan do sercot l'a pris :
Tot li covient lo vin à randre,
O maintenant lo fera pandre.
Li Normanz dit : « Laissiez m'an pais :
Ainz plus fol de toi ne vi mais,
Ne sez tu que tu me deïs
D'un po de vin que m'espandis,
Je gaaigneroie à planté?
Or saches bien de verité
Que .c. dobles doiz gaaigner,
Que en ton vin te puez baignier
Qui par ce celier cort à ruit;
Par tans porras mener grant bruit

Del gaaing qui te pant as iaux,
Laisse m'ester, et si di miauz,
Que mout te vient bien ta besoigne,
Si con ta parole tesmoigne;
Icest san m'as tu or apris. »
Adonc l'a li taverniers pris,
Si lo saisist par grant esforz;
Mais li Normanz fu granz et forz :
Contre un tonel l'a si hurté
A po ne l'a escervelé ;
Li chantés torne, c'est pechiez,
Et li toniaus s'est eslochiez
Que .III. des cercles en ronpirent,
Et les mesures jus chaïrent;
Tuit sont brisié li mazerin,
Baignier vos poïssiez en vin
Par lo celier en plusor leus :
Or ont fait d'un domage deus;
Cil s'antreticnnent duremant,
Mais li Normanz mout justemant
L'a entre .II. fonz aenglé :
Ja l'aüst mort et estranglé,
Quant li voisin i sont venu.
Lo tavernier ont secorru,
Et lo Normanz botent en sus;
Mais onques ne lo tocha nus;
Mais tant li ont fait de desroi
Qui l'ont mené devant lo roi,
Qui que s'an lot ne qui s'an plaigne :
C'ert li cuens Hanris de Champaigne,

Qui tenoit la terre et l'anor.
Quant devant li vint la clamor,
Li taverniers tot li reconte
Con li Normanz li ot fait honte ;
Tote sa perde li demande.
Et li rois au Normant commande
Et conjure que voir li die.
« Je n'an mantirai, » fait il « mie. »
Lors li a conté maintenant,
Si, con oï avez devant,
C'onques mot n'en daigna noier.
Li rois demande au tavernier
Si ce est voirs que il a dit?
« Oïl, sire, sanz contredit,
C'onques n'i a manti de mot. »
Et quant la gent lo roi ce ot,
Si batent lor paumes et rient,
Au roi Hanri trestuit et dient
Que mais si haute lecherie
Ne fut devant haut ome oïe ;
Por ce que il en ristent tant,
Se tindrent devers lo Normant,
Et li rois si a respondu :
« *Qui a perdu, si ait perdu.* »

## LXXVI

## DES PUTAINS ET DES LECHEORS

Bibl. de Berne, Mss. 354, fol. 42 r° à 43 r°.

Quant Dieus ot estoré lo monde
Si con il est à la reonde,
Et quanque il convit dedanz,
Trois ordres establi de genz,
Et fist el siecle demoranz,
Chevaliers, clers et laboranz.
Les chevaliers toz asena
As terres, et as clers dona
Les aumosnes et les dimages;
Puis asena les laborages
As laboranz, por laborer.
Quant ce ot fet, sanz demorer
D'iluec parti et s'en ala.
 Quant il s'en partoit, veü a
Une torbe de tricheors,
Si con putains et lecheors;
Poi ot alé, quant l'aprochierent,
A crier entr'aus commencierent :
« Estez, sire, parlez à nos,
Ne nos lessiez, o alez vos?
De rien ne somes asené,
Si avez as autres doné. »
Nostre sire ses esgarda;
Quant les oï, si demanda

Saint Piere, qui o lui estoit,
De cele gent qui là estoit :
« C'est une gent, » fet il, « sorfete,
Que vos avez autresi fete,
Con caus qui de vos mout se fient,
Si hucent après vos et crient
Que lor faciez asenement. »
Nostre sires, isnelement,
Ançois que riens lor respondist,
As chevaliers vint, si lor dist :
« Vos, cui les terres abandoin,
Les lecheors vos bail et doin,
Que vos d'aus grant cure preigniez
Et qu'entor vos les retaigniez,
Que il n'aient de vos soufraite,
Ne ma parole ne soit fraite,
Mès donez lor à lor demant.
Et à vos, saignor clerc, commant
Les putains mout bien à garder,
Issi le vos voil commander. »
Selonc cestui commandement
Ne font il nul trespassement ;
Car il les tienent totes chieres,
Si les tienent à beles chieres
Del miaus qu'il ont, et del plus bel.

 Selonc lou sens de mon fablel,
Se vos l'avez bien entendu,
Sont tuit li chevalier perdu
Qui les lecheors tienent vis,
Et d'aus les font sovent eschis,

Aler les font sovent deschauz;
Mès putains ont peliçons chauz
Dobles mantiaus, dobles sorcoz.
Petit truevent de tiels escoz
Li lecheor as chevaliers;
Et si sont il mout bons parliers,
Ne lor donent fors viez drapiaus;
Et petit de lor bons morsiaus,
En gitant, con as chiens, lor ruent.
Mès putains sovent robes muent,
Avec les clercs cochent et lievent
Et sor lor depanses enbrievent.
Li clerc lo font por aus salver,
Mès li chevalier sont aver
As lecheors; si se traïssent
Quant del commandement Dieu issent,
Mès ce ne font li clerc noiant,
Il sont large et obediant
As putains, l'oevre lo tesmoingne,
Et despendent lor patremoinne,
Et les biens au crucefié,
En tel gent sont il emploié
Des rentes, des dismes lo bien.

 A cest conte font li clerc bien
Desor toz les autres que font.
Si mes fabliaus dit voir, donc sont
Par cest commant li clerc sauvé
Et li chevalier sont dampné.

# LXXVII

## DE L'EVESQUE

### QUI BENEÏ LO CON

Bibl. de Berne, Mss. 354, fol. 88 v° à 90 r°.

Uns evesques jadis estoit,
Qui mout volantiers s'acointoit
De dames et de damoiseles ;
Qu'il en trovoit asez de beles,
Et il lor donoit largemant.
Por ce faisoient son commant,
Car totes béent mais au prendre,
Et cil qui ne lor a que tandre,
N'en aura jamais bon servise :
Ceste costume ont bien aprise.
    Près de la cité de Baiues,
Ice m'est avis à .II. liues,
Ot li evesques un repaire :
Riche maison i ot fait faire,
Je ne sai la vile nomer ;
Sovant s'i aloit deporter
Li evesques, quant il voloit
Por ce que loin de vile estoit.
Uns prestes estut en la vile
Qui mout sot d'angin et de guile,

Sa fame avoque lui avoit
Li prestes, que il mout amoit,
Et mout estoit preuz et cortoise,
Et à l'evesque mout en poise;
Si li a par mainte foiz dit
Et deveé et contredit
Que il l'ostast de sa maison :
Li prestes par bele raison
Li dist que sofrir ne s'an puet.
« Par nos ordres faire l'estuet, »
Dit li evesques araumant,
« Ou autremant je vos deffant
Que vos ne bevez ja de vin.
— Sire, foi que doi saint Martin, »
Fait li prestes, « ainz m'an tandrai
De vin, si que n'en buverai. »
   Atant repaire en sa maison
Li prestes, et met à raison
La prestresse que il a trovée :
« Par Deu, » fait il, « dame Auberée,
Or m'est il trop mal avenu,
Que l'evesques m'a deffandu
A boivre vin et deveé.
— Voire, sire, par les sainz Dé,
Ja en bevez vos volantiers;
Or est il trop vostre guerriers,
Qui vin à boivre vos deffant;
Biau sire, son commandemant
Covient tenir, ja n'en bevroiz,
Mais, par foi, vos lo humeroiz :

Quant li boivres vos est veez,
Li humers vos est commandez
De par moi, si le vos enseing. »
Li prestes n'ot mie en desdaing
Ce que la dame commanda,
Li boivre laissa, si huima
Quant lui plot, et mestier en ot,
Tant que li evesques lo sot,
Je ne sai qui l'an encuza.
Lo provoire tantost manda;
Si li deffant que il gardast
Que jamais d'oie ne manjast
Tant con sa fame aüst o lui.
« Sire, » fait il, « à grant enui
Me torne ce et à contrere,
Que vos me commandez à faire;
Mais tot ce ne vos vaut noiant,
Je ne m'an irai pas riant. »
 Li prestes plus n'i demora,
A sa fame tot reconta
Con il a les oes perdues,
L'evesques li a deffandues :
« Dame, » fait il, « juré li ai
Jamais d'oe ne mangerai.
— Voire, » fait ele, « est il ensi ?
Mout vos a ore maubailli, »
Fait ele, « li vilains escharz ;
Par foi, vos manjeroiz des jarz
A planté, qui que s'an repante,
Car vos en avez plus de trante.

— E non Deu, » fait il, « jel creant. »
Ensinc lo refist longuemant,
Tant qu'a l'evesque refu dit,
Et cil li refait contredit
Que jamais ne gise sor coute.
« Par foi, ci a parole estote, »
Fait li prestes, « que vos me dites,
Je ne sui reclus ne hermites ;
Mais dès qu'il vos vient à plaisir,
Par quoi n'i doie je gesir ?
— Ensinc lo t'estuet il à faire. »
  Atant se rest mis au repaire,
A sa fame se rest clamé ;
Et cele dit : « Oïr poez
Grant rage et grant forsenerie ;
Bien sai que ne vos aime mie
Li evesques ne n'a point chier ;
Mais tot ce ne li a mestier,
Ne ne monte .II. angevins :
Un lit vos ferai de cousins,
Bien le ferai soëf et mol.
— Dame, foi que je doi saint Pol, »
Fait li prestes, « vos dites bien,
Or ne lo dot je mais de rien,
Puisqu'ainsinc m'avez conseillié. »
  Après ce n'a gaires targié
Li evesques, que il ala
En la vile, si demora
Une semaine tote entiere,
Ainz que il retornast arriere.

Une borjoise en la vile ot
Que li evesques mout amot,
Qu'à chascune nuit, sanz faillir,
Aloit avoque li gesir
Qu'el ne voloit à lui aler
Ou por promece ou por doner,
Tant estoit fiere et orgoillose,
Envers l'evesque desdaignose,
Tant c'une nuit, si con moi sanble,
Durent endui gesir ensanble;
Ensinc l'avoient porposé.
Mais trestote la verité
En sot li prestes auramant,
Qui mout avoit lo cuer dolant
De ce que l'evesques li dist
Que fame avoc li ne tenist;
Si l'an remanbre encore bien,
Et dit que ne l'aura por rien
C'à la borjoise n'aut parler
Maintenant, sanz plus arester;
S'an va à li, si li a dit :
« Dame, se li cors Dieu m'aït,
Grant mestier ai de vostre aïe,
Gardez que ne me failliez mie,
Que jamais ne vos ameroie.
— Sire, » fet ele, « sel savoie
Chose dont il vos fust mestiers,
Jel feroie mout volantiers;
Or me dites vostre plaisir.
— Dame, ne lo vos quier taisir, »

Fait li prestes, « ne vos anuit ;
Li evesques qui doit anuit
O vos gesir en vostre lit
Et de vos faire son delit,
Que l'an l'o m'a dit et conté,
Si me faites tant de bonté,
Comme m'amie et ma voisine,
Que vos darriere la cortine
Me laissiez respondre et tapir ;
Bien lo vos cuit encor merir,
Se tant volez faire por moi.
— Par foi, » fait ele, « je l'otroi,
Ce ferai je mout liéemant,
Alez donques delivremant :
Si vos muciez et reponez
Volantiers quant vos lo volez. »
Lors se muce et se ratapine
Et caiche darrier la cortine
Tant que li jorz s'an fu alez.
Adonc ne s'est pas obliez
Li evesques qui venir dut :
Atot .IIII. serjanz s'esmut,
A la borjoise vint tot droit,
Qui privéemant l'atandoit,
Ni ot que li et sa baiasse.
  Ne sai que plus vos en contasse,
Mais que li liz fu atornez
Qui bien estoit encortinez :
Dui cerge mout cler i ardoient
Qui mout grande clarté gitoient.

La dame se coucha avant,
Et li evesques auraumant
Se recoucha sanz plus atandre,
Et li viz li commance à tandre
Quant il santi la dame nue :
Si volt monter sanz plus atandre,
Mais cele li contredit bien,
Et dit que il n'an fera rien :
« Sire, » fait ele, « ne vos hastez :
Se vos volez voz volantez
Faire de moi ne de mon con,
I covient que beneïçon
Li doigniez, et si lo seigniez
Ençoiz que vos i adesiez,
Qu'il ne fu onques ordonez :
La destre main en haut levez,
Sel beneïsiez maintenant
Tot autresi hastivemant
Comme vos feriez demain
La teste au fil à un vilain,
Se vos li fasiez corone. »
L'evesques ot qu'el li sarmone,
Que ja à li n'aura tochié
Tant qu'ençois ait son con seignié.
Si dist : « Dame, foi que vos doi,
Quanque vos dites, je l'otroi,
Vos lo volez, et jo voil bien,
Por ce n'i perdrai je ja rien. »
Li evesques lo con seigna,
Et puis a dit *per omnia;*

Quanqu'il fait la beneïçon,
Dit *secula seculorum;*
Et li prestes, qui l'antandi,
Maintenant *amen* respondi.
Et li evesques, quant il l'ot,
Sachiez que grant peor en ot
Quant a lo prevoire escoté,
Puis a un po en haut parlé :
« Qui es tu, qui respondu as ?
— Sire, » fait il, « je suis li lax,
Cui tu viaus sa fame tolir,
Si con il te vient à plaisir,
Et si m'as lo vin deffandu,
Jamais par moi n'en ert beü.
Dès hui matin oï retraire
Que tu voloies ordres faire :
Si i voloie estre, biau sire. »
Li evesques commance à rire,
Et dit : « Or m'as tu espié,
Et bien sorpris et engignié :
Or te doin je congié de boivre,
Et de mangier poucins au poivre,
Et oes quant tu en voudrax,
Et avoc toi ta fame auras ;
Si garde que mais ne te voie ! »
Lors s'an torne cil à grant joie.

# LXXVIII

## DU

## VALLET AUS .XII. FAMES

Paris, Bibl. nat., Mss. fr. 837, fol. 185 r° à 186 r°,
1593, fol. 183 v° à 184 r°, et 25545,
fol. 75 r° à 76 r°.

SEIGNOR, volez que je vous die
Que il avint en Normandie ?
Se dist cil de cui je l'apris,
C'uns damoisiaus de mout haut pris
Se vout ou païs marier.
Mès il dit et veut affier
Que ja n'aura fame en sa vie
S'il n'en a .XII. en sa baillie.
« Filz, » dist li peres, « que dis tu ?
Une m'en a si confondu
Que je ne puis ne ho ne jo.
Je deïsse volentiers ho,
S'à tant m'en peüsse passer ;
Mès une m'a fet si lasser
Que je ne me puis mès aidier.
Filz, quar prenez une moillier,
Si essaiez que ce sera,
Tant que cis anz passez sera :
Se ne vous sert à vo voloir,
Je vous en ferai .II. avoir,

Ou .III., ou .IV., ou .V., ou sis,
Ou .VII., ou .VIII., ou .IX., ou dis,
Ou tant con vous onques voudrez :
Jamar de ce en douterez.
— Pere, » dist li fils, « n'est pas bien,
Une seule ne feroit rien.
Et que vaut ce ? » Tant ont parlé
Si parent, et tant l'ont mené,
Qu'il li donent une pucele,
Qui mout ert avenanz et bele.
La damoisele oï sovent
Du bacheler le ventement
Que ja jour fame ne prendroit,
Se .X. ou .XII. n'en avoit ;
Mès ele dist en son requoi
Qu'ains un an le fera si quoi,
S'ele le tient entre ses braz,
Qu'ele le fera clamer laz ;
Metre le cuide en tele trape,
S'el le tient, ains qu'il li eschape,
Qu'il voldroit estre à Pempelune,
Se n'en eüst ne .II. ne une.

 Quant li vallès espousé l'eut,
Et sa fame le vous aqueut,
De bel servir mout se pena ;
Et cilz qui veintre la cuida,
La requiert aussi vivement ;
Et nuit et jor assaut li rent,
Tant qu'il en fu en grant ahan.
Ains que passast le demi an,

En fu il si trés empiriez
Qu'il ne pot estre sus ses piez,
Que le cors li amenuisa,
Et le col li aggrellia
Qui souloit estre gros et plains;
Et or est de si lait pelains
Qu'il sambloit qu'il eüst langui.
Et sa fame le racuili
Et nuit et jor à dosnoier,
A acoler et à besier.
« Sire, » dist ele, « qu'avez-vous?
Vous soliiez estre si prous,
Si aspres, et si remuanz,
Et si vigrous et si ardans,
Que ne me lessiiez dormir :
Et or vous voi si quoi tenir
Que je croi bien en moie foi
Que vous amez autrui que moi.
— Ha! laz, » dist il, « Dieus n'i soit mie
A foi en ceste jalousie,
Mout ai or d'amer grant besoing,
Et mout vous en est pris grant soing.
— C'est mon, sire, se Dieus m'aït,
Que mès ne me fetes delit.
— Non voir, » dist il, « quar je me muir,
Je n'ai fors les os et le cuir ;
Por amor Dieu lessiez me ester,
Volez vos adès rioter?
A mal chief viengne tel riote.
— Ci a, » dist ele, « bele note :

Or me dites que feïssiez,
Se .XII. fames eüssiez ?
Se l'une eüst de vous son buen,
L'autre vousist avoir le suen :
Si i eüst mout grant estor,
Chascune vousist à son tor
Avoir sa joie et son solaz ;
Et vous estes por moi si laz,
Que ne poez les rains movoir.
Or puis je bien apercevoir
Que vous fussiez mout empiriez,
Se .XII. fames eüssiez. »
 Ainsi furent une seson.
Li pere au valet fu preudon,
Un jor en vint parler à lui :
« Filz, » dist il, « il vous convient hui
Espouser fame de par Dieu,
Et demain l'autre : or querez lieu
Où vous puissiez voz noces fere ;
J'ai mout bien porquis vostre afere,
Une en avez, je en ai onze,
Il vous en convient avoir douze.
— .XII., » dist il, « deable i soient,
.C. homme nes assouviroient.
Trop en ai ge, ge vous affi,
Laissiez m'en pais, pour Dieu merci. »
 Ainsi demora longuement,
Tant qu'il avint, ne sai coment,
Et par ne sai quele aventure,
C'on prist .I. leu en la pasture,

Dedenz la vile où cil manoit,
Qui grant domage lor fesoit.
Li uns le juge à escorcier,
Li autres le juge à noier,
Et li tiers à ardoir en cendre,
Et li quars si le juge à pendre,
Tant que cil vint à daerrains,
Qui tant par ert maigres et tains,
Por les maus qui li courent seure :
Il parla quant il en ot heure
Li mariez, dont dit vous ai,
Qui tant seut avoir le cuer gai.
Il parla quant tuit orent dit,
Que doné l'en fu le respit :
« Donez li fame, je vous pri,
Soit aussi con je suis honi,
Que mieus nel pourrez vous occire.
Ne son cors livrer à martire ;
Ne ne li povez faire pis
Qu'estre en si male prison mis,
Dont jamès n'ert liez en sa vie :
Ainsi li toudrez vous la vie. »
Quant cil l'oent, chascuns s'en rist.
Ez vous sa fame qui lor dist :
« Seignors, tenez vous en à lui.
Que nus n'est mieus honis de lui. »
 Tuit tinrent bon cest jugement :
Fame li livrent maintenent,
Mais ne l'a pas .I. mois tenue
Que sa piaus, qui si iert velue,

Li est partout aussi plumée
Con s'ele li fust decirée;
Que tele vie li mena
Que li louz si en arraga,
Tant qu'il l'en esconvint mourir
Et de cest siecle defenir.
Einsi furent du louf vengié
Dou consoil au fol marié.

   Par cest conte veil chastier
Les venteors fous mariez,
Qu'autrefois ne se ventent pas,
Et qu'orgueus nes abassent pas
D'une seule fame aient cure;
Car à .c. hommes par mesure
Livreroit une fame estat,
Et lor diroit en l'aingle mat.

*Explicit du Vallet aus .XII. fames.*

# LXXIX

## DE LA DAME

### QUI FIT .III. TORS ENTOR LE MOUSTIER

[PAR RUTEBEUF]

Paris, Bibl. nat., Mss. fr. 837, fol. 305 v° à 306 v°,
1593, fol. 61 v° à 62 v°,
et 1635, fol. 14 v° à 15 v°.

Qui fame vorroit decevoir,
Je li fais bien apercevoir
Qu'avant decevroit l'Anemi,
Le deable, à champ arrami,
Cil qui fame viaut justisier.
Chascun jor la puet combrisier
Et l'endemain rest tote saine
Por resoufrir autretel paine;
Mès quant fame a fol debonere
Et ele a riens de lui afere,
Ele li dist tant de bellues
De trufes et de fanfelues
Qu'ele li fet à force entendre
Que li cieus sera demain cendre.
Ainsi gaaigne la querele.
  Jel di por une damoisele
Qui ert fame à un escuier,
Ne sai Chartain ou Berruier.

La damoisele, c'est la voire,
Estoit amie à un provoire :
Mout l'amoit cil et ele lui,
Et si ne lessast por nului
Qu'ele ne feïst son voloir,
Cui qu'en deüst le cuer doloir.
.I. jor au partir de l'eglise
Ot li prestres fet son servise;
Ses vestemenz lest à ploier,
Et si vint la dame proier
Que le soir en un boschet viengne :
Parler li veut d'une besoingne,
Où je cuit que pou conquerroie,
Se la besoingne vous nommoie.
La dame respondi au preste :
« Sire, vez me ci toute preste,
C'or est il et poins et seson,
Ausi n'est pas cil en meson. »
  Or avoit en ceste aventure,
Sanz plus itant de mespresure,
Que les mesons n'estoient pas
L'une lez l'autre à .IIII. pas;
Ainz i avoit, dont mout lor poise,
Li tiers d'une liue françoise;
Chascune ert en un espinois
Con ces mesons de Gastinois.
Mès li boschès que je vous nomme,
Estoit à ce vaillant preudomme
Qu'à Saint Ernoul doit la chandoile.
Le soir qu'il ot ja mainte estoile

Parant el ciel, si con moi samble,
Li prestres de sa meson s'amble,
Et s'en vint el boschet seoir,
Por ce c'on nel puisse veoir.
Mès à la dame mesavint
Que sire Ernous ses mariz vint
Toz emplus et toz engelez,
Ne sai dont où il ert alez :
Por ce remanoir là covint.
De son provoire li sovint,
Si se haste d'aparellier,
Ne le vout pas fere veillier ;
Por ce n'i ot .iii. mès ne quatre :
Après mengier petit esbatre
Le lessa, bien le vous puis dire ;
Sovent li a dit : « Biaus douz sire,
Alez gesir, si ferez bien :
Veillier grieve sor toute rien
A homme quant il est lassez ;
Hui avez chevauchié assez. »
L'aler gesir tant li reprouche,
Par pou, le morsel en la bouche,
Ne fet celui aler gesir,
Tant a d'eschaper grant desir.
Li bons escuiers i ala,
Qui sa damoisele apela,
Por ce que mout la prise et aime.
« Sire, » fet ele, « il me faut traime
A une toile que je fais,
Et si m'en faut encor grant fais

Dont je ne me sai garde prendre,
Et je n'en truis nes point à vendre :
Par Dieu si ne sai que j'en face.
— Au deable soit tel filace, »
Dist li escuiers, « con la vostre !
Foi que je doi saint Pol l'apostre,
Je voudroie que fust en Saine. »
Atant se couche, si se saine,
Et cele se part de la chambre.
Petit sejornerent si membre,
Tant qu'el vint là où cil l'atent.
Li uns les bras à l'autre tent :
Iluec furent à grant deduit,
Tant qu'il fu près de mienuit.
Dou premier somme cil s'esveille,
Mès mout li vient à grant merveille,
Quant il ne sent lez lui sa fame :
« Chamberiere, où est vostre dame ?
— Ele est là fors en cele vile
Chiés sa commere où ele file. »
Quant cil oï que là fors iere,
Voirs est qu'il fist mout laide chiere;
Son sorcot vest, si se leva,
Sa damoisele querre va.
Chiés sa commere la demande,
Ne trueve qui reson l'en rande,
Qu'ele n'i avoit esté mie;
Es vous celui en frenesie,
Par delez cels qu'el boschet furent,
Ala et vint : cil ne se murent;

Et quant il fu outre passez :
« Sire, » fet ele, « or est assez,
Or covient il que je m'en aille.
— Vous aurez ja noise et bataille, »
Fet li prestres; « ice me tue
Que vous serez ja trop batue.
— Onques de moi ne vous soviengne,
Dant prestres, de vous vous coviengne, »
Dist la damoisele en riant.
Que vous iroie controuveant ?
Chascuns s'en vint à son repere ;
Cil qui se jut, ne se pot tere :
« Dame, orde vilz pute provée,
Vous soiez or la mal trovée, »
Dist li escuiers. « Dont venez ?
Bien pert que pour fol me tenez. »
Cele se tut et cil s'esfroie :
« Voiz pour le sanc, et pour le foie,
Por la froissure et por la teste,
Ele vient d'avoec nostre preste. »
Issi dit voir, et si nel sot,
Cele se tut, si ne dist mot.
Quant cil ot qu'el ne se desfent,
Par .I. petit d'iror ne fent,
Qu'il cuide bien en aventure
Avoir dit la verité pure.
Mautalenz l'argue et atise,
Sa fame a par les treces prise ;
Por le trenchier son coutel tret :

« Sire, » fet el, « por Dieu atret,
Or covient il que je vous die.
Or orrez ja trop grant voisdie,
J'amaisse mieus estre en la fosse :
Voire est que je sui de vous grosse,
Si m'enseigna l'en à aler
Entor le moustier, sanz parler,
.III. tors, dire .III. patrenostres
En l'onor Dieu et ses apostres ;
Une fosse au talon feïsse,
Et par .III. jors i revenisse :
S'au tiers jorz ouvert le trovoie,
C'estoit un fils qu'avoir devoie,
Et s'il estoit clos, c'estoit fille.
Or ne revaut tout une bille, »
Fet la dame, « quanques j'ai fet ;
Mès, par saint Jaque, il ert refet,
Se vos tuer m'en deviiez. »
Atant s'est cil desavoiez
De la voie où avoiez iere ;
Si parla en autre maniere :
« Dame, » dist il, « je, que savoie
Du voiage ne de la voie ?
Se je seüsse ceste chose,
Dont je à tort vous blasme et chose,
Je sui cil qui mot n'en deïsse
Se je anuit de cest soir isse. »
Atant se turent, si font pès.
Que cil n'en doit parler jamès,

De chose que sa fame face,
Ne n'orra noise ne menace.
RUTEBUES dist en cest fablel :
*Quant fame a fol, s'a son avel.*

*Explicit de la Dame qui fit .III. tors
entor le moustier.*

# LXXX

## DU VILAIN AU BUFFET

Paris, Bibl. nat., Mss. fr. 837, fol. 275 v° à 277 r°,
1553, fol. 505 r° à 506 r°,
et 1593, fol. 118 v° à 120 v°.

Qui biau set dire et rimoier,
Bien doit sa science avoier
A fere chose où l'en aprenge,
Et dire que l'en n'i mesprenge.
Et cil ne fet mie folie
Qui d'autrui mesfet se chastie.
Li cortois cuers et li gentiz
Est bien à apenre ententiz;
Mès li mauvais, fel et cuvers
Est à mal aprandre aouvers;
Li faus hons avers et traïtes
Si est toz jorz embrons et tristes,
Quant il ot le bien recorder,
Quar il ne s'i puet acorder.
Quant il ot aucun conteor,
Si dist : « Oiez quel menteor!
Cist en tuera ja tels vint,
Dont ainz nus à estor n'en vint,
N'onques ne furent né de mere. »
Mout par li est au cuer amere

L'example des biens qu'il ot dire,
Que toz muert et d'anui et d'ire;
Mès l'en devroit bien escouter
Conteor quand il veut trover.
Por coi? por ce c'on i aprent
Aucun bien, qui garde s'en prent.
 D'ore en avant cis fabliaus conte
Qu'il ot en l'ostel à .1. conte
.I. seneschal, si con je cuit,
Felon, et aver, et recuit:
De toz maus vices estoit plains;
Sachiez qu'il ne fust gueres plains
De nului qui leenz venist,
S'aucuns anuis li avenist,
Quar plains estoit de mal afere.
Quant il veoit son seignor fere
A nului bien, si se dervoit;
Por .1. petit qu'il ne crevoit
D'orgueil, et d'anui, et d'envie.
Li quens, qui menoit bone vie,
Qui plains estoit de grant renon,
Ne se fesoit se rire non
De la mauvestié de celui,
Quar bien voit qu'il n'aime nului
Qui herbergier viengne en l'ostel.
Conquis i ot cil .1. los tel,
Que trestoz li mons le haoit,
Qui sa mauvestié connissoit.
Et li vilains, comme porciaus,
S'encressoit, et plains ses bouciaus

Bevoit de vin en larrecin,
Maint cras chapon et maint poucin
Menja toz seus en sa despensse;
A autre honor fere ne pensse.
Li quens, qui fu et preus et sages,
Envoie par tout ses messages,
Et mande qu'il veut tenir cort.
Renommée, qui par tout cort,
Est par le païs espandue :
A cort vienent sanz atandue
Escuier, chevalier et dames,
Qui tant ne font pas por lor ames,
Comme il fesoient por les cors ;
Et sachiez, tels est mes recors,
Qui tant por les ames feroit
Con por les cors, ne sofferroit
En enfer paine ne torment.
   Mout i ot riche atornement ;
Quiconques veut, en la cort entre,
Tels i vient au mien escientre,
Qui onques n'ot saouls esté
Ne en iver, ne en esté,
Mès tuit ont assez à mengier
Vins et viandes sanz dangier,
Quar li quens l'avoit comandé.
« Mout en somes ore amendé, »
Fet li seneschaus, « en maleur ;
Il n'i metent gueres du leur :
Si demande chascuns qui vient
Quanqu'il li estuet et covient,

Aussi qu'il ne coustast .I. oef;
S'en i vienent tels .xxx. et noef,
Qui pieça ne furent saoul. »
Atan tez .I. vilain Raoul,
Un bouvier qui vient de charrue;
Li seneschaus cele part rue
Ses iex, s'a choisi le vilain
Qui mout estoit de lait pelain :
Deslavez ert, s'ot chief locu;
Il ot bien .L. anz vescu,
Qu'il n'avoit eü coiffe en teste.
Mauvestiez, qui maint homme enteste
A fere anui et vilonie,
Et cruauté et felonie,
A si le seneschal sorpris,
A poi qu'il n'est de duel espris.
Quant le vilain vit enz entrer,
Venuz li est à l'encontrer
Corouciez, souflez et plains d'ire;
Maintenant si li prinst à dire :
« Veez quel louceor de pois;
Vous estes venus, seur mon pois,
Ceenz, foi que doi saint Espir;
Jut a ou palier por crespir,
Vez comme il fet la paelete :
Il covient mainte escuelete
De porée à farsir son ventre.
La male passions i entre,
Ja n'ert bons tans tant comme il vive. »
Ainsi li seneschaus estrive,

Qui toz muert de duel et d'engaingne.
« Noiez soit en une longaingne,
Qui la voie vous enseigna ! »
Li vilains l'ot, si se seigna,
Et fist croiz de sa destre main.
« Sire, » fet il, « por saint Germain,
Je vieng mengier, car j'oï dire
Que tuit en ont sanz contredire :
Si ne me sai où asseoir.
— Je te presterai .I. seoir, »
Ce dist li seneschaus par truffe ;
La paume hauce, une grant buffe
Li done, puis fet .I. sifflet :
« Or sié, » fet il, « sor cest buffet
Que je te preste, or te sié sus. »
Li seneschaus se trest en sus,
Se li a fet nape livrer,
Et mès et vin por enyvrer
Li fet doner à grant foison,
Por ce qu'avoir puist achoison
Que il peüst le vilain batre,
Que dès or se gardast d'embatre
En la cort à prince n'à conte.
Que vous feroie plus lonc conte ?
Li quens manda les menestrels,
Et si a fet crier entr'els,
Qui la meillor truffe sauroit
Dire ne fere, qu'il auroit
Sa robe d'escarlate nueve.
L'uns menestrels à l'autre rueve

Fere son mestier tel qu'il sot ;
L'uns fet l'ivre, l'autres le sot,
Li uns chante, li autres note,
Et li autres dit la riote,
Et li autres la jenglerie ;
Cil qui sevent de jouglerie,
Vielent par devant le conte,
Aucuns i a qui fabliaus conte,
Où il ot mainte gaberie,
Et li autres dit l'*Erberie*
Là où il ot mainte risée.
Li vilains qui avoit penssée
De lui vengier de son mesfet
Que li seneschaus li ot fet,
Tant atent que tuit furent qoi.
Li seneschaus, ne sai por qoi,
S'en vint conter devant le conte ;
Qoi que li senechaus li conte,
Li vilains sa nape a cueillie :
Tout belement sanz escueillie,
S'en vient devant le conte et garde
Le seneschal qui ne se garde
De lui, à son seignor entent :
Et li vilains la paume estent
Qu'il ot dure et plaine de gales ;
N'ot si fort homme jusqu'en Gales ;
Plus l'eüst dure, au mien cuidier,
Tout ausi comme à souhaidier ;
En la joe un grant cop li frape,
Puis dist : « Vo buffet et vo nape

Vous rent, ja ne l'en quier porter ;
A homme fet mauvès prester
Qui ce ne rent que l'en li preste. »
Tantost la mesnie s'apreste
Au conte, por le vilain batre ;
Dolent sont quant voient abatre
Le seneschal aus piez le conte ;
Mès li quens a dit que le conte
Voura oïr, et le por qoi
Il l'a feru ; lors furent qoi,
Puis que li sires le comande.
Et li quens au vilain demande
Por qoi son seneschal laidi :
« Trop par eüs le cuer hardi,
Quant tu devant moi feru l'as,
Tu es cheüs en mauvais las ;
Et si as fet grant mesprison :
Garder te ferai ma prison.
— Sire, » fet cil, « or m'entendez,
Et .I. petitet m'escoutez :
Orainz quant je ceenz entrai,
Vostre seneschal encontrai
Qui est fel, et glous, et eschars ;
Ses felons mos et ses eschars
Me dist assez, et ramposna ;
Une grant buffe me dona,
Et puis si me dist par abet
Que seïsse sor cel buffet,
Et si dist qu'il le me prestoit,
Puis à mengier m'aporteroit ;

Et quant j'ai beü et mengié,
Sire quens, qu'en feïsse gié,
Se son buffet ne li rendisse ?
Je cuit mout bien que g'i perdisse :
Tost i peüsse avoir domage ;
Rendu li ai par tesmoingnage,
Si que vous bien veü l'avez.
Sire quens, ainz que vous lavez,
Jugiez se j'ai de rien mespris
Por qoi je soie ceenz pris ;
Quar bien li ai rendu, je cuit :
S'est droiz li seneschaus m'acuit,
Quant li rent ce qu'il m'a presté,
Et vez me ci tot apresté
D'un autre buffet rendre encore,
Se cil ne li siet qu'il ot ore. »
Li quens en a geté .I. ris,
Qui ot non mesire Henris,
Et lors commença la risée,
Qui en piece ne fu finée.
Li seneschaus ne set que face,
Qui sa main tenoit à sa face,
Qui durement li frit et cuist ;
Ce qu'il voit rire li anuist :
Au vilain feïst mout de honte,
Mès il n'en ose por le conte
Qui durement l'a desfendu.
Et dist li quens : « Il t'a rendu
Ton buffet, et ce qu'ot du tien. »
Et dist li quens au vilain : « Tien

Ma robe qui n'est pas usée,
Quar fet as la meillor risée
Seur toz les autres menestrels. »
Li menestrel dient entr'els :
« Par foi, sire, vous dites voir,
Quar il la doit mout bien avoir :
Onc mès si bon vilain ne vi,
Vo seneschal a bien servi;
Rendu li a sa cuivertise;
Por ce est fols, qui mal atise,
Et qui à mal fere labeure;
Ce que sires done et sers pleure,
Sachiez ce sont lermes perdues.
Ils sont unes genz esperdues
Qui à nul bien ne se regardent,
Que ce qu'il ont à garder, gardent
Si estroit, que nul bien n'en font,
Que toz li biens en lor mains font,
Que nus n'en a ne preu ne aise;
Mout est la richoise mauvaise,
Dont li sires n'est honorez.
Disons tuit, Dieus soit aorez
Du seneschal qui batuz fu;
Ars et bruiz soit en .I. fu
Qui le bien à fere destorne. »

Li vilains de la cort s'en torne,
Qui la robe au seignor enporte;
Et, quant il fu hors de la porte,
Si dist à soi : « *Qui siet, il seche,* »
Et puis si dist : « *Qui va, il leche;*

S'à mon ostel fusse arestuz,
Ne fusse à piece revestuz
De robe d'escarlate nueve ;
L'en dit : *Qui bien chace, bien trueve.* »

*Explicit du Vilain au Buffet.*

# LXXXI

## DU VILAIN

### QUI CONQUIST PARADIS PAR PLAIT

Paris, Bibl. nat., Mss. fr. 837, fol. 228 v° à 229 r°,
et 19152, fol. 47 r° à 47 v°;
Bibl. de Berne, Mss. 354, fol. 143 v° à 145 r°.

Nos trovomes en escriture
Une merveilleuse aventure
Qui jadis avint un vilain.
Mors fu par .1. venredi main;
Tel aventure li avint
Qu'angles ne deables n'i vint;
A cele ore que il fu morz
Et l'ame li parti du cors,
Ne troeve qui riens li demant
Ne nule chose li coumant.
Sachiez que mout fu eüreuse
L'ame, qui mout fu pooreuse;
Garda à destre vers le ciel,
Et vit l'archangle seint Michiel
Qui portoit une ame à grant joie;
Enprès l'angle tint cil sa voie.
Tant sivi l'angle, ce m'est vis,
Que il entra en paradis.
Seinz Pierres, qui gardoit la porte,
Reçut l'ame que l'angle porte;

Et, quant l'ame reseüe a,
Vers la porte s'en retorna.
L'ame trouva qui seule estoit,
Demanda qui la conduisoit :
« Çaienz n'a nus herbergement,
Se il ne l'a par jugement :
Ensorquetot, par seint Alain,
Nos n'avons cure de vilain,
Quar vilains ne vient en cest estre.
— Plus vilains de vos n'i puet estre,
Çà, » dit l'ame, « beau sire Pierre ;
Toz jorz fustes plus durs que pierre.
Fous fu, par seinte paternostre,
Dieus, quant de vos fist son apostre ;
Que petit i aura d'onnor,
Quant renoias Nostre Seignor ;
Mout fu petite vostre foiz,
Quant le renoiastes .III. foiz ;
Si estes de sa compaignie,
Paradis ne vos affiert mie.
Alez fors, or tost, desloiaus,
Quar ge sui preudons et loiaus ;
Si doi bien estre par droit conte. »
Seins Pierres ot estrange honte ;
Si s'en torna isnel le pas
Et a encontré seint Thomas ;
Puis li conta tot à droiture
Trestote sa mesanventure,
Et son contraire et son anui.
Dit seinz Thomas : « G'irai à lui,

N'i remanra, ja Dieu ne place ! »
Au vilain s'en vient en la place :
« Vilains, » ce li dist li apostres,
« Cist manoirs est toz quites nostres,
Et as martirs et as confès ;
En quel leu as tu les biens fais
Que tu quides çaienz menoir ?
Tu n'i puez mie remanoir,
Que c'est li osteus as loiaus.
— Thomas, Thomas, trop es isneaus
De respondre comme legistres ;
Donc n'estes vos cil qui deïstes
As apostres, bien est seü,
Quant il avoient Dieu veü
Enprès le resuscitement ?
Vos feïstes vo seirement
Que vos ja ne le querriez
Se ses plaies ne sentiez ;
Faus i fustes et mescreanz. »
Seinz Thomas fut lors recreanz
De tencier, si baissa le col ;
Puis s'en est venuz à seint Pol,
Si li a conté le meschief.
Dit seinz Pols : « G'irai, par mon chief,
Savoir se il vorra respondre. »
L'ame n'ot pas poor de fondre,
Aval paradis se deduit :
« Ame, » fait il, « qui te conduit ?
Où as tu faite la deserte
Por quoi la porte fu ouverte ?

Vuide paradis, vilains faus !
— Qu'est ce ? » dit il, « danz Pols li chaus,
Estes vos or si acoranz
Qui fustes orribles tiranz ?
Jamais si cruels ne sera ;
Seinz Etienes le compara,
Que vos feïstes lapider.
Bien sai vo vie raconter ;
Par vos furent mort maint preudome.
Dieus vos dona en son le some
Une buffe de main enflée.
Du marchié ne de la paumée
N'avon nos pas beü le vin ?
Haï, quel seint et quel devin !
Cuidiez que ge ne vos connoisse ? »
Seinz Pols en ot mout grant angoisse.
Tornez s'en est isnel le pas,
Si a encontré seint Thomas
Qui à seint Pierre se conseille ;
Si li a conté en l'oreille
Du vilain qui si l'a masté :
« En droit moi a il conquesté
Paradis, et ge li otroi. »
A Dieu s'en vont clamer tuit troi.

Seinz Pierres bonement li conte
Du vilein qui li a dit honte :
« Par parole nos a conclus ;
Ge meïsmes sui si confus
Que jamais jor n'en parlerai. »
Dit Nostre Sire : « Ge irai,

Quar oïr vueil ceste novele. »
   A l'ame vient et si l'apele,
Et li demande con avint
Que là dedenz sanz congié vint :
« Çaiens n'entra oncques mès ame
Sanz congié, ou d'ome ou de feme;
Mes apostres as blastengiez
Et avilliez et ledengiez,
Et tu quides ci remanoir !
— Sire, ainsi bien i doi menoir
Con il font, se jugement ai,
Qui onques ne vos renoiai,
Ne ne mescreï vostre cors,
Ne par moi ne fu onques mors;
Mais tout ce firent il jadis,
Et si sont or en paradis.
Tant con mes cors vesqui el monde,
Neste vie mena et monde;
As povres donai de mon pain;
Ses herbergai et soir et main,
Ses ai à mon feu eschaufez;
Dusqu'à la mort les ai gardez,
Et les portai à seinte yglise;
Ne de braie ne de chemise
Ne lor laissai soffrete avoir;
Ne sai or se ge fis savoir;
Et si fui confès vraiement,
Et reçui ton cors dignement :
Qui ainsi muert, l'en-nos sermone
Que Dieus ses pechiez li pardone.

Vos savez bien se g'ai voir dit :
Çaienz entrai sanz contredit ;
Quant g'i sui, por quoi m'en iroie ?
Vostre parole desdiroie,
Quar otroié avez sanz faille
Qui çaienz entre ne s'en aille ;
Quar vos ne mentirez por moi.
— Vilein, » dist Dieus, « et ge l'otroi ;
Paradis a si desresnié
Que par pledier l'as gaaingnié ;
Tu as esté à bone escole,
Tu sez bien conter ta parole ;
Bien sez avant metre ton verbe. »
 Li vileins dit en son proverbe
Que mains hom a le tort requis
Qui par plaidier aura conquis ;
Engiens a fauxée droiture,
Fauxers a veincue nature ;
Torz vait avant et droiz aorce :
*Mielz valt engiens que ne fait force.*

*Explicit.*

# LXXXII

# LE TESTAMENT DE L'ASNE

[PAR RUTEBEUF]

Paris, Bibl. nat., Mss. fr. 1635, fol. 4 v° à 5 v°.

Qui vuet au siecle à honeur vivre
Et la vie de seux ensuyvre
Qui béent à avoir chevance,
Mout trueve au siecle de nuisance
Qu'il at mesdizans davantage,
Qui de ligier li font damage,
Et si est touz plains d'envieux.
Ja n'iert tant biaux ne gracieux;
Se dix en sunt chiez lui assis,
Des mesdizans i aura sis
Et d'envieux i aura nuef;
Par derrier nel prisent .i. oef
Et par devant li font teil feste
Chacuns l'encline de la teste.
Coument n'auront de lui envie
Cil qui n'amandent de sa vie,
Quant cil l'ont qui sont de sa table
Qui ne li sont ferm ne estable?

Ce ne puet estre, c'est la voire.
 Je le vos di por .1. prouvoire
Qui avoit une bone esglise ;
Si ot toute s'entente mise
A lui chevir et faire avoir ;
A ce ot tornei son savoir.
Asseiz ot robes et deniers,
Et de bleif toz plains ces greniers,
Que li prestres savoit bien vendre
Et pour bien la vendue atendre
De Paques à la saint Remi,
Et si n'eüst si boen ami
Qui en peüst riens née traire,
S'om ne li fait à force faire.
 Un asne avait en sa maison,
Mais teil asne ne vit mais hom,
Qui vint ans entiers le servi ;
Mais ne sai s'onques teil serf vi.
Li asnes morut de viellesce,
Qui mout aida à la richesce.
Tant tint li prestres son cors chier
C'onques nou laissat acorchier,
Et l'enfoy ou semetiere ;
Ici lairai ceste matiere.
 L'evesques ert d'autre maniere,
Que covoiteux ne eschars n'iere,
Mais cortois et bien afaitiez,
Que, c'il fust jai bien deshaitiez
Et veïst preudome venir,
Nuns nel peüst el lit tenir ;

Compeignie de boens crestiens
Estoit ces droiz fisiciens ;
Touz jors estoit plainne sa sale.
Sa maignie n'estoit pas male,
Mais, quanque li sires voloit,
Nuns de ces sers ne s'en doloit.
C'il ot mueble, ce fut de dete,
Car *qui trop despent, il s'endete.*
   Un jour grant compaignie avoit
Li preudons, qui toz biens savoit ;
Si parla l'en de ces clers riches,
Et des prestres avers et chiches,
Qui ne font bontei ne honour
A evesque ne à seignour.
Cil prestres i fut emputeiz,
Qui tant fut riches et monteiz ;
Ausi bien fut sa vie dite
Con c'il la veïssent escrite,
Et li dona l'en plus d'avoir
Que troi n'em peüssent avoir,
Car hom dit trop plus de la choze
Que on n'i trueve à la parcloze :
« Ancor at il teil choze faite,
Dont granz monoie seroit traite,
S'estoit qui la meïst avant, »
Fait cil qui vuet servir devant,
« Et c'en devroit grant guerredon.
— Et qu'a il fait, » dit li preudom ?
— Il at pis fait c'un Beduyn,
Qu'il at son asne Bauduyn

Mis en la terre beneoite.
— Sa vie soit la maleoite ! »
Fait l'esvesque ; « se ce est voirs,
Honiz soit il et ces avoirs.
Gautier, faites le nos semondre,
Si orrons le prestre respondre
A ce que Robers li mest seure ;
Et je di, se Deus me secueure,
Se c'est voirs, j'en aurai l'amende.
— Je vos otroi que l'en me pande
Se ce n'est voirs que j'ai contei,
Si ne vos fist onques bontei. »
 Il fut semons, li prestres vient,
Venuz est, respondre couvient
A son evesque de cest quas
Dont li prestres doit estre quas :
« Faux, desleaux, Deu anemis,
Où aveiz vos vostre asne mis ? »
Dist l'esvesques. « Mout aveiz fait
A sainte Esglise grant meffait ;
Onques mais nuns si grant n'oy,
Qui aveiz vostre asne enfoy
Là où on met gent crestienne.
Par Marie l'Egyptienne,
C'il puet estre choze provée
Ne par la bone gent trovée,
Je vos ferai metre en prison,
C'onques n'oy teil mesprison. »
Dit li prestres : « Biaus trés dolz sire,

Toute parole se lait dire;
Mais je demant jor de conseil,
Qu'il est droiz que je me conseil
De ceste choze, c'il vos plait,
Non pas que je i bée en plait.
— Je vuel bien le conseil aiez,
Mais ne me tieng paz apaiez
De ceste choze, c'ele est voire.
— Sire, ce ne fait pas à croire. »
   Lors se part li vesques dou prestre,
Qui ne tient pas le fait à feste;
Li prestres ne s'esmaie mie,
Qu'il seit bien qu'il at bone amie,
C'est sa borce, qui ne li faut,
Por amende ne por defaut.
   Queque foz dort et termes vient,
Li termes vint, et cil revient.
.Xx. livres en une corroie,
Touz sès et de bone monoie,
Aporta li prestres o soi;
N'a garde qu'il ait fain ne soi.
Quant l'esvesque le voit venir,
De parleir ne se pot tenir :
« Prestres, consoil aveiz eü :
Qu'i aveiz votre senz beü?
— Sires, consoil oi ge cens faille,
Mais à consoil n'afiert bataille,
Ne vos en devez mervillier
Qu'à consoil doit on concillier;

Dire vos vueul ma conscience,
Et, c'il i afiert penitance,
Ou soit d'avoir, ou soit de cors,
Adons si me corrigiez lors. »
　　L'evesques si de li s'aprouche
Que parleir i pout bouche à bouche,
Et li prestres lieve la chiere,
Qui lors n'out pas monoie chiere;
Desoz sa chape tint l'argent,
Ne l'ozat montreir pour la gent;
En concillant conta son conte :
« Sire, ci n'afiert plus lonc conte,
Mes asnes at lonc tans vescu,
Mout avoie en li boen escu;
Il m'at servi et volentiers
Mout loiaument .xx. ans entiers;
Se je soie de Dieu assoux,
Chacun an gaiaingnoit .xx. soux
Tant qu'il ot espairgnié .xx. livres.
Pour ce qu'il soit d'enfer delivres
Les vos laisse en son testament. »
Et dist l'esvesques : « Dieus l'ament,
Et si li pardoint ces meffais
Et toz les pechiez qu'il a fais. »
　　Ensi con vos aveiz oy,
Dou riche prestre s'esjoy
L'evesques; por ce qu'il mesprit
A bontei faire li aprist.
Rutebues nos dist et enseigne,

Qui denier porte à sa besoingne
Ne doit douteir mauvais lyens ;
Li asnes remest crestiens.
Atant la rime vos en lais
Qu'il paiat bien et bel son lais.

*Explicit.*

## LXXXIII

## DE CHARLOT LE JUIF

QUI CHIA EN LA PEL DOU LIEVRE

[PAR RUTEBEUF]

Paris, Bibl. nat., Mss. fr. 1635, fol. 62 r° à 63 r°.

Qui menestreil vuet engignier,
Mout en porroit mieulz bargignier;
Car mout soventes fois avient
Que cil por engignié se tient
Qui menestreil engignier cuide,
Et s'en trueve sa bource vuide;
Ne voi nelui cui bien en chiée.
Por ce devroit estre estanchiée
La vilonie c'om lor fait,
Garson et escuier forfait,
Et teil qui ne valent deux ciennes.
Por ce le di, qu'à Aviceinnes
Avint, n'a pas .I. an entier,
A Guillaume le Penetier.

Cil Guillaumes, dont je vos conte,
Qui est à monseigneur le conte
De Poitiers, chassoit, l'autre jour,
.I. lievre qu'il ert à sejour.

Li lievres, qui les chiens douta,
Mout durement se desrouta;
Asseiz foï et longuement,
Et cil le chassa durement;
Asseiz corut, asseiz ala,
Asseiz guenchi et sà et là;
Mais en la fin vos di ge bien
Qu'à force le prirent li chien.
Pris fu sire Coars, li lievres;
Mais li roncins en ot les fievres,
Et sachiez que mais ne les tremble;
Escorchiez en fu, ce me semble.
Or pot cil son roncin ploreir,
Et metre la pel essoreir;
La pel, se Dieus me doint salu,
Couta plus qu'ele ne valu.
Or laisserons esteir la pel,
Qu'il la garda et bien et bel
Jusqu'à ce tens que vos orroiz,
Dont de l'oïr vos esjorroiz.

Par tout est bien choze commune,
Ce seit chacuns, ce seit chacune,
Quant .i. hom fait noces ou feste,
Où il a genz de bone geste,
Li menestreil, quant il l'entendent,
Qui autre choze ne demandent,
Vont là, soit amont, soit aval,
L'un à pié, l'autres à cheval.
Li couzins Guillaume en fit unes
Des noces, qui furent communes,

Où asseiz ot de bele gent,
Dont mout li fut et bel et gent.
Se ne sai ge combien i furent ;
Asseiz mangerent, asseiz burent,
Asseiz firent et feste et joie ;
Je meïsmes, qui i estoie,
Ne vi piesa si bele faire
Ne qui autant me peüst plaire,
Se Dieus de ces biens me reparte.
N'est si grans cors qui ne departe ;
La bone gent c'est departie,
Chacuns s'en va vers sa partie ;
Li menestreil, trestuit huezei,
S'en vindrent droit à l'espouzei ;
Nuns n'i fu de parleir laniers :
« Doneiz nos maitres ou deniers, »
Font il, « qu'il est drois et raisons ;
S'ira chacuns en sa maison. »

 Que vos iroie je dizant,
Ne mes paroles esloignant ?
Chacuns ot maitre, nès Challoz
Qui n'estoit pas mout biauz valloz.
Challoz ot à maitre celui
Cui li lievres fist teil anui ;
Ces lettres li furent escrites,
Bien saellées et bien dites ;
Ne cuidiez pas que je vos boiz.
Challoz en est venuz au bois,
A Guillaume ces lettres baille ;
Guillaumes les resut cens faille,

Guillaumes les commance à lire,
Guillaumes li a pris à dire :
« Challot, Challot, biauz dolz amis,
Vos estes ci à moi tramis
Des noces mon couzin germain;
Mais je croi bien, par saint Germain,
Que vos cuit teil choze doneir,
Que que en doie gronsonneir,
Qui m'a coutei plus de .c. souz,
Se je soie de Dieu assouz. »
Lors a apelei sa maignie,
Qui fu sage et bien enseignie;
La pel d'un lievre rova querre,
Por cui il fist maint pas de terre;
Cil l'aportent grant aleüre,
Et Guillaumes derechief jure :
« Charlot, se Dieus me doint sa grace,
Ne se Dieux plus grant bien me face,
Tant me cousta com je te di.
— Hom n'en auroit pas samedi, »
Fait Charlos, « autant au marchié,
Et s'en aveiz mainz pas marchié.
Or voi ge bien que marcheant
Ne sont pas toz jors bien cheant. »
La pel prent qui cil li tendi,
Onques graces ne l'en rendi,
Car bien saveiz, n'i ot de quoi;
Pencis le veïssiez et quoi,
Pencis s'en est issus là fuer,
Et si pence dedens son cuer,

Se il puet, qu'il li vodra vendre,
Et il li vendi bien au rendre.
Porpenceiz c'est que il fera,
Et comment il li rendera.
Por li rendre la felonie,
Fist en la pel la vilonie,
Vos savez bien ce que vuet dire.
Arier vint, et li dist : « Biau sire,
Se ci a riens, si le preneiz.
— Or, as tu dit que bien seneiz.
Oïl, foi que doi Notre Dame,
Je cuit c'est la coiffe ma fame,
Ou sa toaille, ou son chapel;
Je ne t'ai donei que la pel. »
Lors a boutei sa main dedens ;
Eiz vos l'escuier qui ot gans,
Qui furent punais et puerri,
Et de l'ouvrage maistre Horri.
Ensi fu .II. fois conchiez;
Dou menestreil fu espiez,
Et dou lievre fu mal bailliz
Que ces chevaus l'en fu failliz.

   Rutebuez dit, bien m'en souvient :
*Qui barat quiert, baraz li vient.*

*Explicit.*

## LXXXIV

## DU BOUCHIER D'ABEVILE

[par eustache d'amiens]

Bibl. nat., Mss. fr. 837, fol. 158 v° à 161 r°,
et 2168, fol. 209 v° à 213 v°;
Bibl. de Pavie, Mss. 130 E 5, fol. 50 r° à 53 v°.

SEIGNOR, oiez une merveille,
C'onques n'oïstes sa pareille,
Que je vous vueil dire et conter;
Or metez cuer à l'escouter.
Parole qui n'est entendue,
Sachiez de voir, ele est perdue.
 A Abevile ot .I. bouchier,
Que si voisin orent mout chier;
N'estoit pas fel ne mesdisanz,
Mès sages, cortois et vaillanz
Et loiaus hom de son mestier,
Et s'avoit sovent grant mestier
Ses povres voisins soufraiteus;
N'estoit avers ne covoiteus.
Entor feste Toz Sains avint
Qu'à Oisemont au marchié vint
Li bouchiers bestes achater,
Mès ne fist fors voie gaster;
Trop i trova chieres les bestes,
Les cochons felons et rubestes,

Vilains et de mauvès afere;
Ne pot à els nul marchié fere;
Povrement sa voie emploia,
Onques denier n'i emploia;
　Après espars marchié s'en torne,
De tost aler mout bien s'atorne;
Son sorcot porte sor s'espée,
Quar près estoit de la vesprée.
Oiez comment il esploita :
Droit à Bailluel li anuita;
En mi voie de son manoir,
Quar tart estoit, si fist mout noir,
Penssa c'ui mais avant n'ira,
En la vile herbregera;
Forment doute la male gent
Que ne li toillent son argent,
Dont il avoit à grant foison.
A l'entrée d'une meson
Trueve une povre fame estant.
Il la salue et dist itant :
« A il en ceste vile à vendre
Riens nule où l'en peüst despendre
Le sien, por son cors aaisier,
C'onques n'amai autrui dangier? »
La bone fame li respont :
« Sire, par Dieu qui fit le mont,
Ce dist mes barons, sire Mile,
De vin n'a point en ceste vile,
Fors noz prestres sire Gautiers;
A .II. toniaus sor ses chantiers

Qui li vindrent de Nojentel;
Toz jors a il vin en tonel;
Alez à lui por ostel prendre.
— Dame, g'i vois sanz plus atendre, ».
Dist li bouchiers, « et Dieus vous saut.
— A foi, sire, Dieus vous consaut! »
 Atant s'en part, n'i vout plus estre;
Venuz est au manoir le prestre;
Li doiens seoit sor son sueil,
Qui mout fu plains de grant orgueil.
Cil le salue, et puis li dist:
« Biaus sire, que Dieus vous aït!
Herbregiez moi par charité,
Si ferez honor et bonté.
— Preudom, « fet il, « Dieus vous herbert!
Quar, foi que doi à saint Herbert,
Lais hom ceenz nuit ne girra.
Bien ert qui vos herbregera
En cele vile là aval;
Querez tant à mont et à val
Que vous puissiez ostel avoir,
Quar je vous faz bien asavoir
Ja ne girrez en cest porpris.
Autre gent i ont ostel pris,
Ne ce n'est pas coustume à prestre
Que vilains hom gise en son estre.
— Vilains! sire, qu'avez vous dit?
Tenez vous lai homme en despit?
— Oïl, » dist il, « si ai reson.
Alez en sus de ma meson;

Il m'est avis ce soit ramposne.
— Non est, sire, ainz seroit aumosne,
S'anuit mès me prestiez l'ostel,
Que je n'en puis trover nul tel.
Je sai mout bien le mien despendre;
Se rien nule me volez vendre,
Mout volontiers l'achaterai,
Et mout bon gré vous en saurai,
Quar je ne vous vueil rien couster.
— Ausi bien te vendroit hurter
Ta teste à cele dure pierre, »
Ce dist li doiens; « par saint Piere,
Ja ne girras en mon manoir.
— Deable i puissent remanoir, »
Dist li bouchiers, « fols chapelains;
Pautoniers estes et vilains. »
Atant s'en part, ne volt plus dire;
Plains fu de grant courouz et d'ire.
   Oiez comment il li avint :
Quant il fors de la vile vint
Devant une gaste meson
Dont cheü furent li chevron,
Encontre .I. grant tropé d'oeilles.
Por Dieu, or escoutez merveilles.
Il demanda au pastorel,
Qui mainte vache et maint torel
Avoit gardé en sa jonece :
« Paistres, que Dieus te doint leece !
Cui cist avoirs? — Sire le prestre.
— De par Dieu, » fet il, « puist ce estre ? »

Or oiez que li bouchiers fist :
Si coiement .I. mouton prist
Que li paistres ne s'en perçut ;
Bien l'a engingnié et deçut.
Maintenant à son col le rue ;
Par mi une foraine rue
Revient à l'uis le prestre arriere,
Qui mout fu fel de grant maniere,
Si comme il dut clorre la porte,
Et cil, qui le mouton aporte,
Li dist : « Sire, cil Dieus vous saut,
Qui sor toz hommes puet et vaut ! »
Li doiens son salu li rent ;
Puis li demande isnelement :
« Dont es tu ? — D'Abevile sui ;
A Oisemont au marchié fui ;
N'i achetai que cest mouton,
Mès il a mout cras le crepon ;
Se anuit mès me herbregiez,
Que bien en estes aaisiez,
Je ne sui avers ne eschars ;
Anuit ert mengie la chars
De cest mouton, por qu'il vous plaise,
Quar aporté l'ai à malaise. »
  Li doiens pensse qu'il dit voir,
Qui mout goulouse autrui avoir ;
Mieus aime .I. mort que .IIII. vis ;
Dist ainsi, comme il m'est avis :
« Oïl certes, mout volentiers ;
Se vous estiez ore vous tiers,

S'auriez vous ostel à talent;
Ainz nus hom ne me trova lent
De cortoisie et d'onor fere.
Vous me samblez mout debonere;
Dites moi comment avez non?
— Sire, par Dieu et par son non,
J'ai non David en droit baptesme,
Quant je reçui et huile et cresme.
Traveilliez sui en ceste voie;
Ja Dame Dieus celui ne voie,
A foi, cui ceste beste fu;
Tans est huimès d'aler au fu. »
  Atant s'en vont en la meson
Où le feu estoit de seson.
Lors a sa beste mise jus,
Puis a regardé sus et jus;
Une coingnie a demandée,
Et on li a tost aportée.
Sa beste tue et puis l'escorce;
Sor .I. banc en geta l'escorce,
Puis le pendi, lor ieus voiant:
« Sire, por Dieu, venez avant;
Por amor Dieu, or esgardez
Com cis moutons est amendez;
Veez comme est cras et refais,
Mès mout m'en a pesé li fais,
Que de mout loing l'ai aporté.
Or en fetes vo volonté;
Cuisiez les espaules en rost;
S'en fetes metre plain un pot

En essau avoec la mesnie,
Je ne di mie vilonie,
Ainz mès plus bele char ne fu,
Metez le cuire sor le fu;
Veez comme est tendre et refete :
Ainçois que la saveur soit fete
Ert ele cuite voirement.
— Biaus ostes, fetes vo talent;
Sor vous ne m'en sai entremetre.
— Fetes donques la table metre.
— C'est prest; n'i a fors de laver
Et des chandoiles alumer. »

Seignor, ne vous mentirai mie;
Li doiens avoit une amie
Dont il si fort jalous estoit,
Toutes les nuiz qu'ostes avoit,
La fesoit en sa chambre entrer.
Mès cele nuit la fist souper
Avoec son oste liement.
Servi furent mout richement
De bone char et de bon vin.
De blans dras, qui erent de lin,
Fist on fere au bouchier .I. lit;
Mout ot leenz de son delit.
Li doiens sa meschine apele :
« Je te commant, » fet il, « suer bele,
Que noz ostes soit bien et aise,
Si qu'il n'ait rien qui li desplaise. »
Atant se vont couchier ensamble
Il et la dame, ce me samble,

Et li bouchiers remest au fu.
Ainz mès si aaisiez ne fu;
Bon ostel ot et biau samblant :
« Bele suer, » fet il, « vien avant;
Trai te en ça, si parole à moi,
Et si fai ton ami de moi :
Bien i porras avoir grant preu.
— Ostes, tesiez, ne dites preu;
Ja n'apris onques tel afere.
— Par Dieu, or le te covient fere
Par tel couvent que je dirai.
— Dites le donc, et je l'orrai.
— Se tu veus fere mon plesir
Et tout mon bon et mon desir,
Par Dieu, que de vrai cuer apel,
De mon mouton auras la pel.
— Biaus ostes, jamès ce ne dites;
Vous n'estes mie droiz hermites,
Qui tel chose me requerez.
Mout estes de mal apenssez;
Dieu merci, com vous estes sos;
Vo bon feïsse, mès je n'os;
Vous le diriez demain ma dame.
— Suer, se ja Dieus ait part en m'ame,
En ma vie ne le dirai
Ne ja ne t'en encuserai. »
Dont li a cele creanté
Qu'ele fera sa volenté
Toute la nuit, tant que jors fu.
Dont se leva et fist son fu,

Son harnois, et puis trest ses bestes.
   Lors primes s'est levez li prestres ;
Il et son clerc vont au moustier
Chanter et fere lor mestier,
Et la dame remest dormant.
Et ses ostes tout maintenant
Se vest et chauce sanz demeure,
Quar bien en fu et tans et eure.
   En la chambre, sanz plus atendre,
Vint à la dame congié prendre ;
La clique sache, l'uis ouvri ;
Et la dame si s'esperi,
Ses ieus ouvri, son oste voit
Devant s'esponde trestout droit.
Lors li demande dont il vient
Et de quel chose il li sovient :
« Dame, » fet il, « graces vous rent ;
Herbregié m'avez à talent
Et mout m'avez biau samblant fait. »
Atant vers le chevès se trait ;
Sa main mist sor le chaveçuel
Et tret arriere le linçuel ;
Si voit la gorge blanche et bele,
Et la poitrine et la mamele :
« E ! Dieus, » dist il, « je voi miracles ;
Sainte Marie, sainz Romacles,
Comme est li doiens bien venuz
Qui o tel dame gist toz nuz !
Que si m'aït sainz Onorez,
Uns rois en fust toz honorez.

Se j'avoie tant de loisir
Que g'i peüsse .I. poi gesir,
Refez seroie et respassez.
— Biaus ostes, ce n'est mie assez
Que vous dites ; par saint Germain,
Alez en sus, ostez vo main.
Mesires aura ja chanté ;
Trop se tendroit à engané
Se en sa chambre vous trovoit ;
Jamès nul jor ne m'ameroit ;
Si m'auriez mal baillie et morte. »
Et cil mout bel la reconforte :
« Dame, » fet il, « por Dieu merci,
Jamès ne mouverai de ci
Por nul homme vivant qui soit.
Nès se li doiens i venoit,
Por qu'il deïst une parole
Qui fust outrageuse ne fole,
Je l'ocirroie maintenant.
Mès or otroiez mon commant
Et fetes ce que je voudrai,
Ma piau lanue vous donrai
Et grant plenté de mon argent.
— Sire, je n'en ferai noient,
Que je vous sent si à estout
Que demain le diriez partout.
— Dame, » dist il, « ma foi tenez
Tant com je soie vis ne nez,
Ne le dirai fame ne homme,
Par toz les sainz qui sont à Romme. »

Tant li dist et tant li promet
La dame en sa merci se met,
Et li bouchiers bien s'en refet.
  Et, quant il en ot son bon fet,
D'iluec se part, n'i volt plus estre,
Ainz vint au moustier où li prestre
Ot commencié une leçon
Entre lui et .I. sien clerçon ;
Si com il dist : *Jube, Domne,*
Ez le vous el moustier entré :
« Sire, » fet il, « graces vous rent ;
Ostel ai eü à talent,
Mout me lo de vo beau samblant,
Mès une chose vous demant
Et vous pri que vous le faciez,
Que vous ma pel achatissiez ;
Si m'auriez delivré de paine ;
Bien il a .III. livres de laine ;
Mout est bone, si m'aït Dieus ;
.III. sols vaut ; vous l'aurez por deus,
Et mout bon gré vous en saurai.
— Biaus ostes, et je le ferai
Por l'amor de vous volentiers ;
Bons compains estes et entiers ;
Revenez moi veoir sovent. »
Sa pel meïsme cil li vent ;
Congié demande, si s'en va.
  Et la dame lors se leva,
Qui mout ert jolie et mingnote ;
Si se vest d'une verde cote

Mout bien faudée à plois rampanz.
La dame ot escorcié ses panz
A sa çainture par orgueil :
Cler et riant furent si oeil ;
Bele, plaisans ert à devise,
En le caiere s'est assise.
Et la baissele, sanz atendre,
Vint à la pel ; si la vout prendre,
Quant la dame li desfendi :
« Di va, » fet ele, « et quar me di ;
Qu'as tu de cele pel à fere ?
— Dame, j'en ferai mon afere ;
Je la vueil au soleil porter
Por le cuirien fere essuer.
— Non feras ; lai le toute coie,
Ele pendroit trop sor la voie,
Mès fai ce que tu as à fere.
— Dame, » dist el, « je n'ai que fere ;
Je levai plus matin de vous,
A foi, maugré en aiez vous,
Vous en deüssiez bien parler.
— Trai te en sus ; lai la pel ester ;
Garde que plus la main n'i metes
Ne que plus ne t'en entremetes.
— En non Dieu, dame, si ferai ;
Toute m'en entremeterai ;
J'en ferai comme de la moie.
— Dis tu donques que ele est toie ?
— Oïl, je le di voirement.
— Met jus la pel, va, si te pent,

Ou tu ailles en la longaingne.
Mout me torne ore à grant engaingne
Quant tu deviens si orguilleuse ;
Pute, ribaude, pooilleuse,
Va tost, si vuide ma meson.
— Dame, vous dites desreson,
Qui por le mien me ledengiez :
Se vous seur sainz juré l'aviez,
S'est ele moie. — Toutevoie
Vuide l'ostel, va, si te noie ;
Je n'ai cure de ton service,
Que trop es pautoniere et nice :
Se mesires juré l'avoit,
Ceenz ne te garantiroit ;
Si t'ai je ore cueilli en hé.
— Par mi le col ait mal dehé
Qui jamès jor vous servira.
J'atendrai tant que il vendra,
Et puis après si m'en irai ;
De vous à lui me clamerai.
— Clameras, pute, vieus buinarde,
Pullente, ribaude, bastarde !
— Bastarde ! dame, or dites mal ;
Li vostre enfant sont mout loial,
Que vous avez du prestre eüs ?
— Par la passion Dieu, met jus
La pel, ou tu le comparras.
— Mieus vous vendroit estre à Arras,
Par les sainz Dieu, voire à Coloingne. »
Et la dame prent sa queloingne ;

.I. cop l'en done, et ele crie :
« Par la vertu sainte Marie,
Mar m'i avez à tort batue;
La pel vous ert mout chier vendue
Ainçois que je muire de mort. »
Lors pleure et fet .I. duel si fort.
 A la noise et à la tençon
Entra li prestres en meson :
« Qu'est-ce, » dist il? « Qui t'a ce fet?
— Ma dame, sire, sanz mesfet.
— Sans mesfet, voir, ne fu ce mie
Qu'ele t'a fet tel vilonie.
— Par Dieu, sire, por la pel fu
Qui là pent encoste ce fu ;
Biaus sire, vous me commandastes
Ersoir, quant vous couchier alastes,
Que nos ostes sire Davis
Fust aaisiez à son devis,
Et je fis vo commandement,
Et il me dona vraiement
La pel; sor sainz le juerrai,
Que mout bien deservie l'ai. »
 Li doiens ot et aperçoit,
Aus paroles qu'ele disoit,
L'avoit ses ostes culonée;
Por ce li ot sa pel donée;
S'en fu corouciez et plains d'ire,
Mès son pensser n'en osa dire.
« Dame, » fet il, « se Dieus me saut,
Vous avez fet trop vilain saut;

Petit me prisiez et doutez,
Qui ma mesnie me batez.
— Ba! qu'ele veut ma pel avoir.
Sire, se vos saviez le voir
De la honte qu'ele m'a dite,
Vous l'en renderiez la merite,
Qui voz enfanz m'a reprovez.
Mauvesement vous en provez,
Qui soufrez qu'ele me ledange
Et honist toute par sa jangle.
Je ne sai qu'il en avendra,
Ja ma pel ne li remaindra :
Je di qu'ele n'est mie soie.
— Qui est ce donques? — Par foi, moie.
— Vostre, voire! par quel reson ?
— Nostre ostes jut en no meson
Sor ma coute, sor mes linceus;
Que mau gré en ait sainz Aceus
Si volez ore tout savoir.
— Bele dame, or me dites voir ;
Par cele foi que me plevistes,
Quant vous primes ceenz venistes,
Cele pel doit ele estre vostre?
— Oïl, par sainte patrenostre. »
Et la baissele dist adonques :
« Biaus sire, ne le creez onques;
Ele me fu ainçois donée.
— Ha! pute, mal fusses tu née!
On vous dona la passion.
Alez tost hors de ma meson;

Que male honte vous aviegne !
— Par le saint Signe de Compiegne,
Dame, » fet il, « vous avez tort.
— Non ai, quar je la haz de mort,
Por ce qu'ele est si menterresse,
Cele ribaude larronnesse.
— Dame, que vous ai je emblé?
— Ribaude, mon orge et mon blé,
Mes pois, mon lart, mon pain fetiz ;
Certes, vous estes trop chetiz
Qui ceenz l'avez tant soufferte ;
Sire, paiez li sa deserte ;
Por Dieu, si vous en delivrez.
— Dame, » fet il, « or m'entendez ;
Par saint Denis je veuil savoir
Laquele doit la pel avoir.
Cele pel, qui la vous dona?
— Nostre ostes, quant il s'en ala.
— Voir, por les costez saint Martin,
Il s'en ala dès hui matin
Ainz que fust levez li solaus.
Dieus! com vous estes desloiaus
Qui jurez si estoutement.
— Ainz prist congié mout bonement
Avant qu'il en deüst aler.
— Fu il donques à vo lever?
— Nenil ; adonc je me gisoie ;
De lui garde ne me donoie ;
Quant je le vi devant m'esponde...
Il estuet que je vous desponde...

— Et que dist il au congié prendre ?
— Sire, trop me volez sorprendre...
Il dist : « A Jhesu vous commant. »
Adonc s'en parti à itant ;
Ainz plus ne parla ne ne dist,
Ne nule rien ne me requist
Qui vous tornast à vilonie,
Mès vous i chaciez boiserie ;
Onques ne fui de vous creüe,
Et si n'avez en moi veüe,
Grace Dieu, se mout grant bien non,
Mès vos i chaciez trahison.
Si m'avez en tel prison mise
Dont ma char est tainte et remise ;
De vostre ostel ne me remue ;
Mise m'avez muer en mue ;
Trop ai esté en vo dangier
Por vo boivre, por vo mengier.
— Ahi ! » fet il, « fole mauvaise ;
Je t'ai norrie trop aaise ;
Près va que ne te bat et tue.
Je sai de voir qu'il t'a foutue ;
Di moi por quoi ne crias tu ?
Il t'estuet rompre le festu ;
Va, si vuide tost mon ostel,
Et je irai à mon autel ;
Maintenant deseur jurerai
Jamès en ton lit ne girrai. »
Par mout grant ire s'est assis,
Corouciez, tristes et penssis.

Quant la dame aïré le voit,
Forment li poise qu'ele avoit
Tencié ne estrivé à lui;
Mout crient que ne li face anui;
En sa chambre s'en va atant,
Et li paistres vient acourant,
Qui ses moutons avoit contez.
Ersoir l'en fu li uns emblez;
Il ne set qu'il est devenuz.
Grant aleüre en est venuz,
Frotant ses hines, en meson.
Li prestres ert sor sa leson
Mout corouciez et eschaufez :
« Qu'est ce? mal soies tu trovez,
Mauvès ribaus; dont reviens tu?
Qu'est ce c'on fet? Samblant fez tu,
Filz à putain, vilain rubestes ;
Or deüsses garder tes bestes;
Près va ne te fier d'un baston.
— Sire, n'ai mie d'un mouton,
Tout le meillor de no tropé;
Je ne sai qui le m'a emblé.
— As tu donques mouton perdu?
On te deüst avoir pendu;
Mauvesement les as gardez.
— Sire, » fet il, « or m'entendez :
Ersoir, quant en la vile entrai,
.I. estrange homme i encontrai
Que onques mès veü n'avoie
En champ, n'en vile, ne en voie,

Qui mout mes bestes esgarda,
Et mout m'enquist et demanda
Qui cis biaus avoirs pooit estre,
Et je li dis : « Sire no prestre ; »
Cil le m'embla, ce m'est avis.
— Par les sainz Dieu, ce fu Davis,
Noz ostes, qui ceenz a jut ;
Bien m'a engingnié et deçut
Qui ma mesnie m'a foutue ;
Ma pel meïsme m'a vendue ;
*De ma mance m'a ters mon nés ;*
En mal eure fuisse jou nés.
Quant je ne m'en seuch garde prendre !
On puet cascun jor mout aprendre :
*De ma paste m'a fet tortel.*
En connoistroies tu la pel?
— Oïl, sire, foi que vous doi,
Bien la connoistrai, se la voi ;
Je l'ai eü .vii. anz en garde. »
Cil prent la pel ; si la regarde ;
Aus oreilles et à la teste
Connut bien la pel de sa beste :
« Harou ! las, » dist li pasturiaus ;
« Par Dieu, sire, c'est Cornuiaus,
La beste que je plus amoie ;
En mon tropé n'avoit si coie ;
Foi que je doi à saint Vincent,
N'avoit si cras mouton en cent ;
Mieudres de lui ne pooit estre.
— Venez çà, dame, » dist le prestre,

« Et tu, baissele, vien avant;
Parole à moi, je te commant;
Respont à moi quant je t'apel,
Que claimes tu en ceste pel?
— Sire, trestoute la pel cleim, »
Dist la meschine au chapelain.
— Et vous, que dites, bele dame?
— Sire, se Dieus ait part en m'ame,
Ele doit estre par droit moie.
— Ele n'ert ne vostre, ne soie.
Je l'acatai de mon avoir;
Ele me doit bien remanoir.
Il m'en vint priier au moustier,
Là ù ge lisoie men sautier.
Par saint Pierre, le vrai apostre,
Ele n'iert ne soie ne vostre,
Se par jugement ne l'avés. »
 Seignor, vous qui les biens savez,
Huistaces d'Amiens vous demande,
Et prie par amors, et mande
Que vous faciez cest jugement.
Bien et à droit et leaument,
Chascuns en die son voloir
Liquels doit mieus la pel avoir,
Ou li prestres, ou la prestresse,
Ou la meschine piprenesse.

*Explicit du Bouchier d'Abevile.*

# LXXXV

## LE SENTIER BATU

[PAR JEAN DE CONDÉ]

Paris, Bibl. de l'Arsenal, Mss. B. L. F. 317,
fol. 132 v° à 133 v°.

Folie est d'autrui ramprosner,
Ne gens de chose araisouner
Dont il ont anuy et vergoigne;
On porroit de ceste besoigne
Souvent moustrer prueve en maint quas.
Mauvès fet juer de voir gas,
Car on dist, et c'est chose vraie,
Que bonne atent qui bonne paie;
Cui on ramposne et on ledenge,
Quant il en voit lieu, il s'en venge,
Et tel d'autrui moquier s'atourne
Que sus lui meïsme retourne.
Un example vous en dirai,
Si vrai que ja n'en mentirai,
Ainsi c'on me conta pour voir.
   Il devoit .i. tornoi avoir
Droit entre Perronne et Aties,
Et chevaliers en ces parties
Sejournoient pour le tournoi.
Une fois ierent en dosnoi

Entre dames et damoiseles ;
De cointes y ot et de beles ;
De pluiseurs deduis s'entremistrent,
Et tant c'une royne fistrent
Pour jouer au *roy qui ne ment.*
Ele s'en savoit finement
Entremetre de commander,
Et de demandes demander,
Qu'ele iert bien parlant et faitice :
De maniere estoit bele et rice.
Pluiseurs demandes demanda,
Et sa volenté commanda,
Tant que vint à .I. chevalier,
Assez courtois et biau parlier,
Qui l'ot amée, et qui l'eüst
Pris à fame, s'il li pleüst ;
Mès bien tailliez ne sambloit mie
Pour fere ce que plest amie
Quant on la tient en ses bras nuè,
Car n'ot pas la barbe cremue ;
Poi de barbe ot ; s'en est eschieus
En tant qu'as fames en maint lieus :
« Sire, » ce li dist la royne,
« Dites moi tant de vo couvine,
S'onques eüstes nul enfant.
— Dame, » dist il, « point ne m'en vant,
Car onques n'en oi nul, ge croy.
— Sire, point ne vous en mescroy
Et si croy que ne sui pas seule,
Car *il pert assez à l'esteule*

*Que bons n'est mie li espis.* »
Après n'en fu point pris respis,
Tantost à .I. autre rala
Et d'autre matiere parla.
Li pluiseur qui ce escouterent
En sourriant les mos noterent;
Le chevalier qui ce oy
De ces mos point ne s'esjoy,
Esbahis fu, et ne dit mot;
Et, quant le geu tant duré ot,
Que demandé ot tout entour,
La royne chascun autour
Li redemanda, c'est usages;
Son cuer estoit soultis et sages.
Chascuns respondi sagement
Son pensser, sans atargement.
Quant le tour au chevalier vint,
De la ramprosne li souvint:
Volenté ot de revengier,
Si li a dit sans atargier :
« Dame, respondez moi sanz guile;
A point de poil à vo poinille?
— Par foi, » ce dist la damoisiele,
« Vez ci une demande bele
Et qui est bien assise à point !
Sachiez qu'il n'en y a point. »
Cil li dist de vouloir entier :
« Bien vous en croy, quar *en sentier
Qui est batus ne croist point d'erbe.* »
Cilz qui oïrent cest proverbe,

Commencierent si grant risée,
Pour la demande desguisée,
Que cele en fu forment honteuse,
Qui devant estoit couvoiteuse
De chose demander et dire
De quoi les autres feïst rire.
Or fu son cuer si esperdus
Que tout son deduit fu perdus,
Et li fu sa joie faillie,
Car devant estoit baude et lie,
Et mout plaine d'envoisement.
Ne se sot plus courtoisement
Le chevalier de li vengier;
Ne la volt mie ledengier,
Mès grossement la rencontra,
Et sa penssée li moustra,
Si com à lui ot fet la sienne,
Car il n'est femme terriienne
Qui ja peüst .i. homme amer,
Mès qu'ele l'oïst diffamer
D'estre mauvès ouvrier en lit
De fere l'amoureus delit,
Et sus ce point fu ramposnez ;
Bien savez le coc chaponnéz
Est as gelines mal venus :
Aussi homme qui est tenus
A mal ouvrier est dechaciez
Entre fames, bien le saciez,
Ce seront nonnains ou begines,
Si com chapons entre gelines.

Le chevalier, qui bien savoit,
Que le cri de tel chose avoit,
Pour la ramposne ot cuer dolent;
Si ot de soi vengier talent.
Il counoissoit, ce puet bien estre,
De cele la maniere et l'estre,
Ou aucune mescreandise
Couru en la marcheandise,
Qu'i voult fere du mariage;
Si li descouvri son courage
Et, se cele se fust teüe,
Ja ne li fust ramenteüe
Ceste chose. Vous qui oez
Cestui conte, entendre poez
Que li voir gas ne valent rien.
Poi en voit on avenir bien;
Aventure est quant bien en chiet :
On voit souvent qu'il en meschiet;
Du bien cheoir sai poi nouvele.

 Rimé ai de rime nouvele
L'aventure que j'ai contée;
Dieus gart ceulz qui l'ont escoutée!
*Amen.* Ci prent mon conte fin.
Dieus nous doint à tous bonne fin!

*Explicit.*

# LXXXVI

## DE BERANGIER AU LONC CUL

[PAR GUERIN]

Paris, Bibl. nat., Mss. fr. 19152, fol. 54 r° à 55 r°,
et Bibl. de Berne, Mss. 354, fol. 146 v° à 149 v°.

Tant ai dit contes et fableaus
Que j'ai trouvé, viez et noveaus,
Ne finai passez sont dui an,
Foi que ge doi à seint Johan,
Ne cuit que g'en face mais nul
Fors de Berengier au lonc cul;
N'avez vos mie oï encore,
Mais, par mon chief, g'en dirai ore;
Ne cuit que ge targe mais gaire.
Oiez que Guerins velt retraire
Que il avint en Lonbardie,
Où la gent n'est gaires hardie,
D'un chevalier qui ot pris fame,
Ce m'est vis, une gentil dame,
Fille d'un riche chastelain,
Et cil estoit filz d'un vilein,
D'un usurier riche et conblé,
Et assez avoit vin et blé;
Brebis et vaches, et deniers
Ot à mines et à setiers,

Et li chastelains li devoit
Tant que paier ne le pooit,
Ainz dona à son filz sa fille.
Ainsi bons lignaiges aville,
Et li chastelain et li conte
Declinent tuit et vont à honte ;
Se marient bas por avoir,
Si en doivent grant honte avoir,
Et grant domaige si ont il ;
Li chevalier mauvais et vill
Et coart issent de tel gent,
Qui covoitent or et argent
Plus qu'il ne font chevalerie ;
Ainsi est noblece perie.

 Mais, à ce que ge ai appris,
De chief en chief con l'ai conquis,
Li chevaliers sanz demorer
Fist sa fille bien atorner;
Si la maria à vilain ;
Sil fist chevalier de sa mein,
Si l'enmena, si con moi sanble :
Plus de .x. ans furent ensanble.
Li chevaliers amoit repos ;
Il ne prisoit ne pris ne los,
Ne chevalerie .ii. auz ;
Tartes amoit et flaons chauz,
Et mout despisoit gent menue.
Quant la dame s'est parceüe
Que ses sires fu si mauvais,
Ainz pire de li ne fu mais

Por armes prenre ne baillier,
Mielz amast estrain enpaillier
Que manoier escu ne lance,
Dont set ele bien sanz doutance
A ce qu'il estoit si parliers
Qu'il n'estoit mie chevaliers
Atrais ne de gentil lignaige;
Donc li ramentoit son paraige
Où tant a vaillanz chevaliers :
As armes sont hardiz et fiers,
A sejorner n'amoient rien.
Li chevalier entendi bien
Qu'ele nel dit se pour lui non :
« Dame, » fait il, « g'ai bon renon ;
N'avez nul si hardi parent
Que ge n'aie plus hardement
Et plus valor et plus proëce.
Ge sui chevalier sanz perece,
Le meillor trestot par ma mein ;
Dame, vos le verroiz demain.
Se mes ennemis puis trouver,
Demain me vorrai esprouver ;
Qui m'ont deffié par envie,
Ja nul n'en portera la vie ;
Ge les metrai à tel meschief
Qu'à chascun copperai le chief;
Tuit seront mort, que qu'il ennuit. »
Ainsi le laissierent la nuit,
Et l'endemain à l'enjornant
Li chevaliers leva avant;

Si fist ses armes aporter
Et son cors richement armer,
Quar armes avoit il mout beles,
Trestotes fresches et noveles.
Quant li chevaliers fu armez
Et desus son cheval montez,
Si se porpense qu'il fera,
Comment sa feme engignera
Qu'el le tiegne à bon chevalier.
En .i. bos mout grant et plenier
Qu'il voit mout près de sa maison
Le chevalier à esperon,
S'en vait tot droit en la forest
Que onques n'i fist nul arrest.
Quant en mi le bois fu entrez,
Desoz .i. arbre est arrestez,
Son cheval aresne et ataiche,
Son escu pant à .i. estaiche,
A .i. chaine dedenz le bos.
Or escoutez que fist li sos ;
Adonc a l'espée sachie
Qui estoit bien clere et forbie ;
Si fiert en l'escu comme fous,
Mien escient, plus de .c. cous,
Que tot l'a tranchié et malmis,
Puis avoit son fort espié pris ;
Sel brisa en .iiii. tronçons ;
Enprès est montez es arçons
De la sele de son cheval ;
Poignant s'en vait par mi .i. val

Tot droitement à sa maison.
De sa lance prent .I. tronçon,
Et de l'escu n'ot c'un quartier
Qu'il avoit porté tot entier ;
Le cheval par la resne tint,
Et sa feme contre lui vint ;
Au descendre li tint l'estrier.
Li chevaliers la boute au pié,
Qui ert mout forz de grant maniere :
« Traiez vos tost, » fait il, « arriere ;
Or ce sachiez, n'est mie droiz
Qu'à si bon chevalier touchoiz
Con ge sui, ne si alosé ;
Il n'a si preuz ne si osé
En tot vostre lignaige au meins ;
Ne sui mie matez ne veins,
Ainz ai los de chevalerie. »
  La dame fu tote esbahie,
Quant el vit l'escu despecié,
Et frait le fust de son espié ;
Selonc ce qu'il li fait acroire,
Ne set que dire ne que croire ;
Que paor a qu'il ne l'abace,
Quar li chevaliers la menace
Que vers lui n'aut ne que le touche.
La dame tint close sa bouche ;
Onques puis mot ne respondi.
Que vos diroie? Ainsi servi
Le chevalier de ceste guille
Et tenoit la dame pour ville,

Et despisoit tot son lignaige,
Dont el nel tenoit pas à saige.
   .I. jor refu du bois venuz
Li chevaliers, et ses escuz
Refu troez et despeciez,
Mais il n'est navrez ne plaiez,
Ne ses heaumes n'a point de mal,
Ainz est tot sain du chief à val;
Il n'est pas las ne recreüz.
De la dame n'est pas creüz
A ceste fois li chevaliers,
Qui dit qu'il a morz ses guerriers
Et ses enemis confonduz
Et à force pris et penduz.
Bien set la dame et aperçoit
Que par sa borde la deçoit,
Et panse, s'il i va jamais,
El bois que ele ira après
Et si verra quanqu'il fera
Et comment il se contendra.
   Ainsinc la dame est pourpenssée,
Et, quant ce vint la matinée,
Li chevaliers se fist armer
Et dit que il ira tuer
.III. chevaliers qui le menacent
Et qui grant ennui li porchacent;
Gaitant le vont, dont il se plaint.
La dame li dit qu'il i maint
De ses serjanz ou .III. ou quatre;
Si porra plus seür conbatre :

« Dame, ge n'i merrai nului ;
Par moi lor mourai tel ennui
Que ja nus n'en estordra vis. »
   Atant s'est à la voie mis,
Par grant aïr el bois se fiert,
Et la dame unes armes quiert ;
Con un chevalier s'est armée,
Et puis sor .i. cheval montée.
Cele qui n'a point de sejor
S'en vait tot après son seignor,
Qui ja ert el bois enbatuz,
Et ses escuz ert ja penduz
A .i. chaine, et si le feroit,
A s'espée le detranchoit.
Si fait tel noise et tel martire
Qui l'oïst, il pooist bien dire
Ce sont .c. et mile deable ;
Ne le tenez vos pas à fable,
Grant noise meine et grant tempeste,
Et la dame .i. petit s'areste ;
Et, quant a la chose veüe,
Esbahie est et esperdue,
Et, quant ot assez escouté,
Atant a le cheval hurté
Vers son mari, si li escrie :
« Vassal, vassal, est ce folie
Que vos mon bois me decoupez ?
Malvais sui, se vos m'eschapez,
Que ne soiez toz detranchiez ;
Vostre escu pourquoi laidangiez

Qui ne vos avoit riens meffait?
Mout avez hui meü fol plait,
Mal dahait ore qui vos prise,
Quant à lui avez guerre prise. »
Quant cil a le mot entendu,
Esbahiz fu et esperdu ;
La dame n'a pas conneüe,
Au poing li chiet l'espée nue,
Et trestoz li sans li foï :
« Sire, » fait il, « por Dieu merci,
Se ge vos ai de riens meffait,
Gel vos amenderai sanz plait ;
A vostre gré mout volentiers
Vos donrai avoir et deniers. »
La dame dit : « Se Dieu me gart,
Vos parleroiz d'autre Bernart
Ainz que vos partoiz de cest leu,
Quar ge vos partirai .I. geu :
Comment que vos jostez à moi
Et ge vos creant et octroi,
Se vos cheez, ja n'i faudrez,
Maintenant la teste perdrez
Que ja de vos n'aurai pitié ;
Ou ge descendrai jus à pié,
Si me prenrai à abaissier ;
Vos me venroiz el cul baisier,
Trés el milieu se vos volez.
Prenez ce que mielz amerez ;
De ce gieu ice vos commant. »
Et cil qui doute mout forment

Et qui plains est de coardie,
Dit que il ne jostera mie :
« Sire, » fait il, « ge l'ai voé,
Ne josterai à home né,
Mais descendez, si ne vos griet,
Et ge ferai ce qu'il vos siet. »
La dame ne volt respit querre,
Tot maintenant mist pié à terre,
Sa robe prist à sozlever,
Devant lui prist à estuper :
« Sire, metez ça vostre face, »
Et cil regarde la crevace ;
Du cul et du con, li resanble
Que trestot li tenist ensanble.
A lui meïsme pense et dit
Que onques si lonc cul ne vit ;
Dont l'a baisié de lorde pais
A loi de coart hom mauvais
Mout près du trou iluec endroit ;
Bien l'a or mené à son droit.
Atant la dame est retornée ;
Li chevaliers l'a apelée :
« Beaus sire, vo non quar me dites,
Et puis vos en alez toz quites.
— Vassaus, mes nons n'ert ja celez,
Onc mais tel non ne fu trovez ;
De mes paraus n'en est il nul ;
J'ai non Berengier au lonc cul,
Qui à toz les coarz fait honte. »
Atant a afiné son conte ;

Si s'en est en maison alée;
Au mieus qu'el pot s'est desarmée,
Puis a mandé .I. chevalier
Que ele amoit et tenoit chier;
Dedenz sa chambre tot aese
L'enmaine, si l'acole et baise.
Atant ez le seignor qui vient
Du bois; cele qui poi le crient
Ne se daigna por lui movoir;
Son ami fait lez lui seoir.
Li chevaliers toz abosmez
S'en est dedens la chambre entrez;
Quant vit la dame et son ami,
Sachiez point ne li abeli :
« Dame, » fait il isnelement,
« Vos me servez vileinement
Qui amenez home çaienz;
Vos le conparrez par mes denz.
— Taisiez vos en, » fait el, « mauvais!
Or gardez que n'en parlez mais,
Quar, se vos m'aviez desdite,
Foi que ge doi seint Esperite,
Tantost de vos me clameroie
Por le despit que g'en auroie;
Si serez vos cous et jalous.
— A qui vos clameriez vous
De moi, par la vostre proiere?
— A qui? A vostre chier compere,
Qui vos tint ja en son dangier,
Et c'est mesire Berangier

Au lonc cul, qui vos fera honte. »
Quant il oit que cele li conte,
Mout en ot grant honte et grant ire ;
Onques puis ne l'osa desdire,
Desconfit se sent et maté ;
Et cele fait sa volenté,
Qui ne fu sote ne vilaine :
*A mol pastor chie lous laine.*

*Explicit de Berangier au lonc cul.*

# LXXXVII

## DE FRERE DENISE

[PAR RUTEBEUF]

Paris, Bibl. nat., Mss. fr. 837, fol. 329 v° à 331 r°,
et 1635, fol. 60 r° à 62 r°.

Li *abis ne fait pas l'ermite;*
S'uns hom en hermitage habite,
C'il est de povres draz vestus,
Je ne pris mie .II. festus
Son habit ne sa vesteüre,
C'il ne mainne vie ausi pure
Coume ces habiz nos demoustre.
Mais mainte gens font bele moustre,
Et mervilleuz semblant qu'il vaillent;
Il semblent les aubres qui faillent,
Qui furent trop bel au florir :
Bien devroient teil gent morir,
Vilainnement et à grant honte.
.I. proverbes dit et raconte
Que *tout n'est pas ors c'on voit luire,*
Por ce m'estuet, ainz que je muire,
Faire un flabel d'une aventure
De la plus bele criature
Que hom puisse troveir ne querre
De Paris juqu'en Aingleterre :

Vous dirai coument il avint.
Grans gentiz homes plus de vint
L'avoient à fame requise ;
Mais ne voloit en nule guise
Avoir ordre de mariage,
Ainz ot fait de son pucelage
Veu à Deu et à Notre Dame.
La pucele fu gentilz fame ;
Chevaliers ot estei ces peire ;
Meire avoit, mais n'ot suer ne frere.
Mout s'entr'amoient, ce me semble,
La pucele et sa mere encemble ;
Frere meneur laianz hantoient,
Tuit cil qui par illec passoient.
Or avint c'uns en i hanta,[1]
Qui la damoizele enchanta ;
Si vos dirai en queil maniere.
La pucele li fist proiere
Que il sa mere requeïst
Qu'en religion la meïst ;
Et il li dist : « Ma douce amie,
Se meneir voliez la vie
Saint Fransois, si com nos faison,
Vos ne porriez par raison
Faillir que vos ne fussiez sainte. »
Et cele qui fu ja atainte
Et conquise et mate et vaincue,
Si tost com ele ot entendue
La raison dou Frere meneur,
Si dist : « Ce Dieux me doint honeur,

Si grant joie avoir ne porroie
De nule riens coume j'auroie,
Ce de votre ordre pooie estre :
A bone heure me fist Dieux neitre,
Se g'i pooie estre rendue. »
Quant li Freres ot entendue
La parole à la damoizele,
Si li at dit : « Gentilz pucele,
Si me doint Dieux s'amour avoir,
Se de voir pooie savoir
Qu'en nostre ordre entrer vosissiez,
Et que senz fauceir peüssiez
Gardeir votre virginitei,
Sachiez de fine veritei,
Qu'en nostre bienfait vos metroie. »
Et la pucele li otroie
Qu'el gardera son pucelage
Trestoz les jors de son eage,
Et cil maintenant la resut,
Par sa guile cele desut,
Qui à barat n'i entendi.
Desus s'arme li deffendi
Que riens son conseil ne deïst,
Mais si celéement feïst
Copeir ces beles treces blondes,
Que ja ne le seüst li mondes,
Et feïst faire estanceüre,
Et preïst teile vesteüre,
Com à jone home couvandroit,
Et qu'en teil guise venist droit

En un leu dont il ert custodes.
Cil qui estoit plus fel qu'Erodes,
S'en part atant, et li mist terme,
Et cele a plorei mainte larme,
Quant de li departir le voit.
Cil qui la glose li devoit
Faire entendre de sa leson,
La mist en male soupeson.
Male mort le preigne et ocie !
Cele tint tout à prophecie
Quanque cil li a sermonei,
Cele a son cuer à Dieu donei ;
Cil ra fait dou sien à teil don,
Qui bien l'en rendra guerredon.
Mout par est contrare sa pence
Au boen pensei où cele pence ;
Mout est lor pencée contraire,
Car cele pence à li retraire,
Et osteir de l'orgueil dou monde :
Et cil qui en pechié soronde,
Qui toz art dou feu de luxure,
A mis sa pencée et sa cure
En la pucele acompaignier
Au baig où il ce vuet baignier,
Où il s'ardra, ce Dieux n'en pence,
Que ja ne li fera deffence,
Ne ne li saura contredire
Choze que il li vueille dire.
A ce va li Freres pensant ;
Et ces compains en trespassant,

Qui c'esbahit qu'il ne parole,
Li a dite ceste parole.
« Où penceiz vos, frere Symon ?
— Je pens, » fait il, « à .I. sermon,
Au meilleur où je pensasse onques. »
Et cil a dit : « Or penceiz donques. »
Frere Symons ne puet deffence
Troveir en son cuer, qu'il ne pence
A la pucele qui demeure ;
Et cele desirre mout l'eure
Qu'ele soit ceinte de la corde :
Sa leson en son cuer recorde
Que li Freres li ot donée.
Dedens tiers jor s'en est emblée
De la mere qui la porta,
Qui forment s'en desconforta.
　Mout fu à mal aise la mere
Qui ne savoit où sa fille ere ;
Grant doleur en son cuer demainne
Trestoz les jors de la semainne,
En plorant regrete sa fille,
Mais cele n'i done une bille,
Ains pence de li esloignier.
Ces biaus crins a fait reoignier,
Comme vallez fu estanciée,
Et fu de boens houziaus chauciée,
Et de robe à home vestue,
Qui estoit par devant fendue ;
Pointe devant, pointe derriere,
　Et vint en icele meniere

Là où cil li ot terme mis.
Li Freres, cui li anemis
Contraint, et semont, et argue,
Out grant joie de sa venue;
En l'ordre la fist resouvoir,
Bien sot ces Freres desouvoir.
La robe de l'ordre li done,
Et li fist faire grant corone,
Puis la fist au moutier venir,
Bel et bien s'i sot contenir,
Et en clostre et dedens moutier,
Et ele sot tot son sautier;
Et fu bien à chanteir aprise,
O les Freres chante en l'esglize
Mout bel et mout cortoisement;
Mout se contint honestement.
Or out damoizele Denize
Quanqu'ele vot à devise;
Onques son non ne li muerent :
Frere Denize l'apelerent.

Que vos iroie ge dizant?
Frere Symons fist vers li tant
Qu'il fist de li touz ces aviaux,
Et li aprist ces geux noviaux,
Si que nuns nez s'en aparsut.
Par sa contenance desut
Tous ces Freres. Frere Denize
Cortoiz fu et de grant servize;
Frere Denize mout amerent
Tuit li Frere qui laians erent;

Mais plus l'amoit Frere Symons,
Sovent se metoit es limons,
Com cil qui n'en ert pas retraiz,
Et il c'i amoit mieulz qu'es traiz :
Mout ot en li boen limonier.
Vie menoit de pautonier,
Et ot guerpi vie d'apostre,
Et cele aprist sa paternostre,
Que volentiers la recevoit.
Par mi le païs la menoit,
N'avoit d'autre compaignon cure,
Tant qu'il avint par aventure
Qu'il vindrent chiez .I. chevalier
Qui ot boens vins en son selier,
Et volentiers lor en dona.
Et la dame s'abandona
A regardeir Frere Denize ;
Sa chiere et son semblant avise,
Aparseüe c'est la dame
Que Frere Denise estoit fame :
Savoir vuet ce c'est voirs ou fable.
Quant hon ot levée la table,
La dame qui bien fu aprise,
Prist par la main Frere Denize ;
A son seigneur prist à souzrire,
En sozriant li dist : « Biau sire,
Aleiz vos là defors esbatre,
Et faisons .II. pars de nos quatre :
Frere Symon o vos meneiz,
Frere Denize est aseneiz

De ma confession oïr. »
Lors n'ont talent d'eulz esjoïr
Li cordelier; dedens Pontoize
Vousissent estre, mout lor poize
Que la dame de ce parole :
Ne lor plot pas ceste parole,
Car paour ont de parsovance.
Frere Symons de li s'avance,
Puis li dit, quant de li s'apresse :
« Dame, à moi vos ferez confesse;
Car ciz Freres n'a pas licence
De vos enjoindre penitance. »
Et la dame li dit : « Biau sire,
A cestui vuel mes pechiez dire,
Et de confession parleir. »
Lors l'a fait en sa chambre aleir,
Et puis clot l'uis, et bien le ferme,
O li Frere Denize enferme;
Puis li a dit : « Ma douce amie,
Qui vos concilla teil folie,
D'entreir en teil religion?
Si me doint Dieus confession
Quant l'arme dou cors partira,
Que ja pis ne vos en sera,
Se vos la veritei m'en dites;
Si m'aïst li sainz Esperites,
Bien vos poez fieir en moi. »
Et cele qui ot grant esmoi,
Au mielz qu'el puet, de ce s'escuze ;
Mais la dame la fist concluze

Par les raisons qu'el li sot rendre,
Si que plus ne c'i pot deffendre.
A genoillons merci li crie,
Jointes mains li requiert et prie
Qu'el ne li face faire honte.
Trestot de chief en chief li conte,
Com il l'a trait d'enchiez sa meire,
Et puis li conta qui ele ere,
Si que riens ne li a celei.
La dame a le Frere apelei,
Puis lui dist, oiant son seigneur,
Si grant honte, c'onques greigneur
Ne fu mais à nul home dite :
« Fauz papelars, fauz ypocrite,
Fauce vie meneiz et orde ;
Qui vos pendroit à votre corde,
Qui est en tant de leuz noée,
Il auroit fait bone jornée.
Teil gent font bien le siecle pestre,
Qui par defors cemblent boen estre,
Et par dedens sont tuit porri.
La norrice qui vos norri,
Fist mout mauvese norreture,
Qui si trés bele creature
Aveiz à si grant honte mise.
Iteiz ordres, par saint Denise,
N'est mie boens, ne biaux, ne genz :
Vos deffendeiz aus jones gens
Et les dances et les quaroles,
Violes, tabours et citoles,

Et toz deduiz de menestreiz.
Or me dites, sire haut reiz,
Menoit sainz Fransois teile vie?
Bien aveiz honte deservie,
Comme faulz traïtres proveiz;
Et vos aveiz mout bien trovei
Qui vos rendra votre deserte. »
Lors a une grant huche overte,
Por metre le Frere dedens;
Et Freres Simons toz adens
Leis la dame se crucefie,
Et li chevaliers s'umelie,
Qui de franchize ot le cuer tendre,
Quant celui vit en croiz estendre;
Suz l'en leva par la main destre :
« Frere, » dit il, « voleiz vos estre
De cest afaire toz delivres?
Porchaciez tost .IIII$^c$. livres
A marier la damoizele. »
Quant li Freres oit la novele,
Onques n'ot teil joie en sa vie :
Lors a sa fiance plevie
Au chevalier des deniers rendre.
Bien les rendra cens gage vendre.
Auques seit où il seront pris.
Atant s'enpart, congié a pris.

 La dame par sa grant franchise,
Retint damoizele Denise,
N'onques de riens ne l'esfrea;
Mais mout doucement li pria

Qu'ele fust trestoute seüre,
Que ja de nule creature
Ne sera ces secreiz seü,
Ne qu'ele ait à home geü,
Ainz sera mout bien mariée.
Choisisse en toute la contrée
Celui que mieulz avoir vodroit,
Ne mais qu'il soit de son endroit.
Tant fist la dame envers Denize
Qu'ele l'a en boen penceir mise;
Ne la servi mie de lobes,
Une de ces plus beles robes
Devant son lit li aporta,
A son pooir la conforta,
Con cele qui ne s'en faint mie;
Et li at dit: « Ma douce amie,
Ceste vestirez vos demain. »
Ele meïmes de sa main
La vest, ansois qu'ele couchast,
Ne soffrist qu'autres i touchast,
Car privéement voloit faire
Et cortoisement son afaire;
Car sage dame et cortoize ere.
Privéement manda sa mere
Denize par un sien mesage.
Mout ot grant joie en son corage,
Quant ele ot sa fille veüe
Qu'ele cuidoit avoir perdue;
Mais la dame li fist acroire,
Et par droite veritei croire

Qu'ele ert aus Filles Dieu rendue,
Et qu'à une autre l'ot tolue,
Qui laianz le soir l'amena,
Que par pou ne s'en forsena.
 Que vos iroie je disant,
Ne lor paroles devisant ?
Dou rioteir seroit noianz ;
Mais tant fu Denize laians
Que li denier furent rendu.
Après n'ont gaires atendu,
Qu'el fu à son gré assenée,
A un chevalier fu donée,
Qui l'avoit autrefois requise.
Or ot non madame Denize,
Et fu à mout plus grant honeur
Qu'en abit de Frere meneur.

*Explicit de Frere Denise.*

## LXXXVIII

## DES BRAIES AU CORDELIER

Paris, Bibl. nat., Mss. fr. 837, fol. 154 v° à 156 r°,
et 19152, fol. 120 v° à 122 r°.

Metre vueil m'entente et ma cure
A faire .I. dit d'une aventure
Qu'avint à Orliens la cité ;
Ce tesmoingne par verité
Cil qui m'en dona la matire.
Il avint, si com j'oï dire,
C'uns clers amoit une borjoise
Qui mout estoit sage et cortoise ;
Mout savoit d'enging et d'aguet :
A feme, qui tel mestier fait
Et qui veut amer par amors,
Couvient savoir guenches et tors,
Et enging por soi garantir ;
Bien covient que saiche mentir,
Tele eure est, por couvrir sa honte.
La borjoise dont ge vos conte
Fu bien de ce mestier aprise,
Comme cele qu'amors ot mise
Et bien enlacie en ses laz.
Mout amast d'un clerc le solaz,

Mout vosist et mout li pleüst
Qu'entre ses braz toz nuz geüst,
Et ele o lui en .1. biau lit,
Por avoir du clerc le delit.
Li sires, qui riens ne savoit
Quel corage sa feme avoit,
A dit au soir, après mengier,
Qu'au point du jor sanz atargier
L'esveillast, ne l'obliast mie,
Et qu'el ne fust trop endormie
S'ele de riens son preu amoit :
Au jor lever le covenoit
Por aler à Meün sor Loire,
Où il avoit marchié et foire.
　　La borgoise s'en esjoï
Forment, quant la parole oï
Que ses sires li commanda ;
Tot maintenant au clerc manda
Qu'il fust la nuit bien esveilliez,
Et qu'il fust bien appareilliez
D'entrer comme bien avertiz
Laienz, quant en sera partiz
Li sires devant l'ajornée.
Que vous feroie demorée ?
Mais li borgois couchier se vet,
Et la dame fu en aguet,
Et en grant porpens du prodome
D'esveillier au premerain some.
　　Il dormi, et ele veilla,
Et quant li sires s'esveilla,

Ele li dit : « Or sus, biaus sire,
Certes mout ai au cuer grant ire
Que nos avons si longuement
Dormi ; ge sai certainement
Que avez trop fait grant demeure,
A paines vendrez mès à eure
Huimès à Meün au marchié. »
Lors s'est li borjois descouchié,
Tost fu vestuz et atornez,
De son ostel s'en est tornez,
Et la borgoise le convoie
Sanz plus jusqu'à l'uis de la voie.
  A l'issir de laienz li dist :
« Ge vos commant à Jesu Crist,
Qui soit garde de vostre cors. »
Atant li borgois se mist hors,
Quar d'errer avoit grant besoing.
Lors ne fu pas d'ilueques loing,
Quant li clers a passé le sueil,
Qui onques n'ot dormi de l'ueil
De tote la nuit por atendre,
Si comme vos poez entendre.
Quant li sires s'en fu alez,
Lors fu li clers plus acolez,
Et .IIII. tanz baisiez adonques,
Que li borgois n'ot esté onques,
Qui or s'en vait en sa besoigne.
Que vos feroie plus d'aloigne ?
Mais ge vos di que la borgoise
Et li clers, à qui point n'en poise,

Firent mout lie contenance,
Ne firent pas grant demorance,
Ne grant delai au despoillier;
Li clers toz nuz o la moillier
Au borgois qui s'en vait se couche;
Braz à braz jurent en la couche;
La borgoise ama le complot,
Si fist du clerc ce que li plot.

 Et li borgois qui fu levez
Trop tost, si comme oï avez,
Ala son voisin apeler,
Qui devoit avoec lui aler,
Et li dist : « Or sus, biaus compainz,
Tant avons dormi, par toz sainz,
Que por fous nos poons tenir;
Ainz qu'à Meün puission venir,
Sera il bien près de midi. »
Et li autres li respondi :
« Compainz, estes vos forsenez?
Vos n'estes mie bien senez,
Qui volez errer à tele eure :
Biaus amis, se Dieus me sequeure
Et gart mon cors de toz enuiz,
Il n'est pas encor mienuiz.
— Compainz, » fait cil qui s'esbahist,
« Dites vos voir? » Et cil li dist:
« Ge vos di voir, par saint Richier.
—Ge m'en vois donc, » fait il, « couchier. »

 Atant s'en est d'iluec tornez;
A son ostel s'en est alez,

Dont vient à l'uis, et si apele.
« Dieus, com ci a pesme nouvele,
Biaus douz amis, » ce dit la dame !
Mes sires est à l'uis par m'ame,
Nos somes mout mal asené,
Maufé l'ont si tost ramené,
Qui li puissent le col brisier. »
Et cil ne fine de huchier,
Et dist : « Or sus, levez vous tost. »
Maintenant li clers se repost,
Et prist quanque du sien i a,
Fors ses braies qu'il oublia,
Dont tuit troi orent puis grant ire.
Tant apela à l'uis li sire
Qu'entrez i est, couchier se vait,
Et la dame l'endormi fait ;
Cil l'apela ; el fist le sort
Com cele qui mout sot de hort.
Li borgois delez li se couche,
Et cele, qui mout fu farouche,
Por tenir le vilain à sot,
Sailli du lit sanz dire mot,
Ausi com s'el fust forsenée ;
A haute voiz s'est escriée :
« Sainte Marie, aïe, aïe,
Ge sui trahie et mal baillie,
Se vos n'avez de moi merci. »
Et puis a dit : « Qui est ce ci
Qui s'est couchiez dedenz mon lit ?
Ja nus hom soulaz ne delit,

Fors mon seignor, n'aura de moi. »
Lors fu li sires en esmoi
Que sa feme du sens n'issist;
Au plus soef qu'il pot li dist :
« Bele trés douce chiere amie,
Por Dieu ne vos marisiez mie;
Ge sui vostre loiaus espous
Qui couchiez m'estoie lez vous. »
Et ele l'en a desmenti :
« Vos avez, » fait ele, « menti;
Mesires est hors de la vile;
Alez vos en, ou, par saint Gile,
Ge crierai ja à tel bruit
Que no voisin i vendront tuit :
Il n'a mie caienz bordel. »
Mout fist bien le putain lordel
La dame, qui bien le sot fere
« Mesires est à son afere, »
Fait ele à l'uiz, « alez vos en ;
Vous estes fols et hors de sen,
Qui me cuidiez fere mauvese.
— Dame, » fait il, « ne vos desplese,
Preude feme estes et veroie.
Certes trop tost levez estoie,
Il n'est pas plus de mienuit;
Si vos pri qu'il ne vos anuit
Se ge sui arrieres venuz;
Delez vos me couchai toz nuz,
Com cil qui l'ai fet maintes foiz,
Si m'aït Dieus et seinte Croiz,

Mielz vos aim c'onques mais ne fis.
— Sire, » fait ele, « or m'esbahis
De ce qu'ançois ne vos connui.
Ge vos en ai fait grant enui,
Et si m'en tieng or mout por fole;
Or vos connois à la parole.
Certes ge m'en esbahis toute. »
Maintenant delèz lui se boute;
Si l'acole, et li dist: « Biaus sire,
Por Dieu, pardonez moi vostre ire,
Que ja se de vos aie joie,
Que je pas ne vous connoissoie;
Et sachiez, se vos conneüsse,
Ja du lit levée ne fusse;
Mès j'avoie d'autre paor;
Se g'en estoie en grant fraor,
Ne vos en devez merveillier,
Mestier n'avez de plus veillier;
Dormez vos, si feroiz que saige. »
Et cil, qui en ot grant coraige,
Si dormi jusqu'au point du jor.
Au matin, sanz plus de sejor,
Se vesti et apareilla,
Et la borgoise qui veilla,
Commanda à Dieu son seignor.
Mès ne set pas la deshonor,
Ne la trés grant descouvenue,
Que li est cel jor avenue,
Quar li sires a si mespris
Que les braies au clerc a pris,

N'il meïsme ne le set pas.
   Et li clerc vint isnel le pas
A la dame, si li a dit :
« Bele amie, se Dieus m'aït,
Orendroit m'en covient aler :
Qui aime, il doit s'amor celer,
Por ce m'en vueil aler matin,
Que ne me voient li voisin
Hors issir de vostre maison.
— Biaus amis, vos dites raison, »
Dist la dame, « ce m'est avis. »
La bouche li baise et le vis,
Et il à lui, puis s'entrefont
Le gieu por quoi assenblé sont,
Et, quant il orent fait lor gieu,
Si s'entrecommandent à Dieu.
Lors prist li clers les autres braies,
Puis dist : « Ce ne sont pas les moies,
Ainz sont les braies au vilain. »
Bien fu la dame prise à l'ain.
Quant ele a la parole oïe,
Mout fu dolente et esbahie ;
Sa robe a en son dos vestue,
Puis s'en est de son lit issue ;
Au clerc a teus braies bailliées,
Qui sont bones et deliées,
Par amor le requiert et prie
Que toz les garnemenz li die,
Qui pendoient à son braier.
Et cil n'en fist mie dangier,

Ce m'est avis, trop longuement,
Ainz li a dit mout doucement.
Lors dist qu'ele n'en doute rien,
Qu'ele s'en chevira mout bien,
Bien en saura venir à chief :
Lors s'entrebaisent de rechief.
 Atant li clers d'iluec s'en part.
La dame sot mout de renart;
Engigneuse fu de toz tors.
Quant il fu grant eure de jors,
Por changier sa honte à hennor,
S'en vint à .I. Frere menor,
Se li dist et li regehi
Tot ce que vos avez oï,
Et li prie por Jhesu Crist
Qu'il l'i aït, et il li dist :
« Dame, » dist il, « et ge comment?
— Dites, » fait ele, « seulement
A mon seignor, quant il venra,
Qui por mauvese me tendra,
Que vos braies ai empruntées,
Et desoz ma coite boutées,
Por filz ou fille concevoir;
Quar j'avoie songié por voir
Que ge cele nuit concevroie
Enfant quant en mon lit auroie
Les braies d'un Frere menor.
Sire, » fait ele, « à mon seignor
Dites que j'ai ainsi songié.
— Sachiez bien que si ferai gié

De mout bon gré et volentiers. »
Atant s'en va la dame arriers,
Qui de ce fu mout esjoïe.
  Or est raison que ge vos die
Du borgois qui fu à geün
Venuz au marchié de Meün,
Et autres o lui ne sai quanz.
Li borgois comme marcheanz
Ala o les autres mangier.
Quant vint à son escot paier,
Si cuida prenre son argent;
Si com tesmoignent mainte gent,
Si a trové une escritoire,
Où li canivez au clerc ere,
Et son parchemin, et sa penne :
Par poi li borgois ne forsenne,
Quant il sa borse n'a trouvée ;
Lors apele putain provée
Sa feme, ce me reconnurent
Aucun qui en la place furent.
Que vos diroie de ce plus ?
Mout fut esbahiz et confus
De ce qu'ilueques li avint.
Cel jor meïsme s'en revint
A son ostel; quant vit sa feme,
Lors li a dit : « Par mon chief, dame,
Or sai ge bien comment il vait;
Enpirié avez vostre plet. »
Et la dame, qui fu hardie
Et qui ne fu pas esbahie,

Li dist hardiement : « Biaus sire,
N'aiez en vostre cuer tel ire.
Ge sai mout bien que vos avez.
La verité pas ne savez
De ce que vos avez trové ;
Bien vous sera por voir prouvé
Que de chose qu'aiez trovée
Ne doi estre de riens blasmée.
Ne soiez de riens en malaise,
Mais venez, et ne vos desplaise,
Ovueques moi dedanz ma chambre. »
Et il i vait, et li remambre
Tot ce que ge vos ai retret :
Et cil les braies au clerc tret
D'entor lui, et les seues chauce.
Maintenant la dame li hauce
Et lieve les pans de la robe,
Comme cele qui bien le lobe,
Et fet assez male aventure ;
Li a mises à la çainture
Les braies au clerc et pendues,
Porter li fist aval les rues,
Jusqu'à tant qu'il vint au mostier
Là où erent li cordelier :
Par tans orra autres noveles
Qui ne li seront pas mout beles.
Tantost com il entra laienz,
Si dist : « A il nului çaienz
Qui m'enseignast tel cordelier ? »
Et cil, qui devoit deslier

La borgoise de cele honte
Dont vos avez oï le conte,
S'est levez et commence à rire.
Maintenant d'une part le tire,
Trestout ce li dist et conseille
Tout coiement dedenz l'oreille
Que la borgoise li a dit :
« Sire, » fait cil, « se Dieus m'aït,
Grant joie m'avez el cuer mise ;
Por poi que n'ai m'a feme ocise,
Par mon pechié, et à grant tort.
Sire, voz braies vos aport,
Vez les ci. » Et il les a prises,
En une aumaire les a mises ;
Puis li dist, que li borjois l'oie,
Que Dieus li doint avoir à joie
Conceü ce qu'ele a songié.
« Amen, » fist cil. Lors prent congié
Li borgois au Frere menu.

A son ostel s'en est venu.
Lors acole sa feme et baise :
Puis dist : « Dame, ne vos desplaise,
S'un poi vos ai faite marrie :
Foi que ge doi sainte Marie,
Tel amende vos en ferai
Que jamais de vos ne serai
En soupeçon de jalousie. »
Or est bien la dame aaisie
De faire au clerc sa volenté,
Qui por s'amor à grant plenté

Ot mis du sien et despendu.
Bien a la borgoise rendu
Au borgois le sac as besaces ;
En toz leus et en totes places
Porra mais venir et aler,
Que ja n'en osera parler
Li cous jamais jor de sa vie.
Bien s'est la borgoise chevie ;
Mout a bien son plait afiné.
Atant ai mon flabel finé.

*Explicit des Braies au Cordelier.*

# NOTES ET VARIANTES

## DU TROISIÈME VOLUME

*Les mots marqués de l'astérisque sont des corrections faites aux manuscrits.*

### LV. — Du Mantel Mautaillié, p. 1.

A. — Paris, Bibl. nat., Mss. fr. 353, fol. 42 r° à 44 r°.
B. —    »         »         »    837, fol. 27 r° à 31 r°.
C. —    »         »         »    1593, fol. 111 v° à 115 v°.
D. — Bibl. de Berne, Mss. 354, fol. 93 v° à 100 v°.

Nous empruntons les variantes du ms. de Berne à la copie de la Bibliothèque nationale (coll. Moreau, 1720, Mouchet, 46).

Publié par M. F. Michel dans le vol. de F. Wolf, *Ueber die Lais,* 342-377, d'après B, avec les variantes de C et D, et traduit dans Legrand d'Aussy, éd. Renouard, I, 126-149.

Ce fabliau porte le titre de « Cort Mantel » dans A, C et D.

Vers 1 — D, *Une aventure.* — Le commencement de ce conte nous montre tout de suite que nous avons affaire à une histoire de la *Table ronde,* et les héros de cette épopée vont paraître chacun à leur tour dans le cours du récit.

2 — A, D, *En la.* — au bon roi. C, *le roi.*

4 — est, lisez ert. — A, D, *Si con je l'ai trové escrite.* C, *Si con l'estoire nous devise.*

5 — A, *Vous en dirai.* D, *Vos conterai.*

6 — « la » manque à D, ce qui fausse le vers.

9 — plus. A, C, *si.* — D, *Nule si trés riches ne tint.*

10 — vint. A, *vindrent.*

11 — D, *Maint duc et maint prince et maint conte.*

12 — le. A, *vous.* C, D, *nous.*

13 — ot. A, C, D, *a.*

14 — li jone. A, *si errant.* C, *li vaillant.* D, *li novel.*

16 — fu el. A, *à son.* — commandement. C, *communement.*

17 — auroit. A, *ama.* — C, *Que cil qui auroit bele.*

18 — A, *Qu'il la maint.* — C, *La maint ou li par compaignie.*

19 — iroie je. A, *voi ge.*

20 — De. C, D, *Des.* — vint. D, *ot.*

21 — A, *N'en mentirai de conte dire.*

22 — en fust griez. A, *estoit fort.* D, *estoit grief.* — C, *Ne nus ne le porroit descrire.*

23 — A, D, *et la plus.* — C, *De plus bele ne de plus.*

24 — n'en. A, C, *ne.* — D, *La raïne cui pas ne poise.*

25 — A, *que les a d'assemblées.* C, *qu'eles i sont alées.*

26 — A, *Sont en ses chambres menées* (faux). C, D, *Les a en ces chambres menées.* — C ajoute :

> Mout fu la reïne cortoise,
> A elles joie et envoise.

27 — eles plus. A, *faire plus.* C, D, *faire eles.*

28 — C, *Lor fait maint mantiaus.*
29 — C, D, *maniere.* — Les vers 29-45 dans A :

> Saerreures, fremals et anias ;
> Onques tel plenté de joiaus
> Ne si riches dons ne vi mès
> Com ele lor don(e)ra après
> Tant cum chascune en voloit prendre.

30 — C, *Mout par fu riche la moins chiere.* D, *Mout fu vaillante la mains chiere.*
31 — C, *De dras de soie noire et bise.* D, *De drax de soie ovré à guise.* — Ces leçons sont meilleures dans ces mss. que dans B.
32 — Mès qui vous. C, *Qui or vous.* D, *Qui oïr.*
35 — bien. D, *or.*
36 — aillors. C, D, *à el.*
37 — fet. C, *fust.* — Les vers 37-46 manquent à D.
38 — C, *Car à chaucune fist donner.*
39 — C, *Çainture, fermaus et.*
41 — C, *Ne si grant honor nus ne vit.*
45 — C, *Tant com[me] chaucune en vont prenre.*
46 — A, *A autre chose veil.* C, *Mès aillors me covient.*
47 — du. A, D, *de.* — parler. A, *conter.*
50 — d'armes. B, *dames.*
51 — « molt » manque à D.
52 — C, *[Et] de Hongrie.*
54 — armes et. A, D, *robes ou.* — C, *Qui n'ait armes et bon.*
55 — A, D, *Ou armes.*
57 — plus. A, C, D, *mès.*
58 — A, *S'en doit li rois estre loé.* C, *Se fu la cort le jour louée.* D, *S'an doit estre li rois loé.*
59 — Qui. C, *Qu'il.* — A, *Que vosist pas.* D, *Car nel fist pas.*

61 — griet ne. C, *grieve*. — ne ne. A, *ne (ne) li*. D, *ne li*.

63 — « cort » manque dans A.

64 — A, *Mout i ot joie demenée*. D, *Mout i ot grant joie menée (menée)*.

65 — A, *Quant joué orent et desduit*. C, *Quant eurent joé et deduit*. D, *Grant joie orent et grant desduit*.

66 — Quant. A, C, *Et*.

67 — A, *Si se vont as osteus couchier*. C, *Aus hauberges [se] vont couchier*. D, *Si se sont tuit alé cochier*.

68-85 — Ces vers manquent dans A.

70 — C, *Au matin, quant virent le jor*. D, *Et au matin, qant il fu jor*.

73 — D, *maistre eglise (eglise)*.

75 — Et ses. C, D, *O ses*.

76 — plus. D, *pas*. — C, *Je ne puis ci [plus]*.

77 — C, *Ne d'une gent*.

78 — le. C, D, *nous*.

80 — C, *Resont tuit*. D, *Si s'an sont*.

81 — C, *en a m[en]ée*.

82 — C, *En sa chambre encortinée* (faux).

83 — C, *Ses puceles toutes*. D, *Les puceles ensemble*.

84 — serjant. D, *borgois*.

86 — doublier. A, *sablier*. C, *tablier*.

87 — A, *Et li doublier*. — Ce vers manque à D.

88 — n'ert. A, C, D, *n'est*.

89 — Que il. A, *Que le*. — C, *Que ja ne manjast ne ne but*.

90 — Por tant que. A, D, *Por ce que*. C, *Puis que* (faux).

91 — A, *Ne que ja neïs se seïst*. C, *Devant que à sa cort venist*. D, *Ne que ja nus s'i asseïst*.

92 — A, *Devant qu[e] en sa cort veïst*. C, *Home ou fame qui li deïst*. D, *Devant que à sa*.

94 — C, *Le seneschal G.*
95 — Se. A, *Et.* — ce qui doit. A, C, *que devoit.*
96 — voloit. A, *venoit.*
97 — A, C, *Que ja estoit.* D, *Car il estoit.*
98 — C, *Et li queus le roi araisone.*
99 — fet il. A, *dist K.*
102 — sourrist. A, *l'entent.* D, *s'an rist.* — si l'esgarda. A, *si le garda.* B, *si l'esgarde.*
103 — fit. A, B, D, *fet.*
105 — A, *au mengier ne seïsse.* D, *à ma cort asseïsse.*
106 — De si. A, *Devant.* — D, *A mangier devant que j'oïsse.*
109 — par mi une. C, *par mi[e] la.*
111 — Qui molt. A, *Que mout.* C, *Mout par.* D, *Car mout.*
112 — premerains. C, *premiers* (faux).
113 — A, D, *s'escria.*
114 — C, « *Seignour, vous mengerez ja* ».
115 — A, *Que je voi ci venir poignant.* C, *Quar je voi la venir trotant.* D, *Car je voi ci venir errant.*
116 — molt grant. C, *bel* (faux). D, *mout boen.* — ferrant. C, *corant.*
117 — une. A, D, *cele.* — « vallet » manque à D.
118 — C, *C'aucunes nouvelles.*
119 — A, D, *Estes vous le vallet venu.*
120 — la sale. C, *le roi.* — « est » manque dans A et D.
121 — son cheval. C, *le roncin.* D, *son roncin.* — prist. D, *tint.*
123 — fut. D, *ert.* — C, *Qui fu sages et emparlez.*
124 — s'est. A, *fu.* C, D, *est.*
125 — C, D, *le giete.* — « de » manque à C.
126 — A, *dou rocin ferrant.* C, D, *au roncin ferrant.*
127 — du mantel. A, *li danzel.* C, *li vassaus.* — D, *Qant (dont) fu desfublé lo mantel.*

128 — A, *A grans merveilles estoit bel.*

129 — Blont. A, *Lonc.* C, *Blanc.* — et cler. A, *le col.* C, *et blanc.* D, *bien fait.*

130 — A, *Veirz ot les oilz et bien assis.* C, *Les sorciz gros et bien assis.* D, *Et les iauz vers, bien nés asis.*

131 — lons. A, *lés.*

132 — le vous. A, *bien* (faux). — à .I. mot. D, *au mot* (faux).

133 — A, C, *C'onques.* — plus bel. A, *si bien.*

134 — Grant. C, D, *Gent.* — grant. D, *bele.* — A, *Genz cors et longue aforcheüre.*

135 — A, *Les piés avoit loncs et.* C, *Et les piez bien lons et.* D, *Les piez avoit droiz et.*

136 — biaus. A, *bons.*

137 — C, *qui fu senez.* — Ce vers et le suivant sont intervertis dans D.

138 — C, D, *il fu en la sale.*

140 — C, *Cil Damedicus qui.* D, *Cil Deus qui fist et.*

142 — A, C, D, *Amis, et Deus.*

143 — le, lisez *li.*

144 — A, *Forment suet.*

145 — C, *où vous irez.* D, *coment errez.*

146 — fet il. A, *dist il.*

147 — A, D, *Li quelz est Artus li bons rois.* C, *Qui est cil que l'en tient à roi.*

148 — A, *Que.*

149 — li. A, *vous.*

151 — E, lisez *Et.* — qu'en. C, D, *qui.* — A, *Teulz i a qui en.*

152 — A, *que il l'oie.* C, *qu'il les oie.*

153 — Que c'est. A, *Ceu qu'est.* — quis. D, *dist.* — C, *Mout c'en est chaucuns avant mis.*

154 — A, C, D, *Par ma foi.* — dist il. A, C, *fait Queus.* D, *font il.*

155 — chaiere. D, *charriere*. — A, *Vez là le roi en sa chaiere.*

158 — A, *Qui n'avoit soing.*

159 — En. A, *Tost.* C, *C'en.* D, *Ainz.*

160 — Se. A, *S'il.* D, *Si.* — .I. gent. A, *un biau.* C, *mout grans*, variante meilleure à adopter.

161 — fist. A, *fait.* — D, *Cil Deus qui fist trestot lo mont.*

162 — A, *Et toute la gent qui i sont.* C, D, *Et totes les gens qui i sont.*

164 — A, C, *Il gart le meillor.* D, *I saut lo meillor.*

165 — jamès. A, *qui ja.*

166 — fet il. A, *dist il.* — or est bien. A, *il est bien.* D, *dès or est.* — « il » manque à C.

167 — vous die. D, *die ce.* — « vous » manque à C.

168 — m'a. D, *l'a.*

169 — lontain païs. D, *païs lointain.*

170 — requier. A, C, D, *demande* — à estrous. A, *à trestous.*

171 — A, *Que vous orendroit li donois.* C, *Si convient que vous li doignez.* D, *Que vos li doigniez orandroit.*

172 — A, *Et c'el(e) ne l'a à autre foiz.* C, *Que c'el(e) ne l'a à ceste fois.* D, *Et si ne l'a à ceste foiz.*

173 — plus. A, *mais.* — C, D, *Ja par li n'iert mais.*

174 — D, *Ne vos sera jamais nomé.*

177 — fi. D, *voir.* — A, *Devant là que je le saurai.* C, *Tant que de fi saurai* (faux).

178 — A, D, *Se ge le don avoir porrai.*

179 — A, C, D, *Mès ge vous dirai.*

180 — Et. A, *Ge.* D, *Se.* — C, *Que vuel que sachiez bien* (faux).

181 — je. A, D, *ja.* — hontage. C, *outrage.*

182 — D, *N'i auroiz honte ne doumage* (domage).

185 — A, D, *quant n'i a.* C, *que n'i a.*

186 — A, C, D, *Li rois bonnement li otrie.*

187 — A, C, *Et li promist que il*, D, *Que volantiers lo don aura.*

188 — A, *Isnelement quanque ceu soit.* C, *De maintenant que que ce soit.* D, « *Dites,* » *fait il* « *que ce sera.* »

189 — o. D, a. — A, C, *Volantiers et à.*

190 — Et li vallès. A, C, *Li vallès.* D, *Vistemant.* — s'. A, C, D, *une.*

191 — tret fors. A, *hors trait.* D, *fors trait.*

192 — si. C, *plus.*

193 — A, *Une fée si.*

194 — A, *Ne hom ne savoit.* C, *Nus hom ne seüst.* D, *Nus hom ne sauroit.*

195 — du. A, *de.* — aconter. A, *deviser.* C, D, *raconter.* — Après ce vers, le ms. B ajoute :

Trop i covendroit demorer.

196 — C, *Or laissons du mantel.* D, *Or lairons.* — Après ce vers, le ms. B ajoute :

D'autre chose voudrai parler.

197 — C, *dirons d'une.* D, *dirons une.*

198 — la. A, *sa.* — C, *A qui nulle ne s'aparelle.* D, *Onques hom ne vit sa paroille.*

200 — les. A, *lor.*

201 — A, D, *La dame.* C, *Ja dame.*

202 — a de rien. A, *avoit riens.*

203 — D, *Vers son bon seignor, se el l'a.*

204 — A, C, *Li mantiaus bien.* D, *Li mantiaus bel.*

205 — A, *Et de.* C, D, *Et des.*

206 — A, C, *Sele qui.* D, *Icele qui vers son ami.*

207 — A, D, *Aura mesfait.* C, *Aura mespris* — en. D, *à.*

208 — plus. A, D, *puis*. — serroit. A, C, D, *serra*.
209 — Que. A, *Qu'il*. D, *Qui*. — C, *Qu'il ne soit trop cors ou trop lons*.
210 — toute la cort. C, *touz les barons*.
211 — A, C, D, *Lor a tout dit et devisé*.
212 — A, D, *Comment li mantel fut ovré*. C, *Con l'en ot le mantel ouvré*.
213 — A, C, D, *de maintenant*.
214 — « il » manque à D. — de maintenant. A, D, *je vous demant*. C, *tout maintenant*.
215 — A, *vous sans point*. C, D, *vous sanz plus*.
216 — A, *Faiter cest*.
217 — A, [*Et*] *sanz lor dire ices noveles*. C, *Et sanz* [*lor*] *dire teus nouvelles*. D, *Et s'an dirai lors teus noveles*.
218 — A, C, D, *As dames et as damoiseles*.
219 — C, *a ceenz*.
220 — A, C, D, *Ele me fu de loins*.
221 — Si. A, D, *Ge*.
222 — cest. D, *lo*.
223 — C, *Mout fu regardez li mantiaus*.
224 — C, *Et Gauvains dist*. D, *Gauvains a dit* (d'après le contexte, il faut évidemment lire *Et li rois dist*). — A, D, « *Cist dons est bel*. » C, « *Cist nus est biaus*. »
225 — A, D, *Et bien resnable à demander*. C, *Et bien faisoit à demander*.
227-228 — Ces deux vers sont remplacés par ces quatre vers, qui sont les mêmes, à de très-faibles variantes près, dans A, C et D :

> Que vienge à nous delivrement ;
> Gauvain, alez y erraument,
> Et Keu, et Yvain, trestuit troi ;
> Si dites qu'ele vienge à moi.

230 — A, *Qu'il*.

231 — A, D, *Qui ne vienge sans ochison.* C, *Qu'en amaigne sanz achoison.*

232 — A, *Que je veil bien tenir le don.* C, D, *Car je vuel bien tenir le don.*

233 — A, C, D, *Que j'ai au valet.*

234 — A, D, *Li troi.* — l'a. D, *l'ot.* — C, *Aus deuz que il l'ot.*

237 — du. D, do.

238 — Que. C, Car.—D, *Car mout formant li avenoit.*

239 — A, *Ce que tant avoit.* D, *Car ele avoit trop.*

241 — fet il. A, dist il.

242 — A, *Et par nous trois vous le comande.* D, *Et en travers [vous] lou comande.*

243 — A, *viengiez sanz atargier.* C, D, *vigniez sanz demorer.*

244 — A, *Aveques lui laienz.* C, *Ou des dames là fors.* — D, *Tot maintenant à lui parler.*

246 — A, *Qu'il veut veoir comment sont beles.* C, D, *Il veut veoir con el[s] sont beles.* — Après ce vers, A, C et D ajoutent deux nouveaux vers ainsi écrits dans A :

> Et comment se sont atornées,
> L'une en aura ja granz sodées.

Le premier de ces deux vers n'est pas identique dans C et D (D change « bien » en *bel*) :

> Et con el(e)s sont bien acesmées.

Le second manque à D et n'est pas complet dans C (« ja » manque).

247 — A, C, *Qu'au roi vint ore un damoisel.* D, *Car au roi vint or .1. donzel.*

248 — A, *Qui li presenta un mantel.* C, D, *Qui li aporta .1. mantel.*

249 — A, C, D, *Onques hom si*. — C, en ajoutant
« nus », fausse le vers.

250 — A, D, *d'un vermeil*. C, *de vermel*.

251 — A, *Qui à grant merveille est bien*. D, *Qui à mout grant mervoille est*. — Ce vers, ainsi que les quatre suivants, manque à C.

252 — A, *Nulz hon ne saroit le portrait*. D, *Mout a en l'euvre biau portrait*.

253 — *les*. D, *des*. — Ce vers et le suivant manquent dans A.

254 — D, *N'a son paroil*.

255 — A, *Ce sachez vous*. D, *Et ce sachiez*.

256 — A, *Que li rois vous*. D, *Que li rois nous*. — Les rimes de ce vers et des trois suivants, auxquels un nouveau est ajouté, sont changées dans C :

> Et li rois creanté li a
> Que là en droit donnez sera
> A cele qu'il mieus faiz cera. »
> Or en va la reïne là
> Tot belement et sanz desroi.

257 — A, *Que il tout errant le*. D, *Que il ja lo mantel*.

258 — A, D, *A cele que il meulz*.

259 — *s'en*. D, *en*. — Ce vers et les dix-sept suivants (259-276) manquent à B, où le copiste a fait un *bourdon*.

262 — *onc de si*. C, *tant de si*. D, *mais tant de*.

263 — *à*. D, *en*.

264 — C, D, *Car*. — C, *se fust penée*. D, *s'etoit penée*.

265 — C, *D'atorner cointement*. D, *D'acesmer cointemant*.

266 — *de*. D, *en*.

267 — atornées. C, D, *acesmées.*
268 — regardées. C, D, *esgardées.*
272 — C, *Et li rois le mantel prisa.*
275 — C, *Que demenois tele l'aura.* D, *Que il demenois lo donra.*
276 — C, *[A] cui mieux et plus bel serra.* D, *A cele cui il miauz sera.*
277 — lor en. C, *l'en* (faux).
278 — D, *Car s'ele[s] sausse[nt].*
279 — A, D, *Eles vousissent.*
280 — .c. m[ile]. A, *d'or. .c. m[il].* — C, *Ce il eüst cousté cent mars.* D, *Se il vausist d'or .v<sup>e</sup>. mars.*
281 — premier le. A, *le mantel.* C, *primes le.*
282 — A, *Vistement.*
283 — molt. D, *ele.* — Ce vers, ainsi que les trois suivants, manque dans A.
284 — D, *en seust.*
285 — D, *li drax en fu.*
288 — palist. A, C, D, *noircist.*
289 — Por. C, *De.* — A, D, *De mautalent.*
290 — par delez. C, *dejoste.* — A, *Gumeës qui dejostoile c'estot* (sic). D, *Gauvains dejoste li s'estot.*
291 — A, *Qui tout li vit palir.* C, *Qui tot le vit muer.* D, *Qui li vit palir tot.*
292 — fet il. A, *dist il.* — il. A, C, *ce.*
293 — Que il. A, C, D, *Qu'il.* — pas. A, C, D, *mie.*
294 — A, *Ne mais le travers d'un jons* (faux). C, *Sachiez de tant com monte .i. jons.* D, *Sachiez que lo travers d'un jonc.*
295 — A, C, D, *Ou mains encor en osteroit.*
296 — A, *Jamais à droit.* C, *Jamais pour bien.* D, *Et ja puis bien.*
297 — C, *A cele damoisele là.*
298 — D, *Qui lez vos à destre s'esta.*

299-300 — Ces deux vers sont remplacés dans A, C et D :

> Est tout droit de vostre grandor,
> Ele n'est graindre ne menor.

— C, au lieu de « Est tout droit », lit *Ele est droit*.

301 — C, *L'amie Hector*. D, *L'amie Tor*. — A, *L'amie estoit du fil au rès* (sic).

302 — A, D, *Bailliez li le mantel*. — « li » manque à C, qui a cette variante aussi.

303 — bien. A, C, D, *mieus*.

304 — porra. D, *porroit*. — A, *Comment il nous porra seoir*.

305 — roïne. C, *meschine*.

306 — tent. A, D, *baille*. — C, *Le mantel li tent la reïne*.

308 — plus. D, *mout*. — acorça. C, *escorça*. — A, *Mès li mantel*.

309 — A, *Plus qu'à la roïne n'ot*.

310 — A, *Dist Yvains :* « *Or est tout*. D, « *Tost est or,* » *dist Yvains*.

311 — A, *Et si ne fust*. C, D, *Si ne fu il*.

313 — A, *Ilec devant tous les*. C, D, *Entor li à toz les*. — « toz » manque à C.

314 — assez. A, *ce dist*. C, *dist el(e)*. D, *fait el*.

316 — A, C, *Un petit estes plus*. D, *Vis m'est que plus estes*.

317 — A, C, D, *Que ele n'est*.

319 — Que. D, *Car*.

320 — tricherie. A, *vilanie*.

322 — A, C, D, *Dites moi*. — A, *toute la verté*. C, D, *de la verité*. — « de » manque à C.

323 — A, C, D, *Comment en va*.

324 — A, D, *Et ce qu'au.* C, *Et quoi au.*
327-328 — Ces deux vers sont intervertis dans C.
328 — D, *Et del vallet [et] de la fée.*
329 — qu'ele, lisez que ele. — C, *Et de l'uevre.* D, *Et de l'anseigne.* — A, *Et de l'ovrainne qu'ele fist.*
330 — A, *Trestout de chief li avoit dit.* C, *Toute la verité l'en dit.* D, *Trestot de chief en chief li dist.*
331 — A, D, *Que onques.* — riens. C, *mot.* — n'en. C, D, *n'i.*
333 — A, *Que si de riens fesoit.* D, *Que s'el faisoit de rien.*
335 — A, *Si l'a à gabois [a]torné.* C, *Si le vont à gabois torner.* D, *Ainz l'a à janglois atorné.*
336 — A, *Encor est,* » ce dit, « *affublé.* C, *Dont le doit on afubler* (faux). D, *Encor iert,* » ce dit, « *afullé.*
337 — C, *Que.*
338 — D, *Qui.* — autres. A, C, D, *dames.* — Ce vers et le précédent sont intervertis dans A, C et D.
339 — a. D, *lor.* — A, *Dames,* » dist *Ke[us],* « *entendez moi.* C, *Tantost li rois après parla.* — D ajoute après ce vers :

Qui mout fu fel et ramponeus.

340 — A, *Hui est esprovée la foi.* C, *Dame, la foiz apparra ja.* D, *Bien i part hui la boene foi.* — D ajoute après ce vers :

Don il seront en grant effroi.

341 — fetes. A, *portez.* C, *menez.* — Ce vers et le suivant, intervertis dans A, manquent à D.
343 — ces. C, D, *les.* — A, *Et l'amor que puceles mainent.*
344 — cil. A, manque. C, D, *li.*
345 — en. D, *es.*

346 — A, *D'aucune se feïssent.* C, *Mout se fesoient huimain.* D, *Deus! con or se feïssent.* — pures. A, *putes.* B, [*p*]*ures.*

349 — S'il. D, *Si.* — prendre. C, *croire.* — la. C, *l'en.* D, *lo.*

350 — de riens ne. C, *n'i* (faux). — A, D, *C'onques nule rien ne mesfit.*

351 — C, *l'ont.*

352 — A, *ovrez fu.*

353 — « i » manque à D.

355 — arrieres. A, D, *à henor.* C, *à honyr.*

356 — C, D, *Car.* — dame. D, *cele.*

358 — D, *Bien,* » fait li rois, « *lo poons randre.*

359 — A, C, *qui le presenta.* D, *qu'il me presenta.*

360 — A, C, *Que ja.* D, *Car là.* — remaindra. C, *demorra.*

361 — qui i soit. C, *ce sacheiz.*

362 — A, C, *Dist li vallès.* — A, C, D, « *Ce n'est pas droit.* »

363 — C, *Jamès jor ne le reprendrai.* — Ce vers et le suivant sont remplacés dans D :

> Que il me soit ensi randu,
> De si que je aie veü.

364 — A, *Devant que je veü aurai.* — C, qui admet cette variante, change « que je » en *ce que*.

365 — auront. A, C, D, *aient.*

366 — A, C, *Que.*

370 — A, D, *Ja n'i aura mais.* C, *Il n'i aura mais.*

371 — A, D, *A toutes l'estuet.*

372 — A, C, *acliner.*

373 — A, *Mener dolor.* C, *puis palir.*

374 — A, *Que nule ne l'ose envaïr.* D, *Car nule ne l'osa saisir.*

377 — en vie, lisez *envie*.
378 — A, *Et Keus en apele*. C, D, *Et Keus a apelé*.
379 — A, *Bele,* » dist Keus. C, D, *Bele,* » *fait il*.
380 — ces chevaliers. D, *toz ensanble*. — me vant. C, *vaillant*.
381-382 — Ces deux vers manquent dans A, C et D.
383 — A, D, *Que bien le devez*. C, *Que bien le poez*.
384 — A, D, *Vous n'avez*.
386 — l'onor. C, D, *la flor*.
388 — A, C, *Et la damoisele li dit*.
389 — A, *Certes, Sire, s'il*. D, *Sire,* » *dit ele,* « *se*.
390 — A, *J'amasse plus*.
391 — D, *Afublé premierainement*. — « tout » manque à C.
392 — A, *Que je*. C, *Que j'en*. — C, *leians*.
393 — D, *Don nule ne l'ose adeser*. — Ce vers et les quatre suivants (393-397) manquent dans A et C.
394 — D, « *Hé!* » *fait il*.
396 — fet el. D, *dist el(e)*.
397 — j'en. D, *je*.
398 — C, *si grant bonté*. D, *De dames o a grant biauté*. — Ce vers, qui manque dans A, est suivi d'un autre dans C :

> Ne quier faucer lor loiauté.

399 — Et. A, D, *Dont*. C, *Ne*.
400 — A, D, *Si nes voloie adevancir*. C, *Si nes voloie desmentir*.
401 — Que. D, *Qu'il*. — Ce vers et les quatre-vingt-trois suivants (401-484) manquent à C.
402 — A, *Ja mar douterés lor maugré*. D, *Ja mar doteroiz lo mal gré*.

403 — Kex. A, *il.* — D, *Dist que aux n'en ont talant* (faux).

406 — plus. A, *li.* — acorça. D, *atocha.*

407 — A, *Si que li dui pan par devant.*

409 — A, *Ne porroient.*

410 — A, D, *n'i avez vous per.*

412 — Bien. A, D, *Mout.*

414 — A, *Que.* D, *Car.* — A, D, *provée estes à loial.*

415-418 — Ces vers manquent à D.

416 — nul avoir. A, *tout l'avoir.*

418 — A, *Que nulz ne poeit se covrir.*

419 — A, *Que de toute genz fust veüz.* D, *Qui de tant jant estoit veüz.*

420 — A, D, *Lors li dit Yder, li filz Nus.*

421 — revertir. D, *revestir.*

422 — A, D, *Cil qui toz jors.* — Après ce vers, A et D ajoutent quatre vers qui manquent à B :

> Senechal, qu'alez vous disant ?
> Dont n'est le mantel bien seant.
> La damoisele ert angoisose ;
> S'iert Androete l'enviose.

Dans D, ces deux derniers vers sont intervertis, et on lit *est* pour « ert » et *A* pour « S'iert ».

423 — A, *Qui n'i voit point.* D, *Qui point n'i voit.* — A, D, *de la rescouse.*

424 — « dist » manque dans A.

427 — A, *Com il ert à voz bien.* D, *Con iert à voz moiller[s] seiant.*

428 — A, D, *Quar les fetes.*

429 — A, *Si verrez cum.*

430 — A, D, *Androete.* — D, *se.*

431 — D, *Si lo gita.*

432 — A, *O la*. D, *A sa*. — A, D, *honte s'ala seoir*.

433 — D, *Quant les dames ont ce veü*.

434 — li. D, *l'an*. — A, *Que si l'en fust mesavenu*.

435 — fu. A, D, *ont*.

437 — pooit. A, D, *si puet*.

438 — feroient. A, *feroie*.

439 — A, *Qu'il n'i a fors qu'en l'afubler*. D, *Car n'i a que de l'afubler*.

440 — A, D, *Li bon botillier Bedoer*.

442 — fet il. A, *dist il*. — il. D, *ce*.

443 — tuit molt. A, D, *trestuit*.

444 — Après ce vers, il faut ajouter ces deux vers, qui se trouvent dans A, B et (intervertis) D :

> Qui tant est bele et avenant,
> Le deüst affubler avant.

Le ms. B met *noble* au lieu de « bele ».

445 — A, *Veigne là avant la cortoise*.

447 — A, D, *Que poi li*. — A, *a s'amor*. D, *est s'anor*. — A, D, *gardée*.

448 — fet. A, *dist*.

449 — A, *Bien de voir*.

450 — A, *La damoisele*. — Ce vers, ainsi que le précédent, se lit ainsi dans D :

> Bedoier[s] tantost se leva,
> Et la damoisele apela.

451 — A, *Que ne l'osa point*. D, *Qui ne l'osa pas*.

452 — fist. A, *fait*.

453 — ele. A, *cele*. — D, *et el[e] lo prist*.

454 — A, *Voirement*. — D, *lo mist*.

455 — « i » manque dans A.

456-457 — D :

> L'un des acors [li] tochie à terre,
> Et l'autre[s] failli au mantel.

458 — \* Le destres acor se. A, *Le destre pan* [se]. B, *Et la pucele se.* — Ce vers et les trois suivants manquent à D.

459 — le genoil. B, *li genouz.*
461 — ala le. A, *à l'autre.*
463 — l'acor. A, *le pan.* D, *lo cor.*
464 — A, *Que il.* D, *Que an.* — A, D, *cuidoil que en la court.*
465 — A, D, *N'en eüst une.* — A, *si leial.* D, *plus loial.*
466 — A, D, « *Par ma foi.*
467 — A, *Jamais.*
468 — seul. A, *sanz.*
469-478 — Ces vers manquent dans A.
471 — D, *Si en dirai ja.*
474 — D, *Si fu desus cele.*
476 — croi. D, *cuit.*
478 — D, *Ensi siaut enlever les drax.*
479 — A, *Que j'ai compaignon, je vous di.* D, *A tel besoin, com je vos di.*
480 — fu. A, *se.*
481 — A, *Si que onques mot ne parla.* — « li » manque à D.
484 — A, *Si s'entremenront.* D, *Si s'antre feront.*
485 — A partir de ce vers l'ordre des aventures n'est plus le même dans A D et B C. A et D placent ici les vers correspondant aux vers 533-543 ; puis viennent, toujours dans A et D, les vers correspondant aux vers 513-532, puis enfin les vers correspondant à 485-512, et à la suite les quatre mss. marchent parallèlement. Nous

donnons ici dans l'ordre du ms. B, que nous suivons, les variantes de A et de D.

486 — Ce vers et le précédent, que nous retrouvons plus loin dans A et D (Cf. la note du vers 532), ne sont pas suivis dans A des vers 487-512 : ce ms. passe immédiatement au vers 547. — D, au contraire, a quelques-uns de ces vers, dont nous donnons les variantes.

488 — D, *Au boen chevalier et gentil.* — Le ms. C, qui suit B, a : *Et bons chevaliers et hardiz.*

490 — fet. C, *dist.* — D, *fait li rois, » cist.*

492 — C, *Car ne sai.*

493 — C, D, *Que vous nou doiez bien avoir.*

494 — C, D, *L'en ne puet mie tot savoir.*

495 — C, D, *Se li dit Guionnès li petiz.* — D donne *Giuvrez.*

499-512 — Ces vers manquent à D.

500 — C, *à destre li pent.*

502 — C, *Et li senestre se hauça.*

503 — C, *.I. petitet.*

504 — C, « *Sire, sire,* » *ce dit Gifflet.*

505 — fols. C, *faux.* — nule en. C, *les* [*en*].

506 — « Que » manque à C.

507-510 — Ces quatre vers sont remplacés dans C :

> Tout est de loiauté prouvée,
> Or est la chose si alée.

512 — C, *Qu'el(e) nel doit pas à droit avoir.*

513 — Ce vers, qui suit le vers 543 dans A et D, est raccordé ainsi — dans A :

> Comment il en ert avenu.
> La damoisele avant se trait
> Que por noient l'escondirait ;
> Affublé l'a delivrement.

— Dans D :

> Car l'ovre se loez à l'issue ;
> Affublé(z) l'a de maintenant.

— Les vers 513-532 manquent à C.

514 — A, D, à destre li pent.

515 — A, Si nous devise. D, Si montre qu'el chiet.

516 — A, Chiet volentiers sor cel costé.

517 — A, qui si haut lieve. D, qui tant se lieve.

518 — A, Si moustre que petit.

519 — les. A, ses.

523 — A, D, Lors prent par l'atache de soe.

524 — A, D, Le mantel. — A, si. D, et. — A, D, le giete en voie.

525 — A, D, Et quant. — A, à terre l'ot gité. D, el[e] l'ot jus gité.

527 — A, estordement. D, descordemant.

528 — Ce vers manque dans A.

529 — « ne » manque à D.

530 — D, Avoc la damoisele, as dras.

531 — A, Irez. D, S'iroiz.

532 — A, Que. — Après ce vers, on lit dans A :

> L'amie à Gauvain l'orgoillor,
> Qui tant estoit contralior,
> L'afubla par fort aventure :
> Ne lui vint pas à la çainture.
> Or li dist Keu, tout en riant :
> « Deu ! si bon mantel à enfant ! »
> Par le col prent li et s'amie :
> « Or vous baisés par compaignie,
> Que bien vous estes esprovées ;
> Plus bas que l'oil fustes hurtées. »

D n'a que les deux derniers vers de ce passage, et change « fustes » en estes. — C'est après ces vers que les mss. A et D placent le vers 485 et les suivants.

533 — C, *apele.* — Ce vers et les suivants, dans A et D, sont placés après 484.

535 — A, *Qui Partenaus.* — ert. A, D, *est.*

536 — A, C, *dist li rois.* — A, « *recevez.* C, « *ça venez.* — D, *Si li a dit :* « *Bele, tenez.* »

537 — C, *qui vostre ert.* D, *que vostre est.*

538 — A, C, D, *Tant avez.*

539 — A, D, *Que bien sai qu'il.* C, *Car bien sai qu'il.*

541 — A, D, « *Sire,* » *dist il,* « *vostre merci.* » C, « *Sire,* » *fet il,* « *pour Dieu merciz.* »

542 — A, *plus parole ci.* C, *mie si voz diz.*

543 — A, *De ce que vous avez veü.* C, *Devant que vous aiez veü.* D, *Jusque [la] fin en soit veüe* (Cf. les notes des vers 486 et 513).

544 — C, *Comment il en iert avenu.*

545 — *s'aperçoit.* C, *le reçoit.*

546 — *Et.* C, *Car.*

547 — *par el passer.* C, *pas eschaper.* — C'est ici que reprennent les mss. A et D. Le ms. A (Cf. la note du vers 486) a ce vers ainsi :

> Si la fait le mantel livrer.

— Dans le ms. D, les vers suivants font suite au vers 498 et précèdent le vers 548 :

> La damoisele avant se mist,
> Car por noiant s'escondeïst,
> Car ele nel pot refuser.

548 — A, *Quant ele le.*

549 — C, D, *estaches.*

551 — A, *Que l'autre mantel tout ensamble.* D, *Et tot l'autre mantel ensanble.* — Les vers 551-569 sont remplacés dans C :

> D'angousse li cuers li tressaut,
> A pou a que [il] ne li faut ;
> D'iluec c'en est tornée errant.

552 — A, *La damoisele forment tremble.* D, *Car d'ire toz li cuer li tranble.*

553 — *que.* D, *qu'el.*

554 — A, *Ele.* D, *Qu'ele.* — A, D, *voit maint bon chevalier.*

555 — A, D, *Maint escuier et maint danzel.*

556 — *ont.* A, D, *a.*

560 — A, *Ja tant soit avenant.* D, *Ja tant n'ert cortoise.*

561 — A, *giesse mieulz.* D, *siée miauz.*

566 — A, D, *Puis lor a dit.*

567 — A, D, *Qu'il.*

568 — A, D, *Mès nule d'el(e)s.*

569 — A, *Et K[eu]s.* D, *Et il.* — A, D, *s'en est tornez.*

570 — D, *Et li vallez prist maintenant.*

572 — A, *Or i estuet.* C, D, *Or li estuet.*

573 — A, D, « *Metez i autres,* » *dist li rois.*

574 — A, *Et cil les.* D, *Et cil en.* — C, *Et cil li dit demenois* (sic).

575 — C, *Qui les avoit.*

576 — A, *Que ne vout.* C, D, *Car ne viaut.*

577 — Soit. A, *Fust.* — *destorbée.* C, *destornée.*

578 — A, *Ne qu'elles queïssent.* C, *Ne que il i quierent.* D, *Ne que il i oit quis.*

579 — A, *D'affubler le.* — Ce vers et le suivant, qui manquent à D, se lisent dans C :

> Ainz l'afubla de maintenant,
> Et li rois tantost le reprent.

580 — A, *Et li rois maintenant le prent.*

581 — Kex. A, *Si.* C, *Puis.* — D, *Par grant ire a li rois parlé.*
582 — fet. A, C, D, *dist.*
584 — Que. C, *Car.* — ne serront. A, *serron.* D, *n'aserrons.*
585 — A, *Devant que.* C, *Devant qu'el(e)s.* D, *Devant qu'el[s].*
586 — Et. A, C, D, *Bien.* — A, *en pourront.* D, *en puent.*
587 — D, *Si l'afubleront il après.*
589 — A, *me dites.* D, *ne dites.*
590 — A, *en porrez.* C, *puissiez.* D, *porroiez.*
592 — A, *Volez [vous] plus eles honir.*
593 — A, *Quant eles ci.* D, *Quant aus ici.* — Ce vers et les sept suivants (593-600) sont remplacés dans C :

>Li vallès est sailli [en] sus,
>Le roi apele, ne dit plus.

594 — D, *Et el[s].*
596 — A. D, *Qu'eles ont mesfait et mespris.*
597 — avant. D, *atant.*
598 — A, D, *Ja les.*
599 — A, D, *Par le loement de Girflet.*
601 — A, *Sire, » dist il.* C, D, *Sire, » fait il.*
602 — C, *tigniez convent.*
603 — « le » manque à C.
604 — A, D, *Cil chevalier sont mout.* C, *Chaucuns [en] estoit si.*
605 — A, *N'i a celui qui n'ot mo(l)t dire.* D, *N'i a cel qui n'ost mais mot dire.* — Le ms. C, auquel manquent les vers 606-666, contient ces deux vers :

>N'i a nul que sache que dire
>[Et] bien se tienent tuit de rire.

606 — D, *Guiflet en.*

607 — seoit. D, *estoit.*

609 — A, D, *Qu'en la cort n'eüst si leial.*

610 — A, D, « *Bele* ». — A, *dist.* D, *fait.* — A, D, *il,* « *le seneschal.*

611 — A, D, *Me dist orains.*

612 — A, *De ce que je les.* D, *Por ce que je lo.* —A, D, *ramponoie.* —Après ce vers, A et D ajoutent :

<blockquote>De s'amie ne tant ne quant,</blockquote>

pour remplacer le vers 615, qui ne se trouve pas dans ces deux mss.

616 — Or. A, *Et.* D, *Mais.*

617 — je vous. A, *si vous.*

619 — A, D, *Que n'i ait.* — A, *point de.* D, *mais nul.* — A, D, *demorer.*

620 — en fetes vous. A, *feriez vous.* D, *feïst ele.*

621 — D, *Qu'el ne pooit.*

622 — A, *Et li rois li fait.* D, *Li rois li a fait.*

623 — ele. A, *cele.* — D, *et ele lo prist.*

624 — A, *Vistement.* — D, *à son col lo mist.*

625 — D, *Car.* — A, *n'osa* (vers faux).

626 — A, D, *ferirent.*

629 — A, D, *Que n'eüst en lui se bien non.*

630 — A, D, *esgarderent.*

632 — A, *Et Girflez primerains.* — D, *Guiflet qui tot promis l'avoit.*

633 — A, D, *Si s'escria.*

634 — A, D, « *Damoisele.* — A, *n'est.* D, *il est.* — A, D, *trop pendant.*

635 — A, D, *Il n'est pas.* — A, *en cordau.* D, *à cordel.*

636 — A, *Ja n'ert devant si bien.* D, *Il n'ert ja tant devant.*

639 — A, D, *Por ce qu'Ider.*

640 — A, D, *Li a son mautalent doublé.*

641 — A, *dist Keus.* D, *fait il.* — A, D, « *que vous est vis?*

643 — A, *nous en poon tuit.* D, *vos en devez toz.* — *gober*, lisez *gaber*.

644 — A, D, *L'on n'en porroit.*

645 — A, *de desleiauté* (faux).

646 — A, *Et li* (faux).

648 — A, *trop lui savoir.* D, *de voir savoir.*

649 — A, D, *en lui ert.*

650 — A, D, *Mal se covre.* — A, *qui l'escu pert.*

652 — *cengler.* A, *croistre.* D, *foutre.*

654 — A, *n'est sainz.*

655 — *puisse.* A, D, *doie.*

656 — *Ele.* A, *Si.* D, *Ainz.* — *par.* A, D, *par grant.*

657 — A, D, *l'a gité aus piez.*

658 — A, *Lors ja prise par le doi* (sic).

660 — *fet il.* A, *dist Keus.*

661 — *Est.* A, D, *Iert.*

664 — A, *Que c'en.* D, *Car ce.*

666 — *disant.* A, D, *contant.*

668 — C, *regarderent.*

669 — C, D, *à une bien.*

672 — *en renc.* A, *ou renc.* C, *tantost.* — D, *Ses moine o les autres seoir.*

673 — *n'ot nul.* C, *n'avoit.* — D, *Il n'ot en la cort.*

— Ce vers et les soixante-neuf suivants (673-742) manquent au ms. A, qui les remplace par ceux-ci :

> Lors dist li damoisels itant :
> « Sire, por Deu le roiamant,
> Faites Keu par trestout cerchier,
> Chambres et sales et celier...

Vient ensuite le vers 743.
674 — drue i. C, amie.
675 — C, n'eust mout.
676 — lor. D, lo.
677 — Com. C, Quant.
679 — pooit. D, voloit.
680 — D, De l'autre dire.
682 — a. D, lor.
684 — C, [Car] mout sont mal. D, Car mout sont bel.
685 — C, D, chascuns.
686 — D, Mout devient. — estre. C, D, par nous.
687 — C, D, Estre.
688 — C, D, esprovées.
689 — C, Si vous doit ce. D, Mais ce nos doit.
690 — C, Ne l'un (ne) l'autre ne puet moquer. D, Que l'uns n'en puet l'autre gaber.
691 — C et D faussent le vers, le premier en changeant « Mesires » en Mes, le second en ajoutant li.
692 — D, Ci a mout.
693 — C, Ne n'an. D, Je n'en.
694 — C, D, Mès nous en avons pris le pire.
695 — Et. D, Car. — Ce vers et les trois suivants sont remplacés dans C :

> Or laissons dont dou tot ester,
> Li uns ne puet l'autre moquer.

696 — D, Si nostre honte.
697 — D, nos devroit mout pener.
698 — D, L'uns maus deüst l'autre dobler.
699 — C, D, Et Keus a dit. — C, « Je n'ai. D, « Ce n'a.
701-702 — D :

> Que mout petit duel de noient
> Acore cele fole gent.

316   NOTES ET VARIANTES

Ces deux vers manquent à C.

703 — C, Que. D, Com. — C, nia.

705 — ja. D, bons. — C, honniz (i) soit.

706 — s'amie. D, sa drue. — C, autre ami faisoit.

707 — C, doit on [bien] escondire.

708 — doions. C, doit il. — D, de ce estre.

709 — C, D, S'ele est de.

710 — C, .x. foiz. D, .ii. foiz. — C remplace les trois vers suivants par celui-ci :

Ou.x. ou.ix. ou.xx. ou.vii.

711 — D, Si seroit ce faux jurement.

715 — C, Respont Hector. D, Lors a dit Toz.

716 — conseus. D, confors. — assez. C, autres.

717 — C, D, Mais de ce dist. — C, .i. s. D, lo s.

718 — est qu'il font. C, qui nous fait. D, il nos fait.

719 — C, D, Por ce que. — C, maint bon. D, tant bon.

720 — Est. C, D, Sont. — mesfait. C, mehaig.

721 — C, Mainz en i a. D, Maint en a ore.

722 — C, atant respondi. D, est en piez sailli.

723 — C, D, « Sire, » fait il. — C, que ce.

724 — m'en. C, D, me.

725 — C, D, Le mantel.

726 — ces. C, noz.

728 — tant. C, si.

730 — D, Que j'oï.

731 — C, D, ne tost ne tart.

732 — C, D, de nule part.

733 — Après ce vers, C et D ajoutent avec quelques variantes que nous ne relevons pas (Cf. *Ueber die Lais*, 372) les vers suivants :

>     Et vostre cort est si pleniere
>     De bonnes gens, ce m'est avis,

Tant i a chevaliers de pris,
Riches dames et damoiseles,
N'i ot onques mais tant de beles
Con or a, ce nous vont disant,
Et quant bonne gent i a tant
Et vostre cort est si plenière.

734 — C, *Honte ert se s'en revest.* D, *Honte iert se il s'an vont.*

735 — C, D, *Sachiez qu'ele en iert avilliée.*

736 — C, *Or ira par.* D, *Si en ira par la.*

737 — par tout. C, D, *mout tost.*

738 — en. C, D, *à.*

739 — C, D, *En vanra.*

740 — C, D, « *Par foi,* » *fait messires* G.

741 — se. D, *vos.*

744 — A, *Qui ne vienge orendoit.* C, *Qui [ne] vigne orandroit.*

745 — qu'on. D, *qu'il.*

746 — « Et » manque à D. — D, *tot lo saut.*

748 — « i » manque à A et C.

749 — C, *el(e) ne c'estoit.* D, *n'ert mie haitie.*

750 — D, *Ençois ert.* — A, *Si en estoit mout empirie.*

751 — A, *Sole se gesoit en un lit.* C, *Si se seoit desor .i. lit.* D, *Et gisoit sole enz en un lit.*

752 — A, *li (a) dit.*

753 — A, C, D, *ma damoisele.*

757 — A, *il savoir.* C, D, *à savoir.*

758 — en. A, *i.*

759 — Quant. C, *Car.* — A, *Aussi comme les autres ont.* D, *Ensi com les autres en ont.*

760 — A, *Et cele tantost li.* C, *Et la damoisele.*

761 — C, *Sire.*

763 — A, C, D, *La damoisele s'est levée.*

764 — A, *Et bien vestue et.* — C, *et afublée.*

765 — « et » manque à C. — A, qu'el(e). C, qu'ele. D, qu'el.

769 — A, D, qu'il en fust mout. C, que mout en fu.

770 — C, [Et] devant iert. D, Devant ce iert. — A, Et devant estoit forment liez.

771 — que. D, qu'el. — avoit. C, ot pas. — A, Por ce qu'ele n'i ot esté.

772 — C, Car. D, Mais.

773 — Ele ne. A, Ja ne. D, El ne. — ja jor. A, D, à nul jor. C, nul jor.

774 — A, Mès. C, Que.

775 — C, D, Que. — de rien. A, assez. — mespris. A, C, D, mesfait.

776 — A, Il ne vousist ja oïr plait. C, D, Il [D, Ja] n'en queïst oïr le plet.

777 — A, C, D, Que il n'en. — son. A, D, le. C, ces.

778 — A, Amie est. D, Amie ert. — A, Brezbraz. C, Berlas.

779 — A, C, D, Lors vint avant. — A, li damoisel. C, li damoisiaus. D, la damoisele.

780 — A, Qui li presenta. D, Qui li aporta. — C, Et cil par qui vint li mantiaus.

781 — C, Et si li a trestot.

782 — A, D, Par quel engin il fu ovré. C, Les euvres comment (il) fu ouvré.

784 — A, D, Carados grant duel demena. C, Carados qui mout en pesa.

785 — A, Et dit en haut. C, D, Dist oiant toz.

786 — « vous » manque à C.

788 — A, aime bonement. C, di v[e]raiement.

789 — savoir. A, veoir.

792 — C, Ne pour trestot l'avoir de France.

793 — D, *Ne*. — C, *savoir folie*. — Ce vers et les trois suivants manquent dans A.

794 — C, *Que cil qui pert sa bonne amie*.

795 — *Molt*. D, *Trop*.

797 — A, *Ne vous verroie ou renc*. C, *Se vous veoie ou ranc*. D, *Que [vous] veïsse el ranc*.

798 — *Gavain*. D, *Yvain*.

799 — A, D, *Lors li dist Keus*. — Ce vers et les neuf suivants (799-808) manquent à C.

800 — A, *Icil qui pert la desloial*. D, *Et cil qui pert la desloial*.

802 — A, *Mout seroiz ore*. D, *Mout seriez ja*.

803 — D, *loialment*.

805 — A, D, *Que l'en cuidoit gehui*.

806 — *or*. A, *l'or*.

807 — D, *O[r]*.

809 — A, *pas ne*.

810 — A, *Tout sagement*. C, D, *Mout simplement*.

811 — *bien savon*. C, D, *c'est la somme* (meilleure version). — Ce vers et les cinq suivants manquent dans A.

812 — C, D, *Que c'est mehaig à maint preudome*.

813 — C, *ne me doi(e) pas*.

814 — *les*. C, *jes*.

816 — C, *s'il ne desplet mon*.

817 — C, *J'afublerai le mantel chier*.

818 — A, « *Parfoi*, » *dist chascuns chevaliers*. — C, D, « *Par ma foi*, » *font*. — C, *li chevalier*. D, *les chevaliers*.

819 — *par el*. A, *por el*.

820 — A, *Et cele le vait*.

821 — C, D, *Devant qu'ele*. — C, *ot eü*. D, *aüst lo*. — Ce vers et les trois suivants manquent dans A.

822 — C, *De son ami qui fu irié*. D, *De son trés doz ami(s) prisié*.

823 — D, *A grant enviz.*

824 — D, *El(e) lo prist, si l'a afublé.*

825 — A, D, *Droitement devant les barons.*

826 — A, D, *Si ne fust.* C, *Ne li fust (ne).*

827 — A, *Mout bien li.* C, *Tout iguel.* D, *Mout bel li.* — A, D, *ateignoit.* C, *li ataint.*

828 — A, *Icele faisoit (mout) bien.* C, *Iceste fesoit bien.*

830 — D, « *Bele,* » *fait se il,* « *vostre amis.*

831 — A, *estre mout (bien).* C, *mout estre.*

832 — A, *veil que sachiés.*

833 — A, D, *en mainte cort.* — C, *Que je l'ai par maint leu.*

834 — C, *Et plus de cent.* D, *Plus de* .III$^m$.

835 — ne. D, *n'en.*

836 — ne. A, D, *o.* — C, *Nulle où il n'eüst vilenie.*

837 — C, *Mès que vous (vers faux).*

839 — A, C, D, *Qui vaut.* — A, *un mout grant avoir.* C, D, *plaine une tor d'avoir.*

840 — A, *Que.* D, *Car.* — A, *savoir.*

842 — D, *meïsmes li otrie.*

843 — A, D, *qu'il est siens.*

845 — A, *Ne damoisel qui le.* C, *Ne damoisel(e qui le.*

846 — C, *Si en ont eles.* D, *Et si en ont il.*

847 — C, *Quant.* D, *Qu'el.* — A, *Quant l'enportent si quitement.*

848 — La fin du fabliau n'est pas la même dans les quatre mss., et, sauf une partie très-courte, commune à A, C et D, les différents copistes ont arrangé une fin nouvelle.

Le ms. A, faisant suite au vers 847, finit ainsi :

> Li damoisels le congié prent,
> Onques ne voult plus demorer,
> Ainz se hasta por le disner,
> Ne voult en nule guise atendre,
> Quar à sa dame voloit rendre
> Son mesage delivrement,
> Et li rois et toute sa gent
> Assistrent tantost au mengier.
> Sachés que maint bon chevalier
> Furent plain de corroz et d'ire.
> Du mengier ne vous quier plus dire,
> Fors que mout bien furent servi,
> Et quant li mengiers fut feni,
> Carados a le congié pris :
> Si s'en ala en son païs,
> Liés et joians (et) atout s'amie,
> En Gales en une abaïe;
> Mistrent estoier le mantel
> Qui or est trovez de novel.
> Li romanz faut, vez ci la fin :
> Or vous, donez boivre du vin, *etc.*

Le ms. B est celui dont nous avons reproduit le texte.

Le ms. C dit ainsi après le vers 848 :

> Car nulle n'i set ochoison
> Dont el(le) puit dire se bien non.
> Carados a le congié [pris],
> Si c'en ala en son païs,
> Liés et joians avec s'amie,
> En Gales en une abaïe.
> Mettent estoier le mantel
> Qui ore est trouvez de nouvel;
> Et si sai gié trés bien qui l'a
> Et qui par tot le portera
> Aus dames et aus damoiseles.
> Seignor, dites lor ces nouvelles
> Que par tot le(s) ferai porter,
> Si lor convendra afubler;
> Et si sai ge de verité
> Que ja par elles n'iert usé.

Le ms. D, finissant comme C, ajoute de nouveaux vers :

>Qant nule n'i trove achoison
>Don ele ost dire par raison.
>Lors li dist messire Gavain :
>« Bele, » fait il, « je prain en vain
>Que vos m'en devez guerredon
>Se à votre loiauté non.
>Cil qui votre loiauté voient,
>Lo vos creantent et otroient;
>Volantiers lo contredeïssent,
>Se eles lor droit i veïssent
>Que vos nel deüssiez avoir.
>A escient poez savoir
>Que li plus en sont mout dolant. »
>Li damoisiaus lo congié prant,
>Onques n'i volt plus demorer,
>Ainz se hasta por lo disner,
>Ne vout en nule guise atandre,
>Car à sa dame voloit randre
>Son mesaije delivrement.
>Et li rois et tote sa gent
>Asist maintenant au mangier :
>Sachiez que maint bon chevalier
>I sist plain de coroz et d'ire.
>Del mangier ne vos voil plus dire,
>Fors que mout bien furent servi.
>Et qant li mangiers fu feni,
>Carados si a congié pris :
>Si s'an ala en son païs,
>Liez et joieus atot s'amie,
>En Gales en une abaïe.
>Mistrent estoier lo mantel
>Qui or est trovez de novel,
>Et si set l'an trés bien qui l'a
>Et qui par tot lo portera
>As dames et as damoiseles.
>Seignor, dites lor teus noveles,
>Que par tot lo fera porter :
>Si lo convandra afubler.
>Por noiant me travailleroie
>Se je cest presant lor faisoie :

> El[s] m'an arroient mais toz dis ;
> Si m'an porroit estre de pis
> Se les requeroie de rien.
> Por ce me covient dire bien
> Por mon besoing, non por lo lor,
> Et si n'i aurai fors enor.
> Or nos gart toz cil de laissus,
> Car de cest comte n'i a plus !

*Le Mantel mautaillié*, dont l'origine semble remonter à une tradition galloise, et dont la forme la plus ancienne nous apparaît aujourd'hui dans le *Lai du Corn* (*Ueber die Lais*, 327-341) du trouvère Robert Biket, est un des contes qui ont eu le plus de succès depuis le moyen âge jusqu'à nos jours. La version en prose (Bibl. nat., Mss. fr. 2153, anc. 7980), plusieurs fois imprimée au XVIe siècle et rajeunie par Caylus (*Les Manteaux*, 1779, I, 60-67), a été introduite par Legrand d'Aussy dans son recueil. L'on connaît (*Ueber die Lais*, 177) la version en moyen haut allemand, *Der Mantel,* et les ballades anglaises, *The Boy and the Mantle,* qui ont le même sujet; tout dernièrement MM. G. Cederschiöld et F. A. Wulff ont publié dans les *Acta Universitatis Lundensis* (XIII, 1876-1877, 2e série) la *Möttuls Saga* et les *Skikkju Rimur,* versions nordiques du fabliau français. Dans les imitations nombreuses de ce conte, ce n'est pas toujours un *manteau* qui sert à l'épreuve : dans *Perceforest* (4e partie), c'est une rose; dans une nouvelle de Bandello, un miroir; c'est enfin un cornet à boire (comme dans la version primitive) dans le *Tristan* en prose et dans *Perceval,* d'où l'Arioste a tiré son épisode de *la Coupe enchantée,* imité ensuite par La Fontaine.

## LVI. — De Grongnet et de Petit, p. 30.

A. — Paris, Bibl. de l'Arsen., Mss. B. L. F. 60, fol. 6 v° à 7 r°.
B. —  » Bibl. nat., Mss. fr. 25545, fol. 19 v° à 20 r°.

Le ms. de l'Arsenal porte dans la nouvelle numérotation le n° 3114.

Publié par M. Fr. Michel à la suite du *Roman de la Violette*, 321-327.

Vers 1 — peu est. B, *n'est pas.*
2 — Girbers. B, *.i. clers.* — M. Fr. Michel voit dans ce Girbert, dont le nom n'apparaît que dans un ms., Gibert de Montreuil, l'auteur du *Roman de la Violette*. Cette identification, sans être impossible, ne repose sur aucune preuve (Cf. *Histoire littéraire,* XVIII, 769 et XXIII, 92.)
3 — Car il. B, *Et mout.*
5 — B, *Envieus, faillis.*
6 — B, *Nonpourquant ja fu li.*
7 — Qu'il. B, *Qui.* — que ors. B, *c'ores.*
8 — B, *En paroles, en diz.*
10 — c'est. B, *est.*
12 — chascuns est mais. B, *li siecles est.*
13 — B, *Dou bien si le tien et acrape.*
14 — qu'il. B, *qui.*
15 — richesse. B, *largesce.*
16 — muez li grains em. B, *li grains devenus.*
17 — B, *On lait la rose et queut l'ortie.* — Le mot rose doit évidemment être mis à la place de « ronce », comme l'indique le vers 20.
18 — Ce vers, dans B, est placé avant le précédent.
19 — B, *avarice à li.*

21 — Ausi. B, *Ensis*. — sa mace. B, *la nasse*.
23 — bien. B, *biau*.
24 — tantost. B, *tos tens*.
25 — Qu'il. B, *Qui*. — ne. B, *et*.
26 — B, *Pour ce ne*.
27 — nul. B, *à*.
30 — Tantost. B, *Si tost*.
31 — B, *Et je quier qui*.
32 — je tout avant. B, *tout premerain*.
33 — B, *.I. sergent qui fait laide frume*.
37 — B, *Groingnès est mes premerains mès*.
38 — n'en sel. B, *n'autre*.
41 — Touz. B, *Mout*. — touz. B, *mout*.
43 — keus. B, *cuens*.
45 — molt. B, *trop*.
46 — B, *Par le conseil Petit font*.
49-52 — Ces vers manquent dans B.
54 — ruis. B, *ris*. — Après ce vers, B ajoute :

> Petis est plains de mavaise ire,
> Petis la cuisine nos livre.

56-75 — Ces vers manquent dans B.
67 — Le ms. A porte *D'onnor* : il faut corriger non pas « De onnor », mais *Et d'onnor*.
76 — tieus serjans. B, *tel sergent*.
78 — une gent les ont. B, *ils ont .I. gent*.
80 — Qu'il. B, *Qui*.
82 — met touz. B, *a mis*.
85-86 — Ces vers manquent dans B.
87 — les. B, *le*.
88 — biaus. A, *biau*. — deserrer. B, *despiter*.
89 — Biautez. B, *Biaus dis*.
90 Que. B, *Car*. — revelle. B, *se melle*.
91 — bien. B, *ge*.

93 — *Esraigier.* B, *Essarter.*
94 — Se. B, *S'uns.* — s'eüst. B, *s'avoit.*
96 — large, lisez *larges.* — B, *Qu'il fu et.*
98 — B, *Et donnast à la povre gent.*
100 — B, *Occire porroit.*
102 — B, *Et se tenist jolis.*
103-105 — Ces vers manquent dans B.
106 — Et qu'il se. B, *Et se.* — Ce vers, dans B, est suivi de celui-ci :

> Sachiez se il devenoit teus.

107-108 — Ces vers manquent dans B.
109 — B, *En paroles, en dis, en fais.*
111-112 — B :

> Et Honors seroit ravescue,
> Et Largece qui est perdue.

Après ce vers B ajoute :

> Et Charitez s'en est alée,
> Envis iert jamais recouvrée,
> Et Loiautés s'en est fouie,
> Ne sai où ele est apouie,
> Mais s'eles estient revenues,
> Par aus serient ancor tenues
> Maintes beles plenieres cors ;
> A eux venroit chascuns le cors.

113 — B, *Lors .I. clers partout.*
114 — Partout. B, *Entrer.*
117 — B, *Mout plus souvant.*
118 — Après ce vers, B ajoute :

> Qu'Avarice les a cuvers,
> .I. pechiez qui tant est pervers,
> Qui tout le mont a perverti
> Et à son vouloir converti.

122 — B, *Por ce dist. .1. clers.*
123 — B, *dou monde depart.*
125 — ainçois la. B, *car tout le.*
126 — Gerbers. B, *.1. clers.*

LVII. — Du Chevalier a la robe vermeille, p. 35.

A. — Paris, Bibl. nat., Mss. fr. 837, fol. 128 r° à 129 v°.
B. —     »         »         »    1593, fol. 149 r° à 150 v°.

Ce fabliau se retrouve aussi dans le ms. de la Bibliothèque de Pavie (130 E 5, fol. 85 v° à 87 v°), que M. A. Mussafia a analysé dans les *Sitzungsberichte der k. Akademie der Wissenschaften* (de Vienne), *Phil.-Hist. Classe*, LXIV, 545-618 ; mais, d'après M. Mussafia, le texte en est tellement corrompu qu'il est presque inutile d'en relever les variantes (p. 616).

Publié par Barbazan, II, 168 ; par Méon, III, 272-282 ; et traduit par Legrand d'Aussy, II, 328-334, sous le titre de « La robe d'escarlate ».

Vers 1 — Le comté de Dammartin en Brie, dont le comte le plus célèbre fut, au XV<sup>e</sup> siècle, Antoine de Chabannes, avait été apporté en dot à son mari par Marguerite de Nanteuil.

3-4 — B :

> Une merveillouse aventure
> C'uns chevaliers qui sanz laidure.

5 — ou païs. B, *en peis tot.*
13 — Avoir, lisez *Avoit*. — B, *Pou avoit entre.* II.
15 — erroit. B, *aloit.*
18 — Et. B, *Mès.*
19 — à. B, *en.*

21 — bien. B, *biau.*
23 — c'estoit. B, *car s'iert.*
24 — Senliz. B, *Saint Liz.* — Dès le XIIIe siècle, Senlis était le siége d'un bailliage important dépendant du domaine royal.
25 — Apresta. B, *Apreste.*
26 — bon oirre. B, *en erre.*
29 — novele. B, *mervoille.*
30 — novele. B, *vermoille.*
31 — B, *vestue,* ce qui fausse le vers.
34 — son. B, *.I.*
36 — « Mès » manque à B. — ert. B, *s'estoit.*
38 — B, *Qu'il meïsmes avoit.*
39 — B, *Emmena.*
41 — B, *Por bien fere saillir.*
42 — B, *Si com(me)... viaut [et] loe.*
43 — B, *S'an est tornez.* — d'iluec. B, *delez.*
44 — B, *Tant qu'il est venuz cele.*
45-50 — Ces vers manquent dans B.
52 — B, *n'iert pas endormie.*
53 — B, *Ainz se gisoit trestote.*
54 — atendoit. B, *estendoit.*
56 — il la trova. B, *trovée l'a.*
57 — crasse et blanche. B, *belle et gresse.*
58 — atendre. B, *estendre.*
66 — aus piez. B, *à pié.*
71 — B, *Cele le prant.*
76 — ne vueil. B, *n'an quier.*
79 — En. B, *A.*
82 — de. B, *du.*
83 — B, *Fu il.*
84 — Dont. B, *D'ou.*
85 — B, *Fet [il],* « et cui est l'esprevier.
86 — Poitiers. B, *Peitier.*

87 — iere. B, *iert.*
92 — * robes. A, B, *robe.* — sor. A, *soz.*
94 — B, *en grant friçon.*
96 — greignor. B, *plus grant.*
97 — est entrez en sa. B, *antra dedanz la.*
100 — B, *La dame destraint.*
103 — cele. B, *ceste.*
107 — orendroit. B, *maintenant.* — s'en. B, *se.*
108 — Bien. B, *Qui.* — A, *lessie vo part.*
112 — B, *Ainque plus ne dis.*
113 — B, *Tantost despoilla maintenant.*
115 — prist la seue à. B, *vos lessa por.*
120 — B, *A poi, sire, que ne davoe.*
121 — trop. B, *mout.*
123 — que. B, *qui.*
124 — B, *son plessir contredire.*
125 — B, *Puisque li plest, prenez le.*
126 — l'en rendrez. B, *en aura.*
134 — B, *De la robe que vos preïstes.*
136 — fet. B, *est.*
137-138 — Ces deux vers sont remplacés dans B par les suivants :

> Leus est de prandre et de doner,
> Bien li saurai guierredoner.

142 — B, *Quar la dame si.*
144 — puet trover. B, *trueve nule.*
149 — B, *Car vos venez lez.*
150 — Si. B, *Et.* — à loisir. B, *.I. petit,* ce qui donne une assonance et non une rime.
153 — toz nus lez li. B, *tantost o li.*
154 — B, *Lors fu il tantost.*
155 — B, *A besiez tant par lobemant.* — Dans ce vers, comme dans toutes les leçons empruntées au ms. B,

*a* remplace « et » et « e », de même que « a » est souvent rendu par *e*. C'est là un caractère des dialectes français de l'Est.

156 — B, *trestoner le prant.*
157 — B, *Gentemant tant qu'il.*
158 — bouta un poi. B, *bote d'un pié.*
160 — B, *Tantost vers la huche.*
162 — B, *Il n'a pes fait trop.*
163 — crespir. B, *cointier.*
164 — Après ce vers, B ajoute :

> Son esprevier prant et si monte :
> De lui ne ferai autre conte.

165 — B, *Mesquatant les chenez an lait.*
167 — vers. B, *à.*
168 — si. B, *bien.*
169 — B, *Que la.*
170 — B, *Et li vavassors en bon.*
172 — avant. B, *erranmant,* ce qui fausse le vers.
173 — sa. B, *la.*
174 — B, *Uns escuiers.*
178 — vueil je. B, *demant.*
179 — B, *Ainçois vueil la.*
180 — sot. B, *vot.*
182 — vallès. B, *sergenz.*
184 — B, *Que.*
186 — la. B, *sa.*
187 — se. B, *puis.*
189 — Or. B, *Qar.*
190 — demandez. B, *atandez.*
191 — achatée. B, *aportée.*
192 — B, *Ou se l'avez ci aportée* (sic).
194 — B, *Est ale bone par esté?*
195 — fet il, « ma. B, *dit il,* « *la.*

196 — main sor cele. B, *matin sor la.*
197 — vostre frere. B, *mes serorges.*
200 — du sien soie. B, *de son geu soe.*
201 — de ce. B, *ancor.* — encore. B, *por Dé(x).*
202 — B, *Que... devant ses.*
203 — lessiez. B, *bailliez.*
207 — B, *devenir menestrés.*
211-212 — Ces deux vers manquent dans B.
214 — bons enchanteors. B, *autres chanteors.*
215 — B, *Qu'il aient de ces.*
218 — S'el. B, *Se.*
219 — soit. B, *n'est.*
221 — Creez. B, *Amez.*
224 — Si. B, *Se.* — en. B, *à.*
225 — eüst. B, *ot*, ce qui fausse le vers. — la. B, *sa.*
226 — B, *Son escuier apele et.*
227 — tuit furent si. B, *il fu si bien.*
230 — B, *Et si.* — Le vers est faux dans A.
231 — B, *Qu'ensoignes bones.*
232 — Mès ja. B, *Ja.* — rien. B, *chose.*
234 — B, *Quar toz les a si.*
235 — B, *La dame, a touz mis.*
243 — B, *Li presans.*
244 — B, *Sire, foi que je doi.*
245 — B, *Qu'il a bien .III.*
246 — Ou. B, *Et.*
248 — B, *voudroe por nul.*
251 — B, *devroit dire uns malveis.*
252 — .IIII$^{xx}$. B, .IIII$^{c}$.
253 — rente. B, *terre.*
254 — la terre. B, *les arnois.*
256 — B, *bon palefroi tot.*
257 — B, *Que port vos souëf.*
258 — B, *Le val ne sai de quel.*

259-270 — Ces vers manquent dans B.
271 — vous. B, *touz.*
272 — plus. B, *miez.*
279 — B, « i » manque. — offrande. B, *offerande.*
280 — la memoire. B, *i mieremant.*
282 — B, *A dame Dieu et à.*
283 — au. B, *à.* — Jaque. B, *Jame.*
284-285 — Ces deux vers sont remplacés dans B :

> — Ha, sire, » ce [li] dit la dame,
> « Con cil ai haut pelerinage;
> Quant Deus vos done tel corage
> Que vos vuet mener a conduire.

286 — B, *Car vos avalez.*
288 — B, *Par la.* — Ce vers est suivi dans B par les deux suivants :

> Por ce que Dieus lor anvoit joe,
> Si devez bien en ceste voe.

289 — B, *Mais ainz ne fustes en sa terre.* — Ce vers et le suivant sont intervertis dans B.
291 — Vous. B, *Bien.*
292 — à. B, *en.*
293-306 — Ces vers manquent dans B.
307 — B, *Ci contes es homes.*
308 — B, *De grant folie.*
309 — B, *Que ne croit bien ce que il.*
310 — vait. B, *tient.*
311 — croire. B, *faire.*
312 — sa fame li. B, *preudefame.*

Ce fabliau a souvent été imité des conteurs français, entre autres Imbert et Gudin (*Contes*, II, 101-110).

LVIII. — De la Crote, p. 46.

A. — Paris, Bibl. nat., Mss. fr. 837, fol. 332 v° à 333 r°.
B. —    »      »      »  1593, fol. 177.

Publié par Barbazan, I, 57, et par Méon, III, 35-37, sous le titre de « Li Fabliaus de la merde », qui ne se trouve que dans B.

Vers 10 — sist. B, *fu*.
13 — Apoingne. B, *Empoingne*.
15 — B, *Dame, foi que vous me*.
17 — B, *Qu'est ce*.
19 — ert. B, *est*.
21 — est. B, *sot*.
25 — B, *Et la dame tot*.
27-28 — Remplacés dans B :

    Semblant fait qu'ele se desfrote,
    S'a trové une masserote.

29 — estoit. B, *ert*. — d'un. B, *que .1*.
30 — le tire. B, *la sache*.
31 — soi le. B, *li la*.
33 — dist. B, *fet*.
34 — devoie. B, *osoie*.
36 — B, *Que je tieng entre*.
39 — Issi. B, *Ainsi*.
41 — puis le. B, *et si*.
42 — B, *Par foi*, » *fet il*, « *je cuit*. — Les vers qui viennent après sont déplacés dans B et se suivent dans cet ordre : 42, 49-50, 45-48, 43-44, 51.
49 — B, *Por ce qu'ele est .1. petit*.
50 — B, *Par mon chief, c'est*. — Fermer les guillemets après ce vers, et les rouvrir au commencement du vers 52.

53 — bouche. B, *gole.*
54 — B, *La masche et mete.*
56 — B, *Par le sanc Dé.*
59 — B, *C'est merde de tot.*
62 — B, *Je vos doi.*

## LIX. — DE GAUTERON ET DE MARION, p. 49.

Publié par Barbazan, III, 126 ; par Méon, III, 439-440; et traduit par Legrand d'Aussy, I, 287.

Ce fabliau se trouve cité dans la pièce des *Tabourcurs*, publiée par Ach. Jubinal (*Jongleurs et Trouvères*, 164).

## LX. — DE L'ANEL, p. 51.

Publié par Barbazan, III, 123, et par Méon, III, 437-438.

Vers 43 — * premiers; ms., *premier.*

Ce fabliau, dont Legrand d'Aussy parle (IV, 309) sans en donner ni analyse ni extrait, a été imité par Vergier (*Contes*, I, 229), sous le nom d'« Anneau de Merlin ». (Cf. Fauchet, *Œuvres*, 1610, fol. 584.) Nous le retrouvons aussi, mais beaucoup allongé, dans le recueil (Conte 32$^e$, p. 51) intitulé : « ROUSSKIA ZAVIETNIA SKAZKI » (*Contes secrets russes*), qui, croyons-nous, n'a pas encore été signalé. Ce recueil forme un petit volume in-8° de VII-199 pages, imprimé sans lieu (*Valaam?*) ni date (sans doute en Allemagne, dans ces dernières années. Nous en avons eu connaissance grâce à M. Aug. Teste, qui l'a traduit et qui se propose de le publier, si toutefois la crudité des expressions n'y met obstacle.

Nous avons retrouvé dans ces *Contes* plusieurs histoires parures dans nos deux premiers volumes, et dont nous donnons ici la liste avec renvois aux pages de notre édition et du recueil. C'est d'abord la *Borgoise d'Orliens* (I, 117 ; II, 291), que nous revoyons dans le Conte 77ᵉ (p. 198); *Brunain, la vache au prestre* (I, 132; II, 293), n'est autre que le Conte 49ᵉ (p. 109) ; et le *Debat du C.. et du C..* (II, 133, 322) est un peu écourté dans le Conte 9ᵉ (p. 10). Nous signalerons désormais, en les rencontrant, les ressemblances des contes russes et de nos fabliaux.

## LXI. — Du Prestre ki abevete, p. 54.

10 — * icele ; ms., *ce*.
23 — « i » manque dans le ms.
46 — « bien » manque dans le ms.
60 — La syntaxe demanderait *contrester*. Ne peut-on lire le vers ainsi :

> Que ne pot estre contresté ?

65 — « si » manque dans le ms.
81 — « Et » manque dans le ms.
82 — * ahans; ms., *hans*.
84 — * encor; ms., *encore*.

Nous retrouvons ce fabliau, jusqu'ici inédit, dans Boccace (*Journ.* VII, *nouv.* 9), et c'est là que La Fontaine l'a pris pour en faire la seconde histoire de sa *Gageure des Trois Commères*, *le Poirier enchanté* (Cf. *Romania*, III, 314). Dans la *Germania* (XXI, 385-399), M. Liebrecht a étudié ce conte dans toutes ses versions sans mentionner celle de La Fontaine.

## LXII. — Du Prestre et des .II. Ribaus, p. 58.

[Lisez fol. 235 r° à 236 r°.]

Analysé par Legrand d'Aussy, III, 137-140.

Vers 40 — « Et » manque dans le ms.

44 — Troyes était le lieu de foires bien connues au moyen âge. C'est là que se passe une partie de l'action de *Pleine Bourse de Sens* (p. 89).

100 — Ce fabliau, ainsi que celui de S. Piere et du Jougleor (Méon, III, 282-296), nous donne quelques détails sur le jeu de dés, dont la vogue fut si grande au moyen âge.

141 — * laisse ; ms., *lassie*.

181 — qu'ïl, lisez *qu'il*.

251 — L'orthographe de « tos », rimant à « dos », prouve qu'à l'époque du fabliau ce mot se prononçait comme aujourd'hui, sans faire sentir l's.

## LXIII. — Du Pescheor de Pont seur Saine, p. 68.

Il faut joindre au ms. de la Bibl. nat., que nous avons cité, le ms. 179 *bis* de la Bibl. de Genève, qui nous offre un long fragment (fol. 4 r° à 7 v°) de ce fabliau, dont nous devons la collation à l'obligeance de M. Ritter. Nous désignons ce ms. par B et celui de la Bibl. nat. par A.

Publié par Barbazan, III, 183 ; par Méon, III, 471-478, et donné en extrait par Legrand d'Aussy, IV, 312-314.

Vers 2 — B, *D'on pecheour.* — seur. B, *sus.* — « Pont seur Saine », aujourd'hui *Pont-le-Roi*, dans l'Aube.
3 — B, *Qui esposa.*
5 — B, *Catre vaches et nuef berbis.*
9 — son. B, *sus.*
10 — B, *Ensy faysoit.*
12-15 — Ces vers manquent à B.
16 — se. B, *la.*
20 — bone. B, *longue.*
22 — B, *Voudroit estre sovant.*
23 — jor. B, *soer.*
25 — B, *Qu'il avoit lon et dur et gros.*
26 — B, *Au poin.* — l'ot. B, *l'a.*
27 — B, *Qui ne le sant.*
29 — B, *Perrin.*
30 — B, *ne que mon pere.*
31 — B, *Ne que ma mere.*
33 — cil. B, *il.*
34 — B, *Con tu m'en monstres le samblant.*
35 — cuit. B, *croy.*
37 — B, *Ains vous.*
38 — B, *Et me.*
41 — B, *Belle cote et biau.*
43 — B, *Se autre.*
45 — « te » manque à B et fausse le vers.
46 — B, *Tu m'ayroyes.*
49 — si bien. B, *ja tant.*
51 — B, *le guinimart.*
52 — « que » manque à B.

FABL. III 43

53 — B, *aim por tel affere.*
55 — B, *osasse.*
56 — B, *layssasse.*
58 — B, *Mout cuydiés or.*
59 — B, *Et c'est.*
61 — B, *Ma que n'an receyssiés mort.*
68 — B, *Trop m'ennoye.*
69 — B, *Vostre langaine de* (vers faux).
71 — B, *Que pleüt au veray.*
74 — B, *ou s'elle.*
76 — trés bien. B, *bien il.*
78 — B, *Son anviron.*
79 — B, *Et prit ses roes.*
80 — B, *Puis s'an.*
81 — B, *ala.*
82 — B, *Jusqu'il vien.*
83 — B, *De l'aygue qui est roide et grant.*
84 — B, *Il garde et voit.*
88 — B, *De sa fame et.*
90 — B, *Que tant le gayta et espie.*
91 — B, *lour char gimelle.*
92 — B, *desus.*
93 — B, *Gisant.*
94 — B, *Ly prestres saut, le vit tandu.*
95 — B, *Et saut en l'aygue qu'il vit grant.*
97 — B, *ne desaroyta.*
98 — B, *Le pecheour tost s'aresta.*
99 — B, *Ausy come venir le vin.*
100 — B, *bien ly sovyn.*
101 — B, *Qui disoit qu'elle n'ayoit tant.*
102 — B, *Riens qui fut en cest mont vivant.*
106 — B, *Puis l'a lavé et essuyé.*
107 — B, *Et sy l'a mis en.*
108 — B, *Atant quant.*

109 — B, *S'an retorna tantost.*
110 — B, *Et sy a faite telle.*
111 — B, *Con s'il deüt tantost.*
112 — cort. B, *vent.* — B ajoute après ces vers :

>Ainsi come fere soloit
>Come celle qui mout l'amoit.

113 — il. B, *cil.*
117 — B, *Je n'y trovay autre.*
119 — B, *Et me.*
120 — Après ce vers, B ajoute :

>A force me fistrent choysir
>De mambre perdre ou de morir.

121 — tolissent. B, *tossisen.*
123 — B, *copassent.*
124 — B, *Tos ly mons en parlat mervelles.*
126 — B, *m'avoyes.*
128 — B, *Lors flatit le vit an my l'ayre.*
130 — B, *Et le vit gros et rebolé.*
131 — c'estoit. B, *ce fut.*
132 — B, *Fy! fy!* » fait elle, « quel despit !
133 — corte. B, *male.*
136 — B, *depiterons.*
137 — B, *Comant, suer, ja me.*
138 — B, *Que se.*
139 — B, *ne m'ayroies.*
140 — B, *Trop me merveil.*
141 — B, *Certes ancour vous di je bien.*
145 — Ce vers est remplacé dans B par les deux suivants :

>Ains m'an iray per l'uis derriere. »
>Or ot ou soy une chamb(e)riere.

146 — la. B, sa. — Après ce vers, on lit dans B :
C'avec soy avoit amenée.

149 — B, *Acuil ses vaches par cest porpris* (faux).
150 — B, *Et les (an) mayne par le postis.*
152 — B, *Or ot leans.*
153 — B, *escossée.*
155 — B, *Elle rapelle Ysabellon.*
156 — bon. B, *biau.*
157 — B, *Et prant.*
158 — B, *Et ly de tottes les.*
159 — B, *Et je rampliray.*
160 — B, *Ja n'en leysasse.*
162 — B, *Et cis la prit.*
163 — B, « *Belle fille.*
164 — en. B, *à.*
166 — B, *.xxxv. sous sus moy.*
167 — B, *se pren.*
168 — B, *Je cuderoye.*
170 — les. B, *le.*
171 — B, *La moytié prant.*
172 — B, *se baysse.*
174 — B, *Et santit le vit botoyer.*
177 — chaut. B, *maut.*
178 — B, *Ly cuer de joye ly tressaut.*
180 — B, *C'est,* » fait il, « *le vit.*
183 — B, *Et comant.*
184 — B, *Ja l'a fait Dius.*
186 — B, *Que vous departissiés.*
187 — B, *Celle le comance acoler.*
189 — tint. B, *tien.*
191 — B, *Comant m'avés vous effreée.*
192 — B, *Il onq(ues) deys.*
193 — plus. B, *sy.*

194 — B, *Elle l'acole et se le bayse.*
195 — El. B, *Puys.*
197 — B, *Elle s'escrie à aute.*
199 — B, *Messires a son vit trové.* — Après ce vers s'arrête le ms. B, auquel il manque un feuillet.
208 — Gauvain, l'écuyer du roi Arthur, est ordinairement, dans les romans de la *Table ronde*, considéré comme le type du parfait chevalier. (Cf. *le Mantel mautaillié.*)

Nous retrouvons une imitation de ce conte dans l'histoire que raconte le bouffon dans le X$^e$ chant du *Mambriano* de Francesco Bello, dit l'Aveugle de Ferrare. Quant à l'autre imitation que cite Legrand d'Aussy (Sedaine, *Pièces fugitives*, 138-141), elle n'est que bien lointaine.

### LXIV. — Des .III. Meschines, p. 76.

Publié par Barbazan, III, 142, et par Méon, III, 446-451.

Vers 3 — « Brilli.», que nous n'avons pu identifier, est certainement tout près de Rouen, comme le prouve la facilité avec laquelle une des *meschines* se rend à la grande ville et en revient.

15 — Ces noms de trouvères nous sont inconnus.
16 — « Buesemoncel ». Nous ne pouvons identifier ce nom de lieu, non plus que Brilli.
100 — *pissier ; ms., *pissiez.*

## LXV. — DE LA DAMOISELE QUI NE POOIT OÏR PARLER DE FOUTRE, p. 81.

A. — Paris, Bibl. nat., Mss. fr. 837, fol. 182 v⁰ à 183 r⁰.
B. —    »         »         »    1593, fol. 182 r⁰ à 182 v⁰.

Publié par Barbazan, III, 160, et par Méon, III, 458-462.

Vers 7 — Qui, lisez *Que.*
21 — B, *Et conterent.*
23 — « li » manque à B, ce qui fausse le vers.
38 — fait, lisez *fet.*
40 — dist il. B, *fet il.*
44 — chanté. B, *parlé.*
46 — B, *Si ont.*
48 — ce. B, *ge.*
52 — ce est. B, *c'est,* qui fausse le vers.
56 — B, *froté à* .XII.
75 — adès en. B, *dedenz.*
77 — la. B, *li.*
82 — sor. B, *sus.*
88 — B, *plus lonc* .I. *poi.*
90 — haveüre. B, *navreüre.*
99 — B, *Si[re].*
103 — cil. B, *il.*
104 — le. B, *la.*
113 — B, *botez, hortez.*

L'idée principale de ce fabliau est la même que celle de *la Dame qui aveine demandoit pour Morel,* publiée dans notre premier volume, p. 318-329 (Cf. II, 308), de *la Pucele qui abevra le polain,* et du *Porcelet,* que nous publierons plus tard. Une autre version toute différente existe dans le ms. 354 de Berne, fol. 58 r° à 59 v°; nous la donnerons prochainement. Les *Contes secrets russes* (voy. p. 334-335) nous offrent aussi la même idée dans le 15ᵉ conte, p. 22; dans le 36ᵉ, p. 65, et dans le 40ᵉ, p. 73. L'extrait donné par Legrand d'Aussy, IV, 315-317, est imité du ms. de Berne.

## LXVI. — Du Faucon lanier, p. 86.

Cette pièce, inédite jusqu'ici, nous donne le sens primitif du mot *lanier*, tout d'abord appliqué seulement aux faucons.

## LXVII. — De Pleine Bourse de sens, p. 88.

A. — Paris, Bibl. nat., Mss. fr. 837, fol. 68 v° à 70 v°.
B. —     »         »         »      1593, fol. 125 v° à 128 r°.
C. — Bibl. de Pavie, Mss. 130 E 5, fol. 15 r° à 18 r°.

Nous empruntons les variantes du ms. C (Bibl. de Pavie) à M. A. Mussafia, *Sitzungsberichte der k. Akademie der Wissenschaften* (de Vienne), *Phil.-Hist. Classe*, LXIV, 555-557.

Publié par Barbazan, I, 61; par Méon, III, 38-53; par M. Al. Assier, dans la *Bibliothèque de l'Amateur champenois*, sous le titre de *Ce qu'on apprenait aux foires de Troyes et de la Champagne au XIIIᵉ siècle*, 2ᵉ éd., 12-29; et traduit par Legrand d'Aussy, IV, 1-6.

Vers 4 — Ce vers manque à B.
5 — Li. C, *Cil*.

7 — B, C, *Qu'il ert sages.*
8 — avoit. B, *si ot.* C, *s'avoit.*
9 — que l'en. A, *que on.*
10 — B, « que » manque.
12 — seignor. C, *mari.*
14 — une amie. B, *bele amie.*
16 — B, C, *Et ele le servi.*
17 — A, *Qui mout.* C, *Que mout.* — le savoit. B, *se vauït.*
18 — dame. B, *fame.* — perçoivre. B, *aperçoivre.*
19 — vit. B, *voit.*
20 — de. C, *plus.* — B, *Si ne se pot mie tenir.*
21 — B, C, *Que nou deïst.* — C, « à » manque.
22 — B, « *Biau sire, à mout grant.* — grande. C, *grant.*
24-25 — Ces deux vers se lisent dans A :

>    Et il li dist : « Dame, por qoi ?
>    — Por qoi ? Or vous en prenez garde.

25 — or i. C, *ne.*
27 — honni. A, C, *ocist.*
29 — B, C, *Car.*
30 — A, *Et chascuns dist.* C, *Et tout li mondes vous en het.*
31 — A, *Et sa vertuz et ses pooirs.* C, *Dieu et trestous ses pooirs.*
32 — n'est. B, *ne.*
34 — s'en part. C, *s'en va.* — iriez et. B, *coureciez et.* C, *courrouciez.*
35 — Si. C, *Et.*
36 - B, *Qui mout estoit et bon et bel.* C, *Qui fort estoit et noble et bel.*
38 — est apelée. B, *estoit apelez.* — La ville de « Dysise, » aujourd'hui *Decize*, à quelques lieues de

Nevers, est située dans une île à l'embouchure de la rivière d'Aron.

39 — A, *Et par desous si coroit Loire.* C, *Et siet desor l'iaue de Loire.*

41 — en, lisez à. — C, *à Croies.* — Troyes est ici placé en Bourgogne évidemment par opposition au comté de Nevers, que l'auteur connaît particulièrement.

42 — cremoit. A, *doutoit.*

43 — fist. B, *fait.*

47 — et poi. B, *et mains.*

49 — B, « li » manque.

50 — a. B, *l'a.*

52 — leva bien. C, *se leva.*

54 — ateler. B, *atorner.*

56 — fetes. B, *fet.*

57 — Si revint. B, *Et (i) c'en vint.*

58 — B, « fet il » manque.

59 — Quel, lisez *Quels.* C, *que je vos aport.*

60 — C, *Volez avoir pour vo deport.*

61 — foire. C, *ville.*

62 — ne. B, *ou.*

63 — ou. B, *ne.*

66 — vueil. B, *quier.*

67 — cele. B, *ele.* — tient por. B, *tient à.* C, *veoit.*

69 — plaine. B, *plain* (sic).

70 — Mès s'il. B, *Se il.* C, *Et si.*

71 — * de deniers. A, *de denier.* B, *d'un denier.*

72 — * Reniers. A, B, *Renier.*

73 — combien qu'il. B, *que qu'ele.* C, *quoi qu'ele.*

78 — Broies. B, *Bloies.* — « Broyes » est une petite ville de Champagne, tout près d'Épernay.

80 — C, *Quant ot ce fet.*

81 — B, C, *et sanz targier.*

84 — B, C, « de » manque.

FABL. III 44

86 — Ne n'ot. B, *Qu'il n'ot.* C, *Il n'ot.*
87 — Mès. B, *Et.* C, *Mès pers de Gant de bone laine.* — Les villes de Flandre Bruges, Gand, Ypres, étaient renommées au XIII<sup>e</sup> siècle pour leurs tissus de laine et de soie. Dans les foires importantes, une halle ou partie de halle était spécialement réservée aux principales industries. — Voy. plus bas, v. 104 du texte.
88 — C, *Et escarlate tainte en graine.*
89 — B, C, *Et de Gant.*
90 — B, *Trop me seroit grief à conter.* C, *Trop m't seroit grief à nommer.*
91 — c'on, lisez que. B, *qu'il.*
93 — à merveille. B, *à mervoille(s).* C, *merveilles.* — C, *grans sommes.*
94 — B, C, .II. *homes.*
95 — le. B, *son.*
97 — demandent. B, C, *lor donnent.*
98 — Et cil. B, *Atant.* C, *Tantost.*
99 — Tout droit. C, *Trestout.*
101 — B, *Quant de ce fu.*
104 — en. B, *à.* — C, *Il vint droit en.*
108 — par ot. C, *avoit.* — B, *Bien avoit les denerz envers.*
109 — la ploia. B, *la lia.* C, *le lia.* — « .I. » manque dans B.
110 — B, *Desous.* — roussel. B, C, *morel.*
111 — A, *La trousse et met.* C, *Le lie et trousse.* — derriere. B, *darrier.*
112 — qu'en. B, C, *que le.*
114 — B, C, *une autre rue.*
116 — Là. C, *Il.*
117 — A, *Et delivra.*
118 — C, *Son vallet.*
119 — li. A, *se.*

121 — B, *demandé,* qui fausse le vers.
122 — Sot. B, C, *Set.*
123 — B, *de ce à chief venir.*
124 — voit. B, *vit.*
125 — Son oste. C, *Un mercier.* B, *Un maistre c'on apele Alixandre* (vers faux).
129 — ses ostes. B, *li maistres.* C, *li marchans.*
130 — lontaingne. C, *grifaigne.*
132 — Adonc. A, *Tantost.*
134 — atargier. B, *delaier.* C, *Et il li a dit sanz targier.*
136 — espissier. C, *marcheant.*
138 — est là. B, C, *i est.*
139 — C, *Le sens demande qui li faut.*
142 — sot. B, C, *vit.*
143 — C, *Lors repaire.*
145 — B, *Sur les changes qui sont de fust.* C, *Lés les changes desus un fust.*
146 — s'a poi. B, *se pou.*
148 — B, C, *Lors li vint devant à la chiere.*
150 — B, C, « *Volez vous,* » fait il, « *recolice.*
151 — B, *Annis ou gingembre.* C, *Anis ou girofle.*
152 — vous. B, *la.*
153 — A, *A cel espissier.*
154 — dist il. B, C, *fait il.*
155-156 — Ces deux vers manquent dans B et C.
157 — plaine. B, *plain.*
159 — C, *Savez en vous or point à vendre?* — Ce vers manque dans B.
162 — A, C, *plus paine n'en auras.*
165-172 — Ces vers sont remplacés dans B et C par les deux suivants :

    Qui est sage, preuz et cortoise.
    — Tu as amie : s'il en poise.

Le premier seul est changé dans C :

> Elle est preus et sage et cortoise.

170 — s'il, lisez *et si.*

173 — B, *En as donc? — Oïl voir, biau sire.* C, *N'as donc? — Oïl, par Dieu, biau sire.*

174 — B, *li commence à dire.* C, *commença à rire.*

176 — A, *Se li a dit : « Plus n'i a tant.* C, *« Diva, » dist il, « or di avant.*

177 — Ce vers manque dans B.

179 — A, *Robe nueve.*

182 — B, *convient à faire.* C, *convient el fere.*

183 — C, *Et autre chose que ne pensses.* — « chose » manque à B.

184 — B, *Se tu ne te* (vers faux).

185-186 — B :

> Je ne te vuel mie engignier,
> Ainz te vuel mout bien ensaignier.

C, qui a aussi ces deux vers, remplace « mie » par *pas*, et « ensaignier » par *conseillier.*

188 — B, *Et si te fai aparcevoir.*

189 — A, *ton païs seras.* C, *ton païs venras.*

191 — B, C, *A celi qui bien le te rende.*

192 — B, *Et vest une roube mout tendre.*

193 — B, *Et viez et derese et deroute.* C, *Viese et erresse et bien deroute.*

194 — B, *Si que hors te saillent li coute.* C, *Si qu'andoi li perent li coute.*

195 — A, *Primes t'en iras à t'amie.* C, *Par nuit t'en iras chiez t'amie.*

197 — ton. B, C, *nul.*

198 — icel. B, *icest.* C, *ice.*

199 — B, *Te vuelle ice soir herbergier.*

200 — B, *Au matin t'en voudras.* C, *Mès au matin t'en veus.*
202 — B, C, *S'ele t'aquieut.*
203 — B, C, *S'a la robe bien.*
204 — n'i. B, *ne.*
205 — B, *Et s'ele est orgueilleuse et fière.*
206 — Com. A, *Ce.* C, *Com apartient à pautoniere.*
207 — B, *Que ne.*
208 — te porras. C, *porras bien.* B, *Si pues illuec aparcevoir.*
209 — tens. C, *sens.*
210 — * le. A, B, *les.*
212 — B, *En ta maison.*
215 — ert à toi. B, *i ert tost.*
216 — Se. B, *Si.*
218 — Et. B, *Mais.* — je. B, *ce.*
219 — maniere. B, C, *novele.*
220 — B, C, *Que tu ne feras ta donzele.*
221 — B, C, *Que qu'ele die, ele est ta fame.*
222 — A, *Sauve ton cors.*
223 — C, *que je l'ai commandé.* — Ce vers, ainsi que le suivant, manque dans A.
225 — se part. B, *depart.* C, *li unz de l'autre part.*
226 — est. C, *fu.*
228 — n'est mie. C, *pas n'estoit.* — noire. A, C, *voire,* qui donne une meilleure leçon.
229 — tor. B, *jour.* — Ce vers et le suivant se lisent ainsi dans C :

> Voudra à ce tour essaier
> Et paier selonc son loier.

230 — son. B, *sa.*

231 — B, C, *Lors chevaucha grant aleüre.*

232 — B, *Les grans tros, non pas l'ambleüre.* C, *Que de rienz ne s'y asseüre.*

233 — C, *qu'il vint à ses.*

234 — or est. C, *il est.*

236 — garçon. C, *vallet.*

237-238 — Remplacés dans B :

> Ne savez pas que j'ai afaire,
> De tot ce vous poez bien traire.

Et dans C :

> Vous ne savez que j'ai afaire,
> Mès il le vous convient à taire.

239 — sa loiere, lisez *s'aloiere*. — Ce vers et le suivant sont remplacés dans B et C :

> Lors a sa roube despoillie
> Et viesti une heraudie.

241 — .vi. C, .v.

242 — B, *Or chemine.* C, *Lors si s'en va.*

243 — B, *Ne fine.*

244 — C, *Le noble.*

245 — A, C, *Dedens la ville entra.*

246 — B, *Ne viaut pas que le sachent tuit.*

247 — droit à l'ostel. C, *en la meson.*

248 — B, C, *Qui en son lit ert endormie.*

249-250 — On lit dans B et C :

> N'avoit gaires qu'el se coucha ;
> Il vint à l'uis, si l'apela.

251 — « et » manque à B.

252 — Il. A, *Cil.*

254 — A, C, *Lors li demande que devoit.* — « li » manque dans B.

255 — ert ainsi. A, *ert issi.* C, *estoit si.*
256 — dist il. A, *fet il.* — escoutez. B, *ne doutez.*
259 — A, *M'en irai.*
261 — B, *n'avez ci que.*
262 — Avoi. B, *A foi.* — bele. A, *fet il.*
265 — B, *N'estiez pas envers moi.*
267 — raison. A, *sermon.*
269 — B, C, *Quant il entendi la nouvelle.*
272 — durement. B, *mout forment.*
273 — C, *Lors court si comme.*
274 — ouvrir. B, *ovri.*
275 — A, *Si maine celui.*
276 — aime. B, C, *amoit.* — rien du. C, *tout le.*
277 — B, C, *Et il n'i a plus atandu.*
280 — B, *Com ce cheü me fust.* C, *Com s'il estoit cheü.*
281 — C, *Que feront cil à cui je doi.*
283 — je nes porroie. C, *je ne les porré.*
284 — vit. B, C, *voit.*
285 — C, *Et vit qu'il se clamoit.*
288 — toz. C, *bien.* B, *S'an seriez vous par tens delivres.*
290 — Et. C, *Si.* — mon. A, *vostre.*
291 — C, *pressoirs et terres.*
292 — C, *Et prés et bois et clés et serres.* — Ce vers et le précédent sont remplacés dans A :

>Vingnes et boscages et prez,
>Teneüres, molins et blez.

293 — B, *Je le louerai endroit de moi.* C, *Et je l'otroieroi de moi.*
294 — B, *Ceste roube que je ci voi.* C, *Ycele robe que je voi.*
295 — bele. C, *bone.*

297 — Cele. B, *Une.* C, *Vostre.*

298 — B, *Qui fu achetée en iver.* C, *Qui fu toute nueve en yver.*

300 — avez vous. C, *avons nous.*

301 — Plus demie que, lisez *Plus que demie.* — B, C, *Plus que demi cil de la vile.*

302 — Le Saint-Gilles dont il s'agit ici est Saint-Gilles-les-Boucheries (Gard), célèbre par son église abbatiale et par la *vis* de sa tour.

303 — * riches. B, *riche.* — A, *N'a pas plus rices gens de nous.*

304 — A, *Vestez la et.*

307 — par. B, *à.*

308 — gesir. B, C, *dormir.*

311 — Ja. C, *Lors.* B, *nouvelle espandue.*

312 — C, *Par mi Disize et fu seüe.*

313 — ert. B, *est.*

315 — sanz escu. C, *sanz cheval.*

316 — en balance. B, *à fiance.* C, *en grant balance.* — « Et » manque dans C.

317 — B, C, *Cil qui pour li enplegé sont.*

318 — B, *Il sont levé.* C, *Il est levez.*

319 — B, *Tuit si plege.* C, *Tuit si parent.*

320 — A, C, *Et il les a fet asseoir.*

321 — Si. C, *Puis.* A, *Puis lor a contée.*

322 — B, *Seignor, » dist il, « c'est chose aperte.*

324 — m'en. B, *me.*

325 — point. C, *riens.*

326 — por ce. B, *pour tant.* C, *par tant.*

329 — deporterez s'il. B, *deportez se il.*

331 — B, C, *Mais li uns.*

332 — B, *Tot belement et en.*

333 — malbailli. C, *escharni.*

334 — * icest. B, *cest.* — escharni. C, *malbailli, ce*

qui rend alors inutile la correction de *cest* en « *icest* ».
— Ce vers, ainsi que le précédent, manque dans A.

335-336 — Ces deux vers sont ainsi intervertis dans A :

> Mar le veïmes onques né,
> Par lui serommes mal mené.

338 — B, *Ont devant aus veü Joffroi*. C, *Devant eus ont veü Gieffroy*.

340 — B, C, *Veü l'ont par une fenestre*.

342 — C, *Beniers*.

343 — C, *Quant l'ont veü, dient*.

344 — or. B, *ores*, qui fausse le vers.

347-348 — Dans A :

> Ne ne sai, » ce dist Aliaumes,
> — Ne je ausi, » ce dist Guilliaumes.

349 — vit. C, *voit*.

352 — A, C, *Fai que doi Dieu*. — C, *de tout le mont*.

353 — B, *et ce qui est à aus*. Mauvaise lecture de C, *et quanqu'il a ens*.

356 — *Ne vous en estuet*. — B, *ja doutier* (forme impossible).

359-360 — Ces deux vers manquent dans A.

361, 366 et 381 — Mabile. C, *Sedile*.

365 — A, C, *Or entendez que il m'avint*.

367 — B, C, *Si alai an la hale*.

368 — n'a. C, *n'ot*.

369 — por la. C, *à la*.

370 — Puis. A, *Lors*.

371 — si la trouvai. A, *si l'achetai*.

372 — B, C, *Achetai la*.

373 — j'oi ce fait. A, *ce oi fet*.

374 — B, *ou mes charretiers*. — m'en ving. B, *reving*. — C, *A mes charretes en reving*.

375 — B, *Illec mon palefroi laissai.* C, *Illuec lessai mon palefroi.*

376 — garçon. C, *vallet.* — B, *Et d'iluecques je m'an tornai.*

377 — Puis. B, *Et.* — cote. B, *robe.*

378 — haligote. B, *harigote.*

379 — Si. B, *Lors.* — bele. A, *mainte.*

380 — A, C, *m'en ving en ceste vile.*

383 — leenz. B, *ans.* Il faut alors lire *ele.*

385 — B, *Qu'à Troies estoie.* C, *Qu'à Troie oi esté.*

386 — soilliez. B, *essilliez*, répétition fautive de la rime du vers précédent.

387 — son ostel. C, *sa meson.* — m'enchaça. B, *me chaça.*

388 — m'en. B, *me.* — Remplacez à la fin du vers le point par une virgule.

389 — B, *Là où j'estoie conneüs.* C, *Ceains où mieus ere connus.*

390 — bien. C, *si.*

391 — j'aportoie. B, C, *je avoie.*

392 — B, C, *Por li quise.*

394 — B, *Je cuit que bon gré m'en saura.* C, *Je croi que bon gré m'en saura.*

395 — ot cest mot. B, *ce mot.* — C, *Et quant la dame l'a oï.*

397 — C, *enhen, enhen.*

398 — « vous » manque dans B.

401 — fist. C, *tint.* — A, *Lors demenerent mout grant feste.*

405 — prendra. C, *preigne.*

406 — C, *Cil est mout fous.*

407 — B, *Car se aviez autant d'avoir.*

410 — B, *Et à une garce donné.*

411 — B, *Et ele vous veoit au desous*. — Ce vers et le suivant sont remplacés dans C :

> S'el veoit que fussiez au bas,
> Plus vous harroit que li chien chas.

413 — C, *entendre et veïr*.

415 — Qu'il n'i a. C, *Où il n'a*. — Ce vers et trois suivants ne se trouvent pas dans le ms. A, qui s'arrête ici et termine par ces deux vers :

> Ne au demain, ne au matin :
> Vez ci de mon fabel la fin.

416 — lor tient. C, *y met*.

419 — Ce vers nous apprend quelle était la nationalité de notre auteur : Aubepierre est en Champagne.

420 — C, *Dist si comme*. — yerre, lisez *ierre*.

423 — Toutes. C, *Tous tens*, qui est la bonne leçon. — ome, lisez *l'ome*.

424 — « ce » manque à C.

427 — C, *piperesses*.

428 — chas. C, *chiens*.

430 — B, *Amour ne loiauté ne foi*, ce qui répète la rime du vers précédent.

431 — de l'ome. C, *d'un home*.

434 — en sont. C, *en est*. — Le ms. C ajoute en terminant :

> Et souvent aus ieus le veez
> Se je di voir, si me creez.
> Or ai mon fablel trait à fin :
> Si devons demander le vin.

Nous retrouvons ce fabliau dans le *Novelliero italiano*, Venise, 1754, IV, 341-348. G. Zanetti, le compilateur de ce recueil, range notre histoire dans le nombre de celles dont l'auteur est inconnu. Decize est devenue une ville de Provence. — Cf. aussi le *Mercure galant*, octobre 1654.

### LXVIII. — Le Pet au Vilain, p. 103.

A. — Paris, Bibl. nat., Mss. fr. 837, fol. 315 r°.
B. —   »       »       »    1593, fol. 71 v° à 72 r°.
C. —   »       »       »    1635, fol. 63 r° à 63 v°.

Publié par Barbazan, I, 108; par Méon, III, 67-69; par Ach. Jubinal, *Œuvres complètes de Rutebeuf*, 2ᵉ éd., II, 86-90, et donné en extrait très-court par Legrand d'Aussy, II, 352-353, sous le titre de : *l'Indigestion du vilain*.

Vers 3 — charité. B, *verité*.

4 — pais. C, *foi*. — loiauté. B, *charité*. — A, *Ne sens ne bien ne verité*.

10 — cuit. B, *croi*.

26 — por voir. A, *de voir*.

27 — ert. B, C, *est*.

28 — ert. B, *est*.

29 — Ce vers et le suivant sont intervertis dans A.

31 — Que. C, *Car*.

32 — en. A, C, *s'en*.

36 — fus, lisez *fu*.

37 — la. C, *sa*.

38 — à. B, *de*, qui fausse le vers.

39 — en. A, C, *il*.

40 — Car si. A, C, *S'or*. — il est. A, *si est*. C, *il iert*.

46 — B, *l'esloie*.

47 — B, *Que*. — par. A, C, *por*.

49 — en. B, *l'on*.
51 — qu'il. B, *qui*.
52 — A, *enporte*.
57 — A, C, *à vilain*.
59 — B, *à tel*.
63 — A, C, *A ce*.
65 — B, *entrer vilains*.
68 — l'en. C, *hom*.
72 — la. B, *sa*.

74 — Le conte d'*Audigier* (Méon, IV, 217-233), parodie des chansons de gestes, était célèbre au moyen âge. Nous le voyons cité dans *l'Aiol* (vers 953 et 992, éd. J. Normand et G. Raynaud) et dans *le Jeu de Marion et Robin* (Adam de la Halle, éd. Coussemaker, 409-410).

Nous retrouvons à peu près l'idée de ce fabliau dans le 16ᵉ conte, p. 25, des *Contes secrets russes* (voy. p. 334-335).

### LXIX. — DE LE VESCIE A PRESTRE, p. 106.

Notre texte est établi d'après la copie de la Bibliothèque nationale (coll. Moreau, 1727; Mouchet, 52). Nous désignons par M cette copie, dans laquelle, comme aussi dans celle du fabliau nᵒ LXXI, nous avons essayé de régulariser certaines notations orthographiques (*mut* pour *molt*, *eis* pour *ez*, *ki* pour *qui*, etc.).

Publié par Méon, *Nouveau Recueil*, I, 80-90; par Renouard dans Legrand d'Aussy, IV, app. 18-21, et par M. Aug. Scheler dans *les Trouvères belges*, 214-224; analysé par Legrand d'Aussy, IV, 177-184.

Vers 4 — La présence dans ce fabliau de la ville

d'*Anvers* nous prouve bien que le *tiois* auquel il est emprunté est simplement du néerlandais. Du reste, les formes dialectales de cette pièce appartiennent bien à la région française du nord,

8 — * amasser. M, *amassier.*
25 — * estovera. M, *estovra.*
32 — « et » manque dans M.
41 — Les jacobins étaient au moyen âge le sujet de mille satires qu'ils ne justifiaient que trop.
43 — La rime défectueuse de ce vers pourrait être rectifiée en corrigeant : *Cant aucuns desviiet ravoie.*
44 — * en. M, *on.*
45 — * chés. M, *chil.*
48 — Ce vers manque dans M.
59 — * Ke ne. M, *Ki ne.*
97 — * vers. M, *envers.*
99 — * orfenines. M, *orfenins.*
104 — * si. M, *se.*
108 — Naie, voir. M, *Nai, voi.*
120 — * puet. M, *puet bien,* qui fausse le vers.
122 — * Nos. M, *No.*
143 — * voroie mie. M, *voroi mies.*
154 — * promesse. M, *premesse.*
161 — * ont. M, *sont.*
171 — * flons. M, *fions.*
181 — * cors. M, *cor.*
188 — * serré la teste. M, *ferré la reste,* qui est sans aucun doute une faute de lecture (Cf. vers 178 et un exemple de cette locution dans Littré sous *serrer*).
207 — * dites. M, *dite.*
215 — * otriiet. M, *orriiet.*
219 — * ains ke li jors. M, *ans ke li ors.*
230 — * Encore. M, *Encors.*
237 — * vos. M, *vo.*

252 — « Dieus » manque dans M.
254 — * n'en. M, *m'en.*
266 — * malmener. M, *malmené.*
275 — * tieng. M, *ting.*
284 — * ke nus n'i amene. M, *que nos ni amenes.*
288 — * la voiés bien netoiie. M, *vos la voiiés bien netoiiée.*
319 — * Tieus. M, *niex,* faute de lecture du copiste.

Cette histoire, qui serait, dit-on, arrivée à Jean de Meung, le continuateur du *Roman de la Rose* (*Hist. litt.*, XXIII, 158), a été imitée par l'auteur des *Aventures d'Eulenspiegel;* on la retrouve aussi dans *le Parangon des Nouvelles.*

LXX. — DE CELLE QUI SE FIST F..., p. 118.

A. — Paris, Bibl. nat., Mss. fr. 837, fol. 166 r⁰ à 166 v⁰.
B. — »       »       »    1593, fol. 183 v⁰ à 184 v⁰.
C. — »       »       »    2173, fol. 95 r⁰ à 96 r⁰.
D. — Bibl. de Berne, Mss. 354, fol. 59 v⁰ à 60 r⁰.

Nous empruntons les variantes du ms. de Berne à la copie de la Bibliothèque nationale (coll. Moreau, 1720; Mouchet, 46).

Publié par Barbazan, III, 167 ; par Méon, III, 462-466, et donné en extrait par Legrand d'Aussy, II, 328-329.

Le ms. A a pour titre : « De la dolente qui fu f... », et le ms. D : « De la dame qui fu f... sor la fosse de son mari ».

Vers 1 — A, *Entrues que.* C, *Puisque la.* D, *Tandis con.*

2 — A, *De fables.* D, *De fabliaus.* — A, D, *et il me tient.* C, *et il m'en tient.*

3 — C, D, *un voir.*

4 — petit. C, D, *mout pou.* — d'avoir. B, *savoir.*

6 — ert. C, *fu.*

7 — Le. A, B, *Li.* — Ce vers et les trois suivants se lisent ainsi dans C :

> Mourut, faire li couvenoit,
> Et sa fame qui mout l'amoit
> En fu, de sa mort, mout iriée ;
> Mès fame s'est lues atiriée...

8 — fu et. B, *par fu.* — et par fais. D, *par sanblant.*

10 — A, *s'est tost atirie.* D, *est tantost atiriée.*

11 — a, lisez *à.*

13 — ra. B, D, *a.*

15 — C, *tant l'a.* D, *l'ot tant.*

17 — C, D, *De grant duel demener.*

18 — B, *Et sovent chetive se claime.*

19-20 — Ces vers manquent à C ; 19-22 manquent à D.

22 — C, *Qu'ainz.* — C, *duel gregnor.* — C et D placent ici ces deux vers :

> Ses poinz detort et tous ses dras,
> Et si se paume à chacun pas.

Dans D, le premier vers se lit :

> Ses poinz deront et tort ses dras.

24 — D, *Lors.*

25 — C, *Et dementer et.* D, *Et demener et.*

26 — de tordre, lisez *detordre.* — C, *Nus ne l'em puet arieres traire.* D, *Que nus ne lo porroit retraire.*

27 — C, *Ançois.* D, *Et après.* — « de » manque à D.

28 — C, nès hom, où estes vous? — D, Biaus (sire) chevaliers, o alez vos?

29 — Or. D, O. — l'en. C, om.

31 — C, D, gardera.

32 — A, Mien vuel, morissiens andoi. C, Mon veul, mourions avec toi. D, Mon voil, morusiens (nos) endoi.

33-36 — Ces vers manquent à C et D.

38 — A, le voloient. D, la cuidoient.

39 — qu'ele. C, que ja. D, ja n'i.

40 — D, Ne ja ne s'en departiroit.

42 — D, Fort se conbat et fort estrive.

43 — Qu'il l'ont. C, Qui l'ont.

44 — remaint. C, laissent. D, remest.

45 — A, C, remaint. — D, et tote estrange.

47 — C, Il et ses escuiers venoient. D, Et ses escuyers qui venoit.

48 — C, Le chemin lés l'etre tenoient. D, De chemin à autre tenoit.

49 — vit. A, voit. — C, Il vit la dame illuec. D, Si vit la dame là se.

50 — C, D, Qui fesoit. — C, duel de som. D, de tot son.

51 — C, Mout grant. D, Grant duel. — C, D, et essilloit.

52 — seignor. C, D, mari.

53 — D, Oz tu. — C, D, fait il.

54 — D, gramoier.

55 — A, Ses cors. — D, Ses cuers, ce m'est vis, n'est pas lié.

56 — D, g'en ai mout.

57 — au. A, du. C, de. D, del.

58 — li de. C, de lui. D, de ce.

60 — tornez. C, tolés. — D, Mais que de ci ne vos mové[s].

61 — A, *Que je ja à.* C, *Que je à.*

62 — comme el. B, *con el(e).* D, *conme.*

63 — mès que. C, D, *se vos.*

64 — C, *vos le voiez.* D, *vos la voiez.*

65 — B, *Qu[e] as tu dit, » [dit] il, « maufés.* C, *Escoumeniez, qu'as tu dit.*

66 — A, D, *Je cuit.* — « pas » manque à B. — C, *Nus hom tel merveille ne vit.*

67 — C, *Mès tu as el cors le deable.* D, *O tu az o cors lo deiable.*

68 — C, D, *Qui.* — or tel. C, D, *si grant.*

69 — C, *En ceste fable.*

70 — C, *Envers vos, se gagier m'osoie.* D, *Se vers vos gager m'an osoie.*

73 — cel pin. C, *un arbre.* D, *cel aubre.*

74 — A, *Lors descent cil.* — C, D, *Et cil descent desor.* — C, *un marbre.* D, *lo maubre.*

75 — C, *A terre si.* D, *En l'aitre si.*

76 — C, D, *torne.*

77 — pas en. C, *mie.* D, *mie en.*

78 — C, D, *fait il.*

79 — C, D, *Saut! non face.*

80 — A, C, D, *Car.*

81 — A, C, D, *Quant.* — B, *sire(s).*

83 — Ce vers et le suivant sont intervertis dans D ; les premiers mots de chaque vers restent.

84 — Et. C, *Si.*

85 — Et. A, *Qui.* C, *Qu'il.* — D, *Que plus m'amoit.*

86 — la. D, *lo.*

87 — A, *Je te.* C, D, *Jel vos.*

88 — tout. B, *ton.* — C, *Car je avois mis mon.* D, *Je avoie tot mis mon.*

89 — dame. A, C, D, *fame.* — B, D, *j'amoie.*

90 — D, *Plus mout assez que ne devoie.*

91 — B, *Qu'iere belle.* C, *Car mout estoit.* D, *Qui mout estoit.*

92 — « mon » manque à B.

93 — C, *comment l'as.* — D, *Conment,* » fait ee (sic) *ele arriere.*

94 — voir, ma dame. D, *de ce, amie chiere.* — C, *Or fusé ge ore en la biere.*

95 — C, *Je n'ai nul talent de plus.* D, *Deus! ja n'ai je talant de.*

96 — D, *Ja nus hon vienra.*

97 — Cest. C, D, *Le.*

98 — Or. C, *Et.*

99 — se tu pues. D, *encores.*

101 — C, *Que tu dis qui.* D, *Que tu diz qu'oceïz.* — à. A, *au.*

102 — C, D, *Atant se laisse.*

104 — C, *Sa robe a cil amont.* D, *Et cil a sa robe.*

105 — C, *Si l'enbati.*

107 — gieus. A, C, *ris.* — Ce vers et le suivant se lisent ainsi dans D :

> De rire se pasme, a bien poi :
> « De quoi me viaus tuer ? de coi ?

108 — Me. B, *Mès.* — C, *Tu me cuides ocirre d'aise.*

110 — C, D, *Ençois i mouroies tu touz.*

111 — C, *ainsi m'eüsses.*

113 — ore. C, D, *or.* — tel. C, D, *si grant.* — dol. B, D, *duel.*

114 — celui à. C, *l'ome pour.*

115 — sa cure. C, *son cueur.* — Après ce vers, C en ajoute un autre :

> Car tost à l'oume gite pleur,

ce qui fait que l'on a dans ce ms., après ce vers, trois vers de suite ayant des rimes en *ure* ou *eure.*

116 — C, *Dame*. — D, *Que trop est de*.

118 — trop poi. C, D, *petit*. — « trop » manque B.

119 — est ses. C, D, *li est*. — remuez. D, *remeüz*.

120 — A, *si est dervés*. C, *il est dervés*. D, *s'est deceüz*. — Après ce vers, D ajoute :

> Que onques nus en la contrée
> Ne vit nule si esprovée
> Con ceste fu qui cest duel fist ;
> Et après en joa et rist.
>     Ce fenist de la boene fame
> Qui fu fotue, ce me sanble,
> Sor la fosse de son mari :
> Mal marier se fait ensi.
> Ci vos en lairon sanz plus dire,
> Des exanples est cist lo mire.

L'histoire de *la Matrone d'Éphèse*, d'origine sans doute milésienne, se retrouve dans toutes les littératures, depuis Pétrone jusqu'à La Fontaine. Aussi ne pouvons-nous mieux faire que de renvoyer, pour les différentes versions de ce conte, à l'article de M. d'Ancona sur les sources du *Novellino* (*Romania*, III, 175-176).

## LXXI. — Des .III. Chevaliers et del Chainse, p. 123.

Notre texte est établi d'après la copie de la Bibliothèque nationale (coll. Moreau, 1727; Mouchet, 52), que nous désignons par M (Cf. notes du fabliau LXIX).

Publié par Méon, *Nouveau Recueil*, I, 91-103, et par M. Aug. Scheler dans *les Trouvères belges*, 162-174 ; traduit par Sainte-Palaye, *Mémoires sur l'ancienne chevalerie*, III, 138, et par Legrand d'Aussy, I, 235-242.

Vers 7 — *Anui. M, *Anuit*.
8 — *ches. M, *chis*.
34 — *icele. M, *cele*.
56 — *vo. M, *vos*. — aroie. M, *aroi*.
57 — *De mon. M, *De moi*.
58 — *si. M, *se*.
60 — « le » manque à M.
92 — *Fors. M, *For*.
118 — *Proëche. M, *Pereche*.
121 — *encuse. M, *escuse*.
143 — *chevalier. M, *chevaliers*.
149 — *nule. M, *nul*.
167 — *amur. M, *amors*.
168 — La copie a *meure*, qui est préférable à « neure », correction de M. Scheler.
172 — *coz tez. M, *toz tez*.
181 — *couste. M, *coute*.
190 — *S'en. M, *Si en*.
195 — *ke s'ensi. M, *qu'ensi*.
197 — *li seroit. M, *ne li seroit*.
205 — *son. M, *à son*.
218 — *à l'armer. M, *alarmes*.
219 — *chauces. M, *chauce*.
229 — *d'achier. M, *d'achiet*.
232 — *ja. M, *et ja*.
235 — *s'esmaie. M, *s'enmaie*.
244 — *mengier. M, *mengiers*.
259 et 334 — *Par. M, *Por*.
280 — *contralhiés. M, *contalhiés*. — Ce vers et le précédent ne riment pas, mais assonent.
301 — *sor tot, M, *por tot*.
310 — *Encor. M, *Encors*.
320 — *bachelers. M, *bacheler*.
336 — *Tant. M, *Cant*.

346 — \* roial. M, *loial*.

353 — \* Lors. M, *Lor*.

374 — La rime *taisir* prouve que l'*r* finale ne se prononçait pas. Peut-être faut-il lire, comme le propose M. Scheler : *Ne mains parlier ne mains taisieu*.

375 — \* bacheliers. M, *chevaliers*.

## LXXII. — Des .III. Chanoinesses de Couloingne, p. 137.

Le ms. de l'Arsenal porte dans la nouvelle numérotation le n° 3525.

Publié par M. Aug. Scheler, *Dits de Watriquet de Couvin*, 373-379.

Vers 4 — \* Qu'on ; ms., *Von*.

10-3 — Ces noms connus de villes du Hainaut servent assez à prouver la nationalité de l'auteur du fabliau, qui est de Couvin (évêché de Liége).

12 — riante, lisez *mainte*.

15 — Sans ajouter, lisez *Sanz ajouster*.

23 — M. Scheler, tout en constatant qu'à Cologne il a existé un canonicat de dames, ne veut voir ici qu'une fiction du poëte.

29 — leurs, lisez *leur*.

31 — \* mout ; ms., *mont*.

55 — faisoit, lisez *fesoit*.

57 — \* plains ; ms., *plain*.

63 — fu, lisez *fui*.

79 — Il faut voir dans le nom *Raniquet* une confusion de prononciation : les chanoinesses croient connaître le poëte, et ne se rappellent que confusément son nom, qu'elles estropient ; elles font ainsi *Raniquet* de *Watriquet*.

81 — Ne s'agit-il pas ici du château d'Arabloy, près de Gien, dont M. Pillon a écrit l'histoire dans les *Mémoires de la Société archéologique de l'Orléanais*, IV, 199-204?

82 — Ce comte de Blois est *Gui de Blois*.

83 — Dans le ms., ce vers est ainsi écrit : *Et monseignor mesire Gauchier*. Il s'agit du connétable.

93 — * qu'entre; ms., *que tre*.

95 — voulons, lisez *voulon*.

102 — sans, lisez *sanz*.

104 — J'i, lisez *G'i*.

111 — le, lisez *la*.

118 — * Que ; ms., *Ce*.

123-4 — Le titre et le commencement de la chanson, que nous avons ici, ne se retrouvent nulle autre part.

130 — * En a l'une; ms., *L'une en a*.

133 — comandement, lisez *commandement*.

140 — Supprimez l's placée après les points.

146 — Supprimez « et ». — Le fabliau dont il est parlé ici ne nous est pas parvenu. Ce n'est certainement pas le *Jugement des C...* (Méon, III, 466-471).

157 — cele, lisez *celle*.

171 — La fin du vers est ici grattée, ainsi que les quelques mots des vers précédents que nous avons remplacés par des points.

178 — Vers gratté.

184 — Il manque ici tout un feuillet, à peu près 56 vers.

194 — rime, lisez *crime*.

Ce fabliau est précédé, dans le ms (fol. 84 v°), d'une grande miniature fond quadrillé rouge, bleu et or, avec une fleur de lis d'argent sur les carreaux bleus et rouges. Les trois chanoinesses, nues, sont dans trois tonneaux surmontés d'une sorte de dais à rideaux. Le poëte est assis; il tient une coupe en forme de calice de la main droite, et un pilon de volaille ou un os de jambon de la gauche. Ce qu'il y a de singulier, c'est que la table, qui est couverte d'une nappe, et où l'on voit entre autres choses un couteau et un vase à deux anses, est une *tabula* au sens strict; elle n'a pas de pieds et est posée sur les genoux du trouvère, dont la robe presque monacale est mi-partie à dextre de vert, et à senestre d'une couleur brun jaunâtre très-claire (Cf. la miniature de présentation et celle du fol. 144 v°).

### LXXIII. — Des .III. Dames de Paris, p. 145.

Le ms. de l'Arsenal porte dans la nouvelle numérotation le n° 3525.

Publié par M. Aug. Scheler, *Dits de Watriquet de Couvin*, 381-390.

Vers 3 — Les noms de ces trouvères ne nous sont pas autrement connus.

10-11 — Le jour de l'Épiphanie. — La légende raconte que les rois mages vinrent à Cologne. La cathédrale possède encore une chapelle qui leur est consacrée.

18 — Tous les noms de ce fabliau, qui s'appliquaient sans doute à des personnages de l'époque, ne nous disent rien aujourd'hui. La date (1320) est à remarquer.

22 — sans, lisez *sanz*.

42 — absous, lisez *absouls*.

47 — L'enseigne de taverne « *des Maillez* », que nous rencontrons ici, est à noter.

48 — * li; ms., *le*.

94-96 — Ces trois vers sont le commencement d'une chanson qui ne nous est pas connue.

101 — * à; ms., *et*.

108 — * est; ms., *sont*.

113 — bon, lisez *bons*.

121 — Supprimez la virgule après « Manjue ».

122 — vous, lisez *vins*. — Le vin « d'Ervois » est sans doute le vin d'Arbois, cru bien connu du Jura.

123 — Vin de Saint-Émilion, aussi estimé au moyen âge que de nos jours (Cf. Méon, I, 153).

154 — De nos jours encore, les Highlanders portent la cotte courte.

159 — Sa chemise, lisez *Son corset*.

164 — Refrain que nous ne connaissons pas.

165 — leurs, lisez *leur*.

167 — * Dehors; ms., *Hors*.

200 — * chetif baron; ms., *chetis barons*.

201 — en, lisez *em*.

219 — * teste; ms., *testes*.

234 — * odorent; ms., *odoient*.

240 — Le ms. n'a pas « ne ».

256 — buche, lisez *bouche*.

269 — * out; ms., *ont*.

276 — * mis; ms., *mist*.

289 — * memoire; ms., *mimoire*.

La miniature de ce fabliau (fol. 88 v°), à fond quadrillé, représente une table bien servie, et derrière, les trois dames debout et buvant. Elles ont de longues robes flottantes et de curieux bonnets à la phrygienne, dont la longue pointe dressée est recourbée en avant, et dont la queue étroite recouvre le cou et tombe sur le haut de la robe.

## LXXIV. — Du Vilain Mire, p. 156.

A. — Paris, Bibl. nat., Mss. fr. 837, fol. 139 r° à 141 r°.
B. — Bibl. de Berne, Mss. 354, fol. 49 v° à 52 r°.

Nous empruntons les variantes du ms. de Berne à la copie de la Bibliothèque nationale (coll. Moreau, 1720, Mouchet, 46), qui a pour titre : « Do Mire de Brai. »

Publié par Barbazan, I, 1 ; par Méon, III, 1-13 ; par Renouard dans Legrand d'Aussy, III, app. 1-5 ; analysé par Legrand d'Aussy, III, 1-11.

Vers 1 — B, ert .I. .vilains mout.
2-4 — B :
> Qui trop avoit, mès mout fu chiches ;
> .II. charrues ot et .VIII. bues
> Qui totes erent à son hues.

5 — B, Et .II. jumenz et .II. roncins.
6 — B, et blez et vins.
8 — B, qu'il ne prenoit.
9 — B, ses amis.
10 — B, do païs.
11 — B, Tant qu'il lor dit qu'il.
12 — B, s'il la savoit.
16 — B, Qui estoit viauz.
17 — B, Qui une fille avoit.
19-24 — Ces vers manquent à B.
25 — B, parlerent.
26 — B, Et au chevalier.
27 — por. B, à oes.
28-30 — Ces vers se lisent ainsi dans B :
> Qui mout estoit riche et puissant :
> Assez avoit or et argent.
> Que vos diroie [je] en present ?

31 — B, *Fu acordé lo.*
32 — fu. B, *ert.*
33-36 — Ces vers sont remplacés dans B :

> Ainz quanque li plot otroia,
> Et li vilains mout se hasta.

37 — B, *A l'ainz que il pot.*
38 — B, *Cele.*
39 — « ele » manque à B.
41 — B, *Con des noces.*
42 — mie. B, *une.*
43 — B, *Que.*
45 — mie. B, *pas.*
47 — il ira à la. B, *or ira à sa.*
48 — B, *Li prestres iert en mi.*
49 — B, *A cui il est toz jors foiriez.*
52 — B, *I ira tant hui.*
54 — B, *Si que jamès.*
55 — B, *N'elle lou prisera un pain.*
56 — B, « *Halas! chaitiz,* » dist.
59 — B, *Forment se prist.*
60 — B, *il s'en porra.*
61 — si, lisez *se.*
62 — B, *Chascun matin, quant je movroie.*
63-64 — B :

> Pour aler fere mon labor,
> El plorroit tot le lonc del jor.

65 — B, *Et tant, cuit bien que qu'el plorroit*
66 — A, *desvoieroit.*
67 — B, *Et au soir, quant je revendroie.*
71 — à li. B, *de li.*
72 — B, *Mès ainz auré.*
74 — B, *Et ele li va.*

77 — B, *Et fromache à mout.*
80 — B, *De la main qu'il ot.*
81 — lez. B, *en* [*mi*].
83-84 — B, *chevous et fous.*
85 — B, *L'a batue tot autresi.*
86 — B, *s'el l'eüst bien.*
87-120 — Ces vers manquent à B.
121 — B, *Puis si s'en va les.*
122 — B, *Et cele remest.*
123 — dist. B, *fet.*
126 — B, *Dieus! fu ainz.*
127 — B, *Je cuit qu'il ne set que ce sont.*
129 — B, *Ne m'en donast il mie tant.*
130 — B, *Que qu'ele s'aloit.*
131 — B, *Estes vos .II. serjanz lo roi.*
132 — blanc. B, *bel.*
133-140 — B :

>Qui dedanz la meson entrerent
>Et à disner li demanderent ;
>Et el lor dona volentiers.
>Puis lor a dit : « Biaus amis chiers,
>Or me dites, se vos volez,
>Don vos iestes, et que querez. »

141 — B, *dist : « Dame, par ma foi.*
143 — B, *Qui nos envoie mirre.*
145 — B, *A que fere?*
146 — B, *au roi, est si.*
147 — Ce vers dans B est placé après 148 et ainsi écrit :

>Il a passé .VIII. jors dès ier.

148 — B, *Qu'el ne puet.*
149 — B, *Que.*
151 — B, *Li rois en est forment iriez.*

152 — B, *Se il la pert, jamès n'iert liez.*
153-156 — B :

> Saignor, ja ne vos esmaiez ;
> Mès loin n'irez, ja ne quidiez;
> Je vos di bien que mon mari
> Est bons mires, je vos afi.

157 — mecines. B, *fisique.*
158 — B, *Et de mecine[s] et d'orine.*
160 — vous. B, *nos.*
161 — B, *De vos gaber, » fet el.*
162 — B, *Fors tant qu'il est de tel.*
163 — B, *Qu'il ne vialt dire nule.*
164 — B, *S'il n'est batuz avant mout bien.*
165 — B, *Cil responnent.*
167 — B, *et o le troverons nos.*
168 — B, *Vos lou verroiz tot à estros.*
170 — B, *A un(s) ruissel qui laissus cort.*
171 — B, *Dejoste celle vieille.*
173 — c'est. B, *est.*
175 — B, *Fet ele, « ou je* (faux).
177 — qu'ils, lisez *qu'il.* — B, *que lou vilain ont.*
180 — B, *Qu'il viegne tost à lui.*
183 — ceste. B, *nule.*
185 — B, *s'ot li vilains.*
186 — B, *Par mautalant conmence à rire.*
188 — B, *Q'aluns.* — ore. B, *or ci.*
189 — B, *Dist l'uns à l'autre.*
191 — B, *Qu'il die ne bien ne voidie.*
192 — delez. B, *joste.*
193 — B, *Del poing l'autre.*
194 — grant. B, *cort.*
195-208 — Ces vers sont remplacés dans B par les suivants :

> L'ont à terre jus abatu.
> Li vilains a bien conneü
> Que lou plus bel n'est mie suen :
> « Saignor, » fait il, « n'est mie boen ;
> Por Dieu merci, laissiez m'ester.
> — Or n'i a donc que del monter, »
> Font il, « si en venez au roi. »
> N'i quistrent autre palefroi,
> Ainz monterent tot esranment
> Lo vilain sor une jument.
> Et quant venu furent à cort,
> Li rois à l'encontre lo cort,
> Qui desirranz ert durement
> De la santé à son enfant ;
> Demande lor qu'il ont trové.
> L'uns des serjanz li a conté
> Totes les teches au vilain ;
> De quel folie il estoit plain.

209 et 224 — B, *Li rois respont.*
210 — d'itel. B, *de tel.*
211 — B, *dès qu'issi est.*
212 — B, *Dist li serjanz,* « *vez moi tot prest.*
214 — B, *Con l'en li paiera.*
216 — B, *traiez vos ça.*
217 — B, *Si faites.*
218 — Quar. B, *Qui.*
219-220 — Ces vers manquent à B.
221 — B, *Certes, sire.*
223 — B, *Ne en maniere rien n'en soi.*
228-230 — Ces vers sont remplacés dans B :

> Sor les espaules, sor le dos,
> Au roi a dit : « Sire, merci ;
> Bon mire sui, jel vos afi. »
> Li rois lor dit : « Or lou lessiez,
> Mar i sera huimès tochiez. »

232 — B, *Qui forment fu et.*
234 — B, *Conment garir il la porra.*

235 — B, *Car on.* — *que à.* B, *que.*
236 — B, *Li convendra il o morir.*
237-244 — B :

« Las, » fet il, « se ele rioit,
O l'esfors que ele i metroit,
L'areste li voleroit fors,
Car el n'est pas dedenz lo cors.
Tel chose m'estuet fere et dire
Que je la puisse fere rire. »
Au roi a dit : « Sire, merci,
Faites nos estre en privé liu,
Et si n'i ait ja nule gent
Fors moi et li tant seulement.

245 — B, *Puis si veroiz.*
246 — B, *Car se Dieu plest, bien.*
247 — B, *Li rois respont : « Mout volentiers. »*
249 — B, *Errant ont lou feu.*
250 — *l'ot.* B, *ot.* — Après ce vers, B ajoute :

En la sale sont, ce me sanble,
Li mire et la meschine ensanble.

251 — B, *La damoisele.*
252 — *siege.* B, *seoir.* — *mist.* B, *fist.*
254 — B, *Onques ses braies li laissa.*
255 — B, *Puis si s'est lés lou feu.*
256 — B, *Bien.* — B, *et [a]aisié.*
258 — B, *Et li sachiez.*
259-260 — B :

Ne trovissiez .I. grateor
Que cist ne fu [il] mout mellor.

261 — B, *Et quant la pucele lo voit.*
262 — B, *O lo grant mal que ele avoit.*
264 — *la.* B, *sa.*
265 — B, *delez lo foier.*

267 — B, *Se vest, et puis a pris.*
268 — B, *De la sale ist.*
269 — B, *Et voit lou roi, si li escrie.*
272 — B, *Li rois forment s'en (est) esjoï.*
273 — B, *« Certes, maistres, je vos di bien.*
274 — Après ce vers, B ajoute :

> Vos m'avez ma fille rendue :
> Beneoiz soit vostre venue.

275 — B, *Assez aurois joiaus.*
276 — B, *Li vilains dist eneslou pas.*
277 — B, *Je ne puis.*
278 — B, *En mon païs.*
279 — B, *Par Dieu, »* dist li rois, *« non ferez.*
280 — B, *et mon saignor serez.*
281 — B, *dist lo vilain.*
282 — B, *En ma meson.*
283 — B, *Car quant j'en parti au matin.*
284 — B, *Devoit en aler.*
285 — B, *ses serjanz.*
286 — B, *remaindra.*
287-290 — Ces vers sont remplacés dans B :

> Cil saillirent tot errenment,
> Sel battirent si durement.

291 — B, *Que li vilains prist.*
292 — B, *Je remanrai.*
293 — à cort. B, *del tot.*
294 — B, *Estancié l'ont del tot.*
296 — B, *Estre cuidoit fors de la trape.*
297 — B, *Ezvos.*
298-302 — Remplacés dans B :

> Dont il i ot, ce m'est avis,
> .IIII$^{xx}$. o plus, ce me sanble,
> Au roi vindrent trestot ensanble.

> Chascun dist au vilain son estre ;
> Li rois dist au vilain : « Bel mestre.

305-308 — Remplacés dans B :

> Li vilains dist : « Por Dieu merci,
> Trop en i a, jeł vos afi.

309 — B, *les .II. serjanz.*
310 — B, *Chascuns d'aus saisi.*
311 — B, *mout trés bien s[av]ot.*
313-316 — Remplacés dans B :

> Quant li vilains venir les vit,
> Grant paor ot, au roi a dit :
> « Sire, merci, je les garrai.
> — Or tost, » dist li rois, « jeł verrai.

319 — B, *aluma un feu.*
320 — B, *Il meïsmes fu mestre keu.*
321-323 — Remplacés dans B :

> Les malades fist arengier ;
> Au roi dist : « Je vos voil proier
> Que vos descendez là à val.

324 — « Et » manque à B.
325 — B, *Il l'otroia.*
326 — lui. B, *il.*
328 — B, *Di, va, par lou Dieu.*
329 — B, *Il a grant poinne en.*
331 — Ce vers dans B est placé après le vers 332, qui se lit ainsi :

> Fors qu'issi con je vos diré.

333-336 — B :

> Et l'ardré trestot en .I. feu ;
> Vos autres, i auroiz grant preu,
> Car tuit de la podre bevrez,
> Et erranment garis serez.

337 — B, *Lors a l'uns.*
338 — B, *N'i ot si contret ne.*
340 — B, *Qu'il eüst graignor.*
343 — B, *De toz cels ies tu li plus vain.*
344 — B, *Mestre, merci.*
345-348 — Ces vers manquent à B.
350 — B, *Cil sailli sus, si a l'uis pris.*
354 — B, *Trop a el mestre jantil ome.*
355 — B, *disant.*
357 — B, *por nule rien.*
358 — B, *Que li mire [au] feu.*
359 — B, *Ainz s'en alerent.*
360 — se il. B, *s'il.* — tuit. B, *trestuit.*
361 — B, *a ce veü.*
363 — B, *En la sale entre, et dit.*
364 — B, *mout de cest estre.*
366 — B, « *Sire,* » *fait il.*
368 — B, *ne citoalt.*
369 — B, « *Mestres,* » *dist li rois,* « *or irez.*
371 — B, *Assez auroiz dras et deniers.*
372 — B, *et biaus somiers.*
373-378 — Ces vers manquent à B.
379 — Ne. B, *Et.* — ledir. B, *ferir.*
380 — B, *Que grant honte est de vos laidir.*
382 — B, *hom* (à adopter) *de mes .II. mains.*
383-388 — Remplacés dans B :

> Tot à vostre conmandement. »
> De la sale ist, il et sa gent,
> Puis est à son ostel venu,
> Riche et manant ainz plus ne fu.

389 — B, *N'onques plus n'ala à charue.*
390 — B, *Ne puis ne fu par lui.*
392 — con. B, *o.*

394 — A, *Fu bons mestres et*. B, *Fu il bons mire*.

Ce fabliau, dont Molière dans son *Médecin malgré lui* a imité la première partie, qu'il avait sans doute empruntée à une farce italienne, *Arlecchino medico volante*, se retrouve dans la 10ᵉ et la 30ᵉ *serée* de Bouchet. La première partie existe dans la littérature populaire de la Russie, sans doute venant de notre fabliau (Cf. *Hist. litt.*, XXIII, 197), et tout dernièrement le journal *le Figaro* (27 mai 1877) rééditait une version de ce pays. Le Pogge, dans ses *Facéties,* a fait revivre la seconde partie de l'histoire, celle où le médecin guérit les malades par la peur.

### LXXV. — LA PLANTEZ, p. 170.

Notre texte est établi d'après la copie de la Bibliothèque nationale (coll. Moreau, 1720, Mouchet, 46), que nous désignons par M.

Publié par Méon, *Nouveau Recueil*, I, 338-342 ; par Renouard dans Legrand d'Aussy, I, app. 28-30 ; et par M. Paul Meyer, *Recueil d'anciens textes*, 350-352 ; traduit par Legrand d'Aussy, I, 337-339, sous le titre de « Le Bachelier normand ».

Vers 3 — Nous avons à choisir entre deux dates pour la prise d'Acre, 1191 par les chrétiens, et 1291 par les musulmans.

6 — * Dont. M, *Don*.
9 — * Ne à. M, *N'à*.
10 — * maaille. M, *maille*.
15 — * orgoillos. M, *orgoilleus*.
18 — * Trestote. M, *Trestot*.
26 et 114 — * Normanz. M, *Normant*.

28 — * remaint. M, *remenoit.*
29 — * Al. M, *A.*
32 et 44 — « li » manque à la copie.
39 — * lasté. M, *lastel.*
41 — * n'en. M, *ne.*
45 — * taverniers. M, *tavernier.*
46 — * « Espone », *Épone*, S.-et-O., arr. de Mantes.
77 — gaaigner, lisez *gaaignier.*
81 — iaux, lisez *iauz.*
105 — Normanz, lisez *Normant.*
110 — * C'ert. M, *C'est.* — Nous ne saurions identifier cet Henri, à la fois duc de Normandie, comte de Champagne et roi, en 1191 ou 1291.
123 — * Si ce est. M, *Si c'est.*
127 — * rient. M, *dient.*
130 — * fut. M, *fu.*
134 — * Qui a. M, *Qui ait.*

Imbert a remis ce conte en vers.

LXXVI. — DES PUTAINS ET DES LECHEORS, p. 175.

Notre texte est établi d'après la copie de la Bibliothèque nationale (coll. Moreau, 1720, Mouchet 46), que nous désignons par M.

Publié par Th. Wright, *Anecdota literaria*, 64-65, et traduit par Legrand d'Aussy, II, 357, sous le titre « des Catins et des Ménétriers ».

Vers 3 — * quanque il convit. M, *quanqu'il convint.*
6 — M, *Clers et chevaliers laboranz.*
13 — « et » manque à M.
21 — * De rien ne. M, *Darrien que.*

25 — La copie n'a pas les mots « Saint Pierc, » mais seulement S.
30 — * hucent. M, *huient.*
35 — * abandoin. M, *abandoi.*
61 — * fors. M, *for.*

Ce conte a été souvent mis en vers, entre autres par Imbert et Gudin, II, 96-98.

LXXVII. — De l'Evesque qui beneï lo con, p. 178.

Notre texte est établi d'après la copie de la Bibliothèque nationale (coll. Moreau, 1720, Mouchet, 46), que nous désignons par M.

Publié par Th. Wright, *Anecdota literaria*, 68-73, et analysé par Legrand d'Aussy, III, 126-131, sous le titre de l'« Évesque qui bénit sa maîtresse. »

Vers 10 — « bien » manque à la copie.
11 — « Baiues », que le ms. lit *Baies*, est sans doute Bayeux en Normandie, bien que la rime ne concorde guère avec *liues*.
15 — M ajoute *vo* avant « nomer ».
21 — * avoque. M, *avoc.*
36 — * buverai. M, *buvrai.*
39 — M, *Li prestes que il l'a trovée.*
83 — * à l'evesque. M, *à l'evesques.*
90 — M ajoute *je* avant « n'i ».
99 — angevins, lisez *engevins.*
116 — * Ou por. M, *Par.*
128 — * que. M, *qui.*
134 — * ne me. M, *vos ne me.*
136 — fet, lisez *fait.*
137 — * dont... mestiers. M, *don... mestier.*

145 — l'o, lisez *lo*.
149 — respondre, lisez *repondre*.
157 — * et se ratapine. M, *et atapine*.
170 — * grande. M, *grant*.
173 — * Se. M, *Si*.
176 — « plus » manque à la copie.
184 — * adesiez. M, *adessez*.
187 — * Sel. M, *Ses*.
204 — * amen. M, *aman*.
221 — * doin. M, *doi*.
222 — * poivre. M, *povre*.

Bonaventure des Periers (*nouv*. 36) nous présente une nouvelle analogue à ce fabliau. Voyez aussi dans le *Novellino* (*Romania*, III, 175) et dans les *Cento Novelle antiche* (*nov*. 54). Imbert a imité ce conte, où les prescriptions du troisième concile de Latran sont loin d'être observées.

### LXXVIII. — Du Vallet aus .XII. fames, p. 186.

A. — Paris, Bibl. nat., Mss. fr. 837, fol. 185 r° à 186 r°.
B. —    »        »        » 1593, fol. 183 v° à 184 r°.
C. —    »        »        » 25545, fol. 75 r° à 76 r°.

Publié par Barbazan, I, 233; par Méon, III, 148-153, et imité par Legrand d'Aussy, III, 333-336.

Vers 6 — A, *bien et vout jurer*. B, *bien et veut jurer*.
7 — C, *Qu'il n'aura ja*.
10 — C, *cort tenu*.
12 — C, *Trop volentiers deïsse ho*.
14 — B, *Que mainte foiz m'a fet*. C, *Mais ele m'a fet tant*.
15 — B, *Si que*.

17 — B, *ce que.*
18 — cis. B, *li.* C, *cest.*
19 — B, *S'el.*
24 — en. A, *vous.*
25 — C, *fait cil, « je l'otroi.*
26 — C, *Mais une ne m'en fera rien.*
27 — B et C intervertissent la fin de ce vers, « ont parlé », et celle du vers suivant, « l'ont mené ».
28 — parent. C, *ami.*
29 — C, *Donné li ont.*
32 — B, C, *Du damoisel.* — A, B, *le couvenant.*
33 — A, B, *Qui dit que ja fame n'auroit.*
37 — C, *dedenz ses las.*
38 — C, *Qu'el.* — C, *tout laz.*
39-42 — Ces vers manquent dans A et B.
43 — l'eut. C, *eut.*
45-58 — Ces vers manquent dans A et B.
58 — racuili, lisez *racuilli.*
61 — dist. C, *fait.* — qu'avez-vous, lisez *qu'avez vous.*
64 — A, B, *Si viguereus.*
66 — C, *contenir.*
69 — dist. C, *fait.*
70 — C, *compeignie.*
71-72 — Ces vers manquent à C.
73 — B, *Car mon.* C, *Sait mon.*
74 — C, *Qu'ains.* — A, B, *ne fetes vo.*
75 — me muir. B, *ne puis.* — C, *Boyn, par les sains Dé(x), je ne puis.*
76 — C, *les cuirs.*
77 — C, *Je n'en puis mais laissier m'ester.*
78 — adès. A, *huimès.*
80 — dist. C, *fait.* — Ce vers et le précédent sont intervertis dans C.

81 — B, C, *Dites moi dont.*
83 — C, *Quant l'une.*
84 — C, *L'autre an.*
85 — C, *Lors i.*
89 — B, *Que ne vos poez removoir.*
96 et 103 — dist. C, *fait.*
99 — voz noces. C, *vostre honnor.*
100 — C, *Car j'ai si.*
101 — B, *j'en ai quis.* C, *et j'en ai.*
102 — Ce vers manque à B.
103 — C, *soit.*
104 — C, *.Lx.* — C, *maintendroit.*
105-106 — Ces vers manquent dans A et B.
107 — demora. C, *furent mout.*
109 — C, *ne sai par.*
111 — C, *Droit en la vile où il.*
113 — C, *Les un(s) le jugent à noier.*
114 — B, *Et l'autre.* — C, *Et li autre[s] à escorchier.*
115 — C, *le juja à pendre.*
116 — C, *à ardoir en cendre.*
117 — B, C, *Adonc vint cil.*
118 — B, *Qui tot estoit pales.* C, *Qui si estoit megres.*
119-120 — Ces vers manquent dans A et B.
122 — B, C, *Qui sot avoir le cuer si gai.*
123 — A, B, *et leur dit einsi.*
124 — Ce vers manque dans A et B.
126 — A, B, *S'ert.* — B, *einsi.* — suis, lisez *sui.* — A, B, *honiz.*
127-129 — Ces trois vers manquent dans A et B.
130 — A, B, *Et en.*
133 — cil. B, *il.*
134 — C, *Neis la fame, aussis si.*
136 — mieus. B, *plus.*
137-156 — Ces vers manquent dans A et B.

141 — * aussi. C, *aussis.*
147 — * Einsi. C, *Einsis.*

Cette histoire, qui peut servir de contre-partie à celle de la *Dame qui servoit .c. chevaliers* (I, 294-300), se retrouve dans Eustache Deschamps et dans les *Facéties* de Bebel; elle est du reste très-populaire, et elle existe dans un grand nombre de recueils de contes provinciaux, où elle passe pour spéciale à telle ou telle localité. L'archiprêtre de Hita, au XIVe siècle, a connu ce fabliau et l'a admis dans ses poésies sous le titre de : *Ensiemplo del Garzon que queria casar con tres mugeres.*

## LXXIX. — DE LA DAME QUI FIT .III. TORS ENTOR LE MOUSTIER, p. 192.

A. — Paris, Bibl. nat., Mss. fr. 837, fol. 305 v° à 306 v°.
B. —    »           »         »    1593, fol. 61 v° à 62 v°.
C. —    »           »         »    1635, fol. 14 v° à 15 v°.

Publié par Barbazan, I, 48; par Méon, III, 30-35; par Ach. Jubinal, *Œuvres complètes de Rutebeuf*, 2e éd., II, 105-112, et traduit par Legrand d'Aussy, II, 315-321.

Vers 1 — B, *vorroit fame.*
4 — A, C, *Au deable.*
8 — B, *poine.*
12 — B, *fafelues.*
15 — A, *Issi.*
21 — ele. A, *cele.*
26 — son. B, *le.*
28 — vint. B, *vet.* C, *va.*

31 — cuit. B, *croi.*
33 — * preste. A, B, C, *prestre.*
35 — B, *Or est.*
36 — C, *Sire, n'est mi[e].*
37 — ceste. A, *cele.*
41 — C, *Bien.* — B, *d'ou.*
42 — A, C, *Le.*
47 — B, *Que.* C, *Qui.*
51 — el. C, *au.*
52 — B, C, *Que nus ne le.*
55 — emplus. A, C, *moilliez.*
57 — B, *le covient.*
58 — B, *sovient.*
61 — .III. A, .V.
63 — « vous » manque à B.
68 — A, C, *Vous avez.*
74 — sa. B, *la.*
81 — « j'en » manque à B.
83 — A, *Fet li vallès,* « comme.
85 — que. A, *qu'il.* C, *qu'el.*
90 — les. B, *ses.*
92 — qu'il. B, *que.*
93 — C, *Au.*
94 — vient. C, *vint.* — B, *Se li vint à mout.*
96 — vostre. B, C, *ta.*
97 — « est » manque à B.
99 — cil. C, *il.* — B, *a oï que fors.*
118 — controuveant, lisez *controuvant.* B, *je contant.*
121 — C, *putainz.*
123 — B, *D'où.*
126 — et. B, *ne.*
127 — « et » manque à B.
128 — « vient » manque à B. — d'avoec. C, *d'enchiez.*

129 — C, *Ensi.*
130 — si. B, *et.*
131 — qu'el. B, *que.*
137 — Ce vers est le dernier de la page ; il ne peut donc pas porter le n° 138, indiqué à côté du titre courant. La même erreur a eu lieu à la page suivante, ce qui fait que ce fabliau doit compter 170 et non 172 vers.
138 — fet. B, *dit.*
139 — « je » manque à B.
140 — B, *boisdie.*
143 — l'en. C, *on.*
150 — B, *devroie.*
153 — A, C, *Dist.*
161 — B, *cest*[*e*].
169 — A, B, *Rutebuef.*

Ce fabliau, imité par Imbert, se retrouve dans les *Cent Nouvelles nouvelles.*

### LXXX. — Du Vilain au buffet, p. 199.

A. — Paris, Bibl. nat., Mss. fr. 837, fol. 275 v° à 277 r°.
B. —    »     »     »  1553, fol. 505 r° à 506 r°.
C. —    »     »     D  1593, fol. 118 v° à 120 v°.

Publié par Barbazan, II, 155; par Méon, III, 264-272, et imité par Legrand d'Aussy, II, 358-362.

Vers 1 — B, *De biaus dis.*
2 — \*avoier. A, *amoier.* — C, *avoie.* — B, *Me vaurai mout bien amoier.*
3 — B, *Et dire.* — l'en. B, C, *on.*
4 — B, *Et tant faire c'on.*

5 — B, *Car cil.*
8 — A, B, *Est au bien entendre.*
9-10 — Ces vers manquent dans A et B.
11 — A, *Et li fel envieus trahitres.* B, *Et li mauvais fel et traîtres.*
12 — B, *Est tout adiès dolans et tristres.*
13 — le bien. C, *les biens.* — B, *Dou bien quant il ot.*
15-26 — Ces vers manquent à B.
16 — Oiez. C, *Ha, Dieus!*
18 — C, *Dont .I. seul à estout ne vint.*
22 — C, *Qu[e] il art tot de duel.*
24 — C, *set conter.*
26 — C, *aprent* (faux).
27 — fabliaus. B, *romans.*
28 — B, *Qui.* — A, *en la meson d'un.*
30 — A, *Vilain.* — B, *et cuivert.*
31 — maus vices. B, *mais vises.* C, *malices.*
32 — B, *Je cuit qui ne fust.* C, *Et sachiez qu'il n'est.*
34 — B, *S'uns grans.*
35 — B, *molt estoit de put.* — C, *Tant estoit plains.*
37 — « bien » manque à C. — B, *molt li pesoit.*
38 — *Et por .I. poi qu'il n'en ragoit.*
39 — Ce vers manque à B.
40 — B, *qui molt estoit preudon.* — Ce vers et les huit suivants (40-48) sont placés dans B après le v. 54.
42 — se. B, C, *s'an.*
44 — Quar. B, *Il.* — voit. A, *set.*
45 — A, *Qui reperier.* — B, *Qui laiens venist osteler.*
46 — A, *avoit .I. los tel.* B, *a un los itel.*
47 — C, *Car.* — A, *Que toz li mondes.*
48 — C, *dire oioit.*
49 — B, C, *Mès.*
50 — et plains. B, *dedens.* — B, C, *ses boiaus.*
51 — de. B, *le.* C, *du.*

52 — chapon. C, *morcel.*
53 — B, *Mengoit.* — C, *lors en despense* (faux).
54 — B, *Car à nul autre-bien.* C, *Car nulle honor fere.*
55 — B, *Li quens ki ert cortois.* C, *Mais li cuens qu'iert cortois.*
56 — C, *Fait mander.*
59 — B, *respendue.*
60 — C, *A la cort vont.*
61 — C, *Chevalier, escuier.*
62 — lor. B, *les.*
63 — B, *Con eles.*
64 — B, *Saciez que tens.*
70 — vient. B, *va.*
71 — C, *C'onques n'avoit.*
73 et 74 — B et C intervertissent les finales de ces deux vers : « sanz dangier » pour « à mangier », et réciproquement. — C ajoute ici un vers qui ne rime à nul autre :

  Ont il assez à grant planté.

79 — Si. B, *Se.* — vient. C, *vuet.*
80 — B, *Chou ki.* — C, *couvient et estuet.*
81 — qu'il. B, *si.*
82 — B, *Et j'en voi chi teus .x. et .ix.* C, *Et j'en voi teus .x. ou (teus) .ix.*
83 — B, *Que.*
84 — Lisez *Atant ez.* — B, *Atant enous venir* R.
85 — bouvier. B, C, *vilain.* — vient. C, *vint.*
88 — B, *de fin lait plain.*
89 — B, *ert son chief bochut.* C, *fu et ot chief beu.*
90 — B, C, *Bien avoit .LX.*
91 — B, *Qui n'avoit point coiffe en sa teste.*
93-94 — Ces vers manquent à B.

94 — C, *Outrage, orguuel et grant folie.*
95 — A *si.* B, *Ot si.* C, *Et ot (si).*
96 — B, *Por.* C, *Par.* — B, *n'en rage vis.*
97 — enz. C, *leans.*
99 — B, *Irés.* C, *Dolans.* — B, C, *et bousofflez.*
100 — A, B, *Tout maintenant li.*
101 — C, *mangeour.*
102 — B, *N'estes pas.* C, *Il n'est pas.*
104 — a. B, *avés* (faux).
105 — B, C, *Veez.* — C, *palette.*
106 — B, *covenroit.*
107 — farsir. C, *amplir.*
108 — i. C, *li.*
111 — B, *Qui plains est.* — C, *[et] d'ire.*
112 — B, *fust ore en grant.*
114 — se. B, *s'en.*
115 — sa. B, *la.*
116 — B, *dist il, « par.*
117 — B, *G'i.* — A, *que je oi.*
118 — B, *escondire.* — B et C ajoutent après ce vers deux autres vers, dont le premier est pareil dans les deux mss.

Mais je ne sai où je me siesce.

Le second est dans B :

Que tot sont plain et banc et siege,

dans C :

Car trestuit [i] sont plain li siege.

119 — C, *seoir,* qui fausse le vers.
120 — Ce vers manque à B.
124 — A, *Siet toi.* B, *Or (te) sié.*
125 — B, C, *Je le te.*

127 — B, *Puis li a.* C, *Et puis li.*
128 — B, *Viande et.* — C, *Vin et viandes aporter.*
129 — doner. B, *venir.*
130 — B, *Por que il li truist.* C, *Por ce qu'il eüst.*
131 — C, *Car.* — B, *Comment il puist.*
132 — C, *Car.* — B, *D'or en avant se gart.*
133 — B, *En l'ostel à roi ou à.* C, *A cort de prince ne de.*
134 — C, *Et que ferai je.*
135 — « les » manque à C. — B, *Li quens a fet crier entr'els.*
136 — crier. C, *savoir.* — B, *Et fait savoir à menestrels.*
138 — B, *Fere ne dire.* — « qu'il » manque à B.
141 — C, *Son mestier fere.*
143 — chante. B, *bale.*
145 — autres. A, *autre.* B, *tiers* (faux).
148 — B, *Et teus i est.* C, *Et teus i a.*
149-150 — Ces vers manquent dans A et B.
151 — A, *Il i ot dit.* B, *Où il avoit.*
152 — B, *Et li vilains qui ot.*
153 — son. B, *che.*
155 — B, *Atendi tant qu'il.*
157 — S'en. A, *En.* B, *Se.* — conter. B, *tout droit.*
159 — B, *sa nape prent errant* (faux).
160 — C, *acoillie.* — Ce vers et les deux suivants dans B :

>   Grant aleüre maintenant
>   Se vint, et le senescal garde
>   Et chius qui ne s'en prenoit garde.

161 — C, *S'en vint.*
165 — B, *Qu'il avoit grand(e) plaine.*
166 — Ce vers manque à B.

167 — B, *l'avoit dure.* — C, *à mon.*
168 — comme à. B, *que pour.*
169 — B, C, *Lés la joe grant.*
172 — B, *Malvais fait à home prester.* C, *Mauvais fait [à homme] emprunter.*
173 — B, *Quant il.* C, *Quant on.* — B, C, *ce c'on li.*
175 — B, *Lés le* (faux).
176 — B, *virent.*
177 — B, *au pié.*
178 — Mès. B, *Et.* — a dit. B, C, *jure.*
179 — oïr. B, C, *savoir.*
180 — B, *Taire les fait, si furent coi.*
181 — B, *lor sires lor.* — C, *Li sergent dès qu'il.*
183 — son. C, *le.*
184 — B, C, *Mout.* — eüs. B, *eus or.*
186 — A, *Tu en es cheüs en mès las.*
187 — B, *Car mout.* — A, *Tu as fet trop grant.*
189 — B, *Sire quens, »* fait il, *« entendez.* C, *Dist le vilain : « Sire, entendez.*
190 — B, C, *petit si.*
191 — C, *J[e]ui.*
193 — B, *Qui mout est avers.* C, *Qui est mesdisans.*
194 — felons. B, *vilains.*
195 — C, *Assez me dist.*
196 — B, *Et une buffe.*
197 — « si » manque à C.
198 — B, *Que (jou) seïsse sor cest.*
199 — B, *Car il dist qu'il.* — C, *Il dist qu[e] il.*
200 — A, B, *Et puis à mengier m'aportoit.* — Après ce vers, B ajoute :

> Jou manga et buc à plenté,
> Tant con jou vauc, la merchi Dé.

201 — B, *Et quant jo euc buc.* C, *Et dès que jou beu.*

202 — qu'en. B, *que.*
204 — cuit. B, C, *croi.*
208 — C, *qui veü l'avez,* répétition fautive.
209 — B, C, *Fetes jugier.* — B, *se j'ai mespris.* C, *se je mespris.*
210 — B, *Par quoi ne soie.*
212 — m'acuit. C, *m'en quit.*
215 — B, *D'une autre buffe.*
216 — cil. A, *ciel.* — cil ne li. B, *cele ne.* — ot. A, *eut.*
217 — B, C, *Quant li quens l'ot, si en a ris* (*l'ot* manque à B).
218 — B, *Il ot non [me]sire.* — Le comte Henri, dont il est ici question, est sans doute Henri, comte de Champagne, auquel fait aussi allusion, mais un peu confusément, le fabliau de *la Plantez* (Cf. p. 173).
219 — B, *Adonc fu grande.* C, *Et puis fut mout grans.*
220 — B, *Que.* — B, C, *à piece.*
221-227 — Ces vers manquent à B.
222 — C, *tenoit sa main.*
223 — C, *Car.*
224 — li anuist. A, *mout li nuist.*
226 — C, *n[e] osoit.*
227 — C, *Car bien li avoit.*
228 — t'a. C, *a.* — Ce vers est suivi ainsi d'un autre dans B :

> Chou dist li quens : « Il t'a rendu
> Molt grant buffe, car j'ai veü.

229 — qu'ot. C, *qu'a.*
230 — B, *Li cuens a dit.* C, *Et puis a dit.*
232 — B, C, *Tu as fet.*
233 — B, C, *Que nus des.*

236 — la. A, *le*. — B, *Saciés, il le doit bien*. C, *Sachiez qu'il la doit bien*.

237 — Onc. A, B, *Ainz*.

238 — B, C, *Bien a le seneschal*.

241 — B, *Ne qui an*.

242 — « et » manque à B.

243 — B, *Et dist ce sont*. C, *Ce sont trop bien*.

244 — Ils, lisez *Il*.

245 — C, *Qu'à nul bien faire ne se gardent*.

247 — n'en. B, *en*.

248 — B, *Car li biens entre*. C, *Que li biens dedans*.

249-250 — Ces deux vers sont remplacés dans B :

>Por chou est la ricoise maise
>Dont crestiens ne puet avoir aise.

251 — B, *Et dont sires*.

252 — C, *Dieus (en)*.

258 — Après ce vers, B ajoute :

>Si fu molt liés, baut et joiant,
>Son chemin akieut maintenant.

260 — B, C, *Et si dit on*.

262 — Lisez *a*. — B, *Jou ne fusse a piece viestus*. C, *A piece ne fusse vestuz*.

264 — B, *On dit*.

Cette histoire a été toute changée par Legrand d'Aussy, qui a fait du buffet un « siége prêté et rendu ». Le sénéchal donne un coup de pied au vilain, et lui dit : « Assieds-toi dessus. » — Imbert a remis ce conte en vers.

LXXXI. — Du Vilain qui conquist paradis par plait, p. 209.

A. — Paris, Bibl. nat., Mss. fr. 837, fol. 228 v° à 229 r°.
B. — „        „         . » 19152, fol. 47 r° à 47 v°.
C. — Bibl. de Berne, Mss. 354, fol. 143 v° à 145 r°.

Nous empruntons les variantes du ms. de Berne à la copie de la Bibliothèque nationale (coll. Moreau, 1720; Moreau, 46).

Publié par Méon, IV, 114-119, et avec traduction par Eug. Crépet, *Poëtes français*, I, 239-247; traduit par Legrand d'Aussy, II, 238-242.

Vers 3 — A, C, *d'un.*
5 — A, C, *Tele.*
6 — A, « Qu[e] » manque.
8 — A, *Quant li parti l'ame.* C, *Que l'ame se parti.*
10 — A, *Ne qui rien nule.*
11 — « fu » manque à B. — C, *est pooreuse.*
12 — C, *estoit doteuse.*
13 — A, *Regarde à destre.* C, *Garde sor destre.*
14 — A, C, *S'a veü l'angle.*
15 — A, *Qui une ame porte.*
16 — A, *Cele part.* C, *Après lui.* — A, C, *a tenu sa voie.*
17 — C, *Tant seust l'ange, ce m'est avis.* — Les vers 17-22 sont remplacés dans A:

> Sains Pieres, qui gardoit l'entrée,
> Avoit la porte desfermée;
> Et prist l'ame que l'angles porte,
> Puis s'en retorne vers la porte.

19-22 — Ces vers sont remplacés dans C :

> L'ame est après leanz entrée ;
> Saint Peres, qui gardoit l'entrée,
> Reçut l'ame que l'ange[s] (a)porte :
> Après retorna vers la porte.

23 — A, *Et vit l'ame.* C, *Si vit l'ame.*
24 — C, *li quel.*
27 — A, *saint Guilain.* C, *saint Germain.*
29 — A, *Ne vilains n'a riens.* — C, *Vilains ne doit pas ceianz estre.*
31 — A, *Dist li vilains.* C, *Fait li ame.*
32 — A, C, *Toz tans.* — A, *fustes vous durs que pierre.*
33 — C, *par saint Tomas l'apostre.*
34 — C, *Deus qui.* — A, *Qui vous establi por apostre.*
35 — A, C, *Petit i conquesta.*
36 — A, *Quant on trahi.* C, *Car tu traïs.*
38 — A, *Vous le.* — C, *Vos renoiastes par.* — Ce vers est placé avant le v. 37 dans le ms. A.
39-40 — Ces vers sont remplacés dans A :

> Et s'estiiez de sa compaingne,
> Ceste maisons ne vous adaingne,
> Ainz het vous et vostre manoir :
> N'en devez pas les clez avoir.

Dans C :

> Que n'estoiez de sa conpeigne,
> Ceste maisons ne vos adaigne,
> Ainz est nus (sic) et notre menoir :
> Vos ne devez les clés avoir.

41 — A, *Alez hors o les desloiaus.* C, *Alez hors, alez, desloiaux.*
42 — A, *Mès.* C, *Que.*

43 — C, *Si doi ceianz estre par conte.*

44 — *ot estrange.* A, *adonc grant.* C, *en ot (et) duel.*

45 — B, *isnelepas.* — A, *Tornez s'en est mornes et mas.* C, *Pensis s'an est tornez et mas.*

46 — A, *Venuz s'en est à.* C, *Si a encontré.*

47 — C, *si li reconta.* — Ce vers et le suivant manquent dans A.

49 — A, *Se li raconte son anui.*

51 — B, *Dieu(s).*

52 — C, *Venuz an est droit.*

53-60 — Ces vers sont remplacés dans A par les suivants :

> Demanda lui comment c'avint
> Que là dedenz sanz congié vint :
> « Ceenz n'entra onques mès ame
> Sanz conduit ou d'omme ou de fame ;
> Vuide paradis, vilains faus.
> — Thomas, Thomas, trop es prinsaus.

54 — C, *Icist menoirs est liges notres.*

56 — C, *Et où as tu don.*

57-60 — Ces vers sont remplacés dans C :

> Por quoi tu doiz ceianz entrer ;
> Ja n'i doit vilains demorer,
> C'est la maison à Deu eslis.
> — Thomas, » dist il, « trop ies hastis.

61 — C, *com un.*

62 — A, C, *En.*

63-64 — Ces vers manquent à C.

64 — *veü.* B, *perdu.*

65 — C, *Après.* — Ce vers et le suivant manquent dans A.

67 — C, *Que vos en Deu ne crerri[i]ez.*

68 — C, *Se les plaies ne vei[i]ez.* — Après ce vers, C ajoute :

> Q'an croiz avoit aü no mestre,
> Ceianz ne deüssiez pas estre.

69 — C, *Que vos fustes trop.*
70 — lors. A, *lues.* B, *lor.*
71 — C, *s'a baissié.*
72 — A, C, *Venuz en est droit.*
73 — A, *a conté son.* C, *raconte son.*
74 — A, *Fait.* — G'irai. A, *Sire.*
75 — A, *Je saurai qu'il.* C, *Sorré qu'il me.*
76 — A, *n'a cure de repondre.*
77 — C, *Ou haut.*
78 — C, « *Vilains,* » *fait il,* « *qui vos.*
79 — C, *O feïstes vos.* — Ce vers et le suivant manquent dans A.
80 — C, *Que la porte vos.*
81 — C, *Voidiez.*
82 — A, C, *Qui ?* » *fet l'ame.* — A, *dant.* C, *sainz.*
83 — A, *Dont n'estes vous or li serjanz.* — Ce vers et le suivant se lisent dans C :

> Mout fustes oribles tiranz :
> Por qu'estes vos si mal queranz?

84 — A, *Qui si fu.*
85 — si. A, *plus.*
88 — C, *Bien vos i saustes racorder.* — Après ce vers, C ajoute :

> Del *verbo,* et [le] desdaigniez
> Entor les leus o estoiez.

89 — C, *li saint home.* — Ce vers et les cinq suivants (89-94) manquent dans A.

90 — C, *sor sele some.*
91 — C, *Une bufe à main entesée.*
92 — ne. C, *et.*
93 — C, *Devez vos encores lo vin.*
94 — C, *Ha! quel apostre.* — Après ce vers, C ajoute :

> Com avons ore boen confort !
> Par foi ceianz estes à tort.

96 — C, *honte et engoisse.*
97 — B, *Cil s'en torne isnelepas.* C, *Torne s'an, et pansis et mas.*
98 — B, *Qui.*
99 — B, C, *estoit conseille.*
100 — Si. A, *Se.* — C, *Il lor a conté.* — B, C, *la merveille.*
101 — C, *Si com li vilains l'a conté.*
102 — C, *l'a il.*
103 — et ge. A, C, *cuite.*
106 — li. C, *lor.* — A, *Com li vilains lor a fet honte.*
107 — C, *vanduz.*
108 — C, *concluz.*
110 — B, *g'i erai.* C, *g'i irai.* — A, *Pierres dist :*
« *Dieus, et je irai.*
111 — C, *Por solement ceste novele.* — Ce vers et les cinq suivants sont remplacés dans A par les suivants, dont les deux derniers ne sont autres que les v. 79-80 :

> Si saurai qu'il voudra respondre. »
> L'ame ne se vout pas repondre,
> Aval paradis se deduist :
> « Vilain, » dist Dieus, « qui te conduist ?
> Où feïstes vous la deserte
> Que la porte vous fu ouverte ?

112 — C, *Il voit à l'ame, si.*

113 — * con avint. B, com ainsinc. — C, *Demande li comant ça vint.*

114 — C, *sanz congié là dedanz.*

116 — C, *Sanz conduit* [o].

117 — B, C, *ledengiez.*

118 — B, *Mesaasmez et avilliez.* C, *Et ramponez et blastangiez.*

119 — A, *Cuides tu ceenz.* C, *Comant cuides i.*

120 — A, C, *ausi bien.*

122 — A, *Quar.* C, *Que.*

123 — A, *N'onques ne mescrui vostre.* C, *N'onques ne recore* (sic) *vos.*—Ce vers et le suivant sont intervertis dans C.

124 — onques. A, *mes hon.* C, *saint om.*

125 — tout ce. B, *issi.*

128 — C, *Ne tel.* — A, C, *menai.*

130 — Ce vers est remplacé dans C par les cinq suivants :

>As mostiers fui [et] soir et main;
>N'onques n'amé tançon ne lime;
>Volantiers doné droite disme;
>Les povres sovant saoloie,
>Mout volantiers les hesbergoie.

131-132 — Ces deux vers se lisent autrement dans A :

>Et s'en chaufai maint à mon fu
>Et l'esgardai tant que mort fu.

Dans C :

>Si les eschaufé à mon fu,
>Onques del lor mialz ne me fu.

133 — B, *seint.* — Ce vers et les trois suivants dans C :

> Et lor conquerroie à l'esglise;
> Mainte braie, mainte chemise
> Mis sor ces qui erent despris.
> Qant la mort ot mon cors sorpris, ...

135 — A, *besoing.*

137 — A, *Je fui.* C, *Si fui.* — A, C, *veraiement.*

138 — C, *vo cors.*

139 — sermone. A, *tesmoingne.* — nos. C, *lo.* — B, *Ainsi le fait on et sermone.*

140 — A, *pardoingne.*

143 — A, *Quant ceenz sui, porqu'en iroie.* C, *Qant i sui, por qoi en iroie.*

145 — *Vos avez otroi[é].*

146 — A, *est, qui ne.* C, *est, puis ne.*

147 — A, *Ne vous n'en mentirez.* C, *Vos n'an mantiroiz ja.*

148 — C, *Amis.*

149-150 — Ces deux vers sont remplacés dans B :

> Paradis a cil gaaignié,
> Qui par parole a conquesté.

Dans C :

> Paradis, jamais n'en istras,
> Que par plaidier gaaignié l'as.

152 — C, *Bien sez demontrer.* — Ce vers et le précédent manquent dans A et sont intervertis dans C.

153 — Ce vers manque à C.

156-158 — Ces vers manquent dans A et sont remplacés dans C :

> Boen gesir fait desor notre herbe;
> Miauz valt char d'oe o de plovier
> Que braon d'asne por mangier :
> Nature passe norriture,
> Fauseté a morte droiture.

159 — A, *Tort... droit.* — B, *Droiz vaint avant et torz aorce.*

160 — B, *engien.*

Ce fabliau, qui n'est pas un *conte dévot,* bien qu'il mette en jeu Dieu et les apôtres, fait sans doute allusion par le vers 146 à la parabole de Lazare et du mauvais riche (Luc, XVI). Il a été remis en vers par Imbert et par Gudin.

## LXXXII. — Le Testament de l'Asne, p. 215.

Publié par Barbazan, I, 113; par Méon, III, 70-75; par Ach. Jubinal, *Œuvres complètes de Rutebeuf,* 2e éd., II, 78-85, et traduit par Legrand d'Aussy, III, 105-107.

Vers 2 — Il est à remarquer que dans ce fabliau, ainsi que dans le suivant, provenant du même ms., la notation de *c* pour *s* est assez fréquente.

12 — * nel; ms., *ne.* — * oef; ms., *oes.*

18 — * estable; ms., *metable.*

28 — « bien » manque au ms.

77 — Le mot « Bédouin », employé à l'époque de ce fabliau, nous prouve qu'alors il avait déjà le sens extensif que le peuple lui donne aujourd'hui.

78 — « Baudoin » est le nom donné par tout le moyen âge au *baudet.* Chaque animal avait son surnom : l'ours s'appelait *Bernart* (de nos jours *Martin*), le moineau *Drouineau,* le goupil *Renart* (qui est resté), etc.

86 — * secueure; ms., *secoure.*

Ce récit, un des plus répandus dans la littérature populaire, doit certainement venir d'Orient, d'où Le Sage l'a fait passer dans son *Gil Blas* (liv. V, ch. 1). Dans ce cas, il s'agit non d'un âne et d'un prêtre, mais d'un chien et d'un cadi. Quant à l'histoire des *Mille et une Nuits* dont parle Legrand d'Aussy, nous ne la connaissons pas. Les *Contes secrets russes* (voy. p. 334-335) nous offrent deux versions de ce conte (p. 104, conte 48e) : dans l'une, il s'agit d'un chien, et dans l'autre d'un bouc. Les autres imitations sont du reste nombreuses : Malespini (nov. 59), le Pogge et d'autres encore (Cf. Legrand d'Aussy, III, 107).

## LXXXIII. — DE CHARLOT LE JUIF, p. 222.

Publié par Barbazan, I, 140; par Méon, III, 87-91; par Ach. Jubinal, *Œuvres complètes de Rutebeuf*, 2e éd., II, 98-104, et donné en extrait par Legrand d'Aussy, III, 90-92.

Vers 12 — « Aviceinnes », sans doute *Vincennes*, demeure d'Alphonse de Poitiers (Cf. v. 17-18). — Peut-être faut-il lire *que à Vincennes*.

14 — Ce Guillaume, *grand panetier* d'Alphonse, était dans doute un des ennemis de Rutebeuf.

69 — Le *Charlot* dont il est ici question, et que Rutebeuf a mis en scène une autre fois encore (*Desputoison de Challot et du Barbier, Œuvres...*, II, 8-14), devait être un trouvère rival de l'auteur, qui ne trouve pas de meilleure insulte que de le traiter de *juif* (Cf. II, 12).

72 — * Cui ; ms., *Qui*.

126 — « Maistre Horri », auquel Rutebeuf fait encore allusion dans sa *Complainte*, est sans doute ce qu'Ach. Jubinal en a fait (I, 19). Les fosses d'aisance, et par suite les vidanges, étaient choses connues

au moyen âge (Cf. A. Giry, *Histoire de Saint-Omer*, 262).

Nous retrouvons quelques ressemblances avec ce fabliau dans le conte 75ᵉ (p. 192) des *Contes secrets russes* (voy. p. 334-335). Il s'agit d'une mésaventure dans le genre de celle qui arrive à Guillaume.

### LXXXIV. — Du Bouchier d'Abevile, p. 227.

A. — Paris, Bibl. nat., Mss. fr. 837, fol. 158 v° à 161 r°.
B. — » » » 2168, fol. 209 v° à 213 v°.
C. — Bibl. de Pavie, Mss. 130 E 5, fol. 50 r° à 53 v°.

Nous empruntons les variantes du ms. C (Bibl. de Pavie) à M. A. Mussafia, *Sitzungsberichte der k. Akademie der Wissenschaften* (de Vienne), *Phil.-Hist. Classe*, LXIV, 571-575.

Publié par Méon, IV, 1-19, et donné en extrait par Legrand d'Aussy, III, 288-291.

Vers 1 — C, *Or entendez.*
2 — C, *Une mès.*
3 — C, *ci raconter.*
6 — ele. C, *qu'elle.* — B, *Sachiés qu'ele est enfin.*
9-14 — Ces vers manquent à C.
10 — B, *Mais cortois, sages.*
16 — « Oisemont », Picardie, près d'Amiens.
18 — ne. B, *n'i.*
19 — C, *Car trop trouva.*
21 — B, *Felons et.* — C, *Et cuvers et de pute.*
26 — B, *De to(r)st errer.* — C, *De bien errer sa voie atourne.*

27 — B, C, *Se cape.* — sor. C, *sus.*
28 — B, C, *Et près.*
30 — « Bailleul » dans la Flandre française est souvent cité par les trouvères de cette région. Nous avons un fabliau qui porte le titre de « Vilain de Bailleul ».
31 — A, *voies.*
32 — B, C, *A vespre fu.* — C, *et mout fist noir.*
33 — C, *Pense.* — *c'ui mais.* A, *soi plus.*
34 — B, C, *Mais... remanra.*
35 — B, *Molt.* C, *Qu'il.* — B, C, *redoute.*
36 — C, *Qu'il ne.* — B, *C'on ne li toille.*
38 — B, *En l'entrée.*
39 — B, *Vit.* C, *Ot.*
40 — B, *Si li demanda et.* C, *Il li demande et li.* — B, C, *dist tant.*
42 — B, *Nule riens où on puist.* C, *Riens nulle c'on puisse.*
44 — C, *Onques.*
46 — B, C, *Sire, par tous les sains du mont.*
47 — A, *mon baron.* C, *mes maris.*
50 — B, *.II. touniaus en a tous entiers.*
51 — B, *Qu'il amena de.* C, *Qu'il acheta à.* — « Nogentel », en Brie.
52 — C, *Touz temps.*
53 — B, *Alés avec lui ostel.* C, *Alez avec li l'ostel.*
54 — B, C, *g'irai.*
55 — B, C, *Fait li bouchiers.* — C, *Dieus vous consaut.*
56 — B, C, *et il vous.* — B, *consaut.* C, *[con]saut.*
57-58 — Ces vers manquent à B et C.
60 — B, C, *Qui molt avoit en li d'orguel.*
61 — Cil. C, *Il.* — puis. B, *se.* C, *si.*
62 — que. B, *se.* — C, *Sire, Dieus vous doint bone nuit.*

66 — B, C, *Foi que jou doi à saint*. — B, *Hebert*. C, *Lambert*.

67 — nuit. A, *ja*.

68 — C, *Querez qui*.

70 — C, *Querez à mont, querez à val*.

71-74 — Ces vers manquent à C.

72 — B, *Et sachiés vraiement por voir*.

73 — cest. B, *mon*.

74 — i ont. B, *ont cest*.

75 — C, *Que ce*. — B, *n'est [pas] droiture à prestre*.

79 — B, *Oie voir et*. C, *Oïl, sire*.

80 — C, *Alés vous ent*.

81 — B, *Ce m'est avis*. — C, *que c'est*. — B, *ramprosne*.

82 — C, *A! sire, ainz seroit grant*.

83 — B, *Se huimais*. C, *S[e] umès*.

84 — B, *Car je n'en*.

85 — B, *Que je sai bien*. C, *Car je sai bien*.

86 — B, C, *Se de vo vin*.

87 — B, C, *Grasses et grés vos en saroie*.

88 — B, *Et volentiers l'acateroie*. C, *Et volentiers le poieré*.

89 — B, *Ausi bien vous venroit hurter*. C, *Rienz nule ne vous voeil couster*.

90 — B, *Dist li diens, « par saint Omer*.

91 — B, *Vo teste*. — dure. B, C, *bise*.

93 — B, *Ja ne gerrés*.

95 — B, *Fait li*.

97 — ne. B, *n'i*.

98 — de grant. C, *et de*.

99 — B, *Or oiés comment li avint*.

100 — B, *Si com hors*.

102 — B, *furent keü*. C, *cheü erent*.

103 — C, *tropel*.

105 — B, *Il salue le.*
108 — B, C, *se Dius.*
109 — *le.* B, *no.* — C, *Cui est cis avoirs? — A no prestre.*
110 — B, *A foi de par Dieu.* C, *De par Damedieu.*
111 — B, *Or orrés.*
112 — B, *Tout.*
113 — B, *K'ains.* — C, *ne l'aperçut.*
114 — Après ce vers, B ajoute :

>Qui ne le vit ne mot n'en seut ;
>Li bouchiers au plus tost qu'il peut.

Et C :

>Ains ne le vit ne ne le sot,
>Et le boucher plus tost qu'il pot.

117 — B, *Au més le prestre en vient.* C, *S'en vet chiés le doien(s).*
118 — *fu fel.* B, C, *ert fiers.*
119 — B intervertit à tort les mots « clorre » et « la porte ».
124 — B, *demanda erranment.*
127 — *que cest.* B, *c'un seul.*
128 — *il.* B, *chieus.*
129 — B, C, *Sire, anuit.*
130 — B, *Car bien [en] voel estre.*
131 — *ne,* B, *ni.*
132 — C, *en soit mengié.*
133 — *por.* B, *mais.*
134 — B, *C'aporté l'ai à grant.* C, *Aporté l'ai à grant.*
136 — *goulouse.* C, *couvoite.*
138 — B, *Ensi con moi en est.* — « Dist » manque à C.
139 — *Oïl.* B, *Oie.* — C, « *Certes,* » *fet il.*

140 — C, *Mès que vous y fussiez vous tiers.*

141 — B, *Si ariés.* — C remplace ce vers et le suivant par quatre autres :

> Vous herbergeré voirement :
> S'aurez ostel à vo talent. »
> Ainc nus homs mieus ne se prova
> Com li doiens celui fet a.

142 — B, *C'ainz.*

144 — B, C, *de bon afaire.*

150 — B, *Ja Dieus de ses sains ieus.* C, *Que ja Dieus de ses ieus.*

151 — B, C, *Celui cui.*

152 — B, C, *Huimais.* — B, *seroie près du fu.* C, *se treront vers le fu.*

153 — B, C, *entrent.*

154 — B, *Là u li fus* (faux).

156 — C, *Regardé a et sus.*

158 — tost. C, *lues.* — B, *On li a tantost.*

159 — tue. B, *asome.* C, *escorce.*

160 — C, *Sus le banc a geté.* — B, *A .I. bauch ki fu là d'encoste.*

161 — B, *Pendi le pel.* C, *Puis prist la char.*

162 — B, *« Sire, » dist il.* C, *Puis dist : « Sire.*

164 — C, *est bien prouvez.*

165 — C, *Vez comme il est.*

167 — B, *si loins.* C, *trop loing.*

169-170 — C :

> Metés l'espaule toute en rost,
> Et s'en faites cuire plain pot.

171 — B, *essiau.*

173 — B, C, *C'onques.*

174 — cuire. B, *rostir.*

175 — C, *Vez comme elle est crasse.*

176 — saveur. C, sausse.
177 — B, vraiement.
178 — fetes. C, à vo.
180 — B, Donc faites tost. C, Or faites donc.
181 — C, n'i a que du laver.
185 — si fort. B, si fais. — C, jalous forment estoit.
186 — nuiz. B, fois.
189-194 — Il manque certainement un vers dans le ms. B, qui s'exprime ainsi :

> A la table avoec le bouchier...
> Quant il ont mengié à delit,
> La dame fist parer .I. lit
> Avec son oste bon et bel
> De blans dras bué[s] de novel.

On lit dans C :

> Avec son oste bien et bel
> Et menja de maint bon morsel
> Celle nuit avec le bouchier,
> Et fet samblant que mout l'ait chier.
> Quant orent mengié par delit,
> La dame li fist fere .I. lit
> De blans dras lavez de nouvel ;
> Si li fist et tost et isnel.

197 — C, à ese. — Ce vers et le suivant sont remplacés dans B :

> Que nos ostes sire Davis
> Soit aaisiés à son devis,
> Si qu'il n'ait riens qui li desplaise,
> Par lui avons esté bien aaise.

198 — C, Et qu'il.
199 — B, s'en vont.
202 — B, plus à aise ne fu.
203 — Bon. C, Bel. — biau. C, bon.
204 — B, Baissele.

205 — B, *toi en cha, parole à mi.*
206 — B, *de moi ton ami.*
207 — B, *Tu i porras.*
208 — B, *Taisiés, que le(s) ne dites preu.* — B ajoute ces deux vers :

> Dieus ! com cist home sont vilain !
> Laissieme em pais, est en vo main.

C remplace les vers 208-210 par les suivants :

> Se tu veus souffrir de mon gieu.
> — Taisiez vous, je n'en ai que faire.
> — Par Dieu, il le convenra faire.

209 — Ja. B, *Je.*
210 — B, *Par foi, il le te.*
211 — B, *Par covent ke je te dirai.*
212 — B, *Dites donques.* C, *Or dites donc.*
213 — B, C, *avec moi gesir.*
214 — B, C, *Faire mon bon.* — C, *plesir.*
217 — B, C, *Taisiés, onques.* — B, *mais ce me.* C, *ce ne me.*
218 — B, C, *Par Dieu, vos n'estes.* — B, *mie erites.* C, *pas herites.*
220 — C, *Dieus ! comme estes mal.*
221 — B, *com vos sanlés sos.* — Ce vers et le suivant se lisent ainsi dans C :

> Certes trop estes riotous :
> Se no bon fesons, moi et vous.

223 — C, *diriez à ma dame.*
224 — B, C, *se Dius ait pitié de m'ame.*
225 — C, *Ja à nulli.*
226 — B, C, *ne vous encuserai.*
227 — C, *elle agreanté.*
228 — Après ce vers, C ajoute :

> Et tantost s'en ala couchier
> La meschine avec le bouchier.

230 — B, *Puis se leva, si fist le fu.* C, *Au matin aluma le fu.*
231 — B, *Son harnas fait et.* C, *Son pot a pris, si.*
232 — C, *Adonques.*
234 — B, *dire.* C, *lire.* — B, C, *leur sautier.*
235-238 — Remplacés dans C :

> Et li bouchiers si s'est levez,
> Si s'est vestuz et atornez.

236 — B, *Et li bouchiers de.*
238 — B, *saisons et.*
239 — C, *Et est venuz.*
240 — B, *Vint à s'ostesse.* C, *Droit à la dame.*
241 — C, *Le loquet hauce.*
242 — B, *Le bele dame.*
244 — B, *estoit tout droit.* — C, *Devant son lit où il estoit.*
245 — B, *Lors s'esmerveille.* C, *Mout se mervelle.*
249 — C, *Et si.*
250 — C, *près du.*
251 — B, *Son chief mist seur.* C, *Met sa main sus.*
252 — B, *Puis.*
253 — B, *Si vit le.* C, *Et voit sa.*
254 — B, *Et se p. et se m.* C, *Et sa boutine et sa m.*
255 — *dist il.* B, *fait il.*
256 — *Saint Berthelemi et.*
258 — C, *Qu'avec tel fame.*
259 — B, *Ausi.* — C, *Si m'aït bien.*
260 — C, *en seroit.*
262 — B, *Que peüsse une nuit.* C, *Que peüsse avec vous.*
264 — C, *n'est pas.*

266 — en sus. B, *la hors.*
267-268 — C :

> Faites tost, alez hors, pour Dé :
> Messire avera ja chanté.

268 — B, *Molt.*
269 — C, *S'il.*
271 — C, *auriez honnie et.*
274 — C, *mouverai.* C, *me mouvré.*
278 — B, *orguellouse ne.* C, *ennuieuse ne.*
279 — C, *Ne l'ocesisse.*
280 — B, *Se de riens nule aloit grouchant.* C, *Mès ore oez mon couvenant.*
281 — Et. B, *Mais.*
282 — B, *Me pel, amie.* C, *Ma pel, dame.*
283 — plenté. C, *foison.*
284 — B, *Je n'oseroie pour le gent.*
285 — B, *asi estout.*
286 — C, « Que » manque.
287 — dist il. B, *fait il.*
288 — C, *com soie ne vis.*
290 — à. B, *en.*
291 — C, *li a dit, tant.*
294 — B, C, *Tant qu'il en eut tout.*
295 — B, *Atant s'em part.*
296 — C, *Au moutier s'en vet.*
297 — B, *commenchie sa.* — Ce vers et le suivant se lisent dans C :

> Ot ja commencé son sermon
> En une ne sai quel leçon.

298 — B, *Ainques n'i fust arestison.*
299 — B, « il » manque. — Domne. B, *Domine.*
301 — B, *grés vous en rent.* — On lit pour ce vers et le suivant dans C :

> Sire, » dist il, « noméement
> De vostre ostel graces vous rent.

302 — B, *Herbergiet m'avés à talent.*

303 — B, *Et mout m'avez fait.* — Ce vers et les deux suivants dans C :

> Je me lo de vostre semblant;
> Si vous voeil dire maintenant
> Et vous pri tant pour moi fachiez.

305 — B, *Et proi que vos me fesissiés.*

306 — C, *Sire, me pel.*

307 — C, *Si m'avez.*

308 — C, *.x. livres.*

309 — B, *Ele est.*

310 — C, *prenez la por deus.*

313 — C, *Dist li prestres,* « *mout volentiers.*

317 — B, *Puis prist congié, si s'en ala.*

318 — B, *Li fame au prestre.* C, *La b[one] dame.*

319 — ert. B, *fu.*

320 — B, *Si se vesti d'une vert.* C, *Vestue ot une verde.*

321 — C, *Bien est.* — B, *[Mout] bien ploïe.*

322 — B, *Et si eut escorchiés ses.* C, *Escorchié ot mout bien les.*

324 — B, *Vair et.*

325-326 — Ces vers manquent dans A et C.

327 — B, *Li baissele sans plus.* C, *Et la meschine senz.*

328 — C, *Va.*

330 — B, *baissele, car.*

332 — C, *qu'en avés vous à fere.*

334 — B, *à escaufer.*

336 — B, *Qu'ele pent chi hors de le voie.* C, *Ele seroit trop en la voie.*

337 — B, C, *Si fai.*

338 — dist el. B, C, *j'ai fait.*
339 — C, *que vous.*
340 — C, *Par foi.*
343 — B, *te main plus.*
345 — C, *Par Dieu, dame, que.*
346 — C, *Trestoute m'en entremetrai.*
347 — C, *Si en ferai com de.*
348 — B, *As tu dit que le pel est toie.*
349 — B, *je l'ai dit.*
351 — B, *Ou te noie en une.* C, *Ou voises en une.*
352 — A, *Certes, or ai je grant.* C, *Mout ai ore trés grant.*
353 — C, *Que tu.*
355 — C, *Va t'en.* — B, *Va, si aroie te maison.*
356 — C, *Dame, or dites vous.*
357 — B, *Quant.*
358 — « seur » manque à C.
359 — B, *S'iert ele mieue.* — C, *Si sera la piau toute moie.*
360 — B, *mon ostel, va te.*
361 — C, *N'ai plus.*
362 — B, *Car trop.* — C, *Car tu es trop fole et trop.*
365 — B, *Tant t'ai forment.* C, *Si t'ai je encueilli.*
366 — C, *Que par le col.*
368 — C, *J'atenderai que.*
369 — B, *Mesire, et puis.* C, *Et puis certes.* — Ce vers et le suivant sont intervertis dans C.
371 — B, *Vous clamerés, pute boufarde.*
373 — B, *dame, (vous) dites.* C, *voir, vous dites.*
375 — B, *du prestre(s) avés.*
376 — B, *passion, met le.*
377 — B, *Me pel.*
379 — B, *Par les nons Dieu.* C, *Par le cuer Dieu.*
380 — C, *La dame a prise.* — A, *quenoille.*

381 — B, *l'en fiert et cele.*
383 — B, *m'avés ore à tort.*
384 — B, *mout bien.*
386 — B, C, *mout fort.*
388 — A, *le prestre[s].* C, *prestre en la.*
389 — C, *fet il, « Qui a ce. — Lisez ce? » dist il.*
390 — *mesfet.* C, *forfet.* — B, *Sire, ma dame.*
391 — B, *Par Dieu, por noient ne fu mie.* C, *Certes pour noient n'est ce mie.*
392 — B, *Di me voir, si ne me ment mie.* C, *Di m'en le voir ne me ment mie.*
393 — B, C, *Certes, sire.*
394 — C, *Qui pendoit là dessus le fu.*
395 — A, C, *Sachiez que vous.*
397 — *nos.* C, *vos.*
398 — C, *Eüst ostel.*
400 — B, C, *voirement.*
401 — B, *jurée l'ai.* C, *jurer porai.*
402 — C, *gaaignie l'ai.*
405 — *culonée.* A, *enganée.* — B, *Que ses ostes l'ot enganée.*
406 — *sa.* B, *la.* — C, *Pour la pel qu'il li ot.*
407 — C, *Il fu.*
408 — B, *n'en ose.* C, *n'a osé.*
413 — *ma.* B, *no.*
414 — « vos » manque à C.
416 — C, *rendriez* (trois syllabes).
417 — B, C, *Que.*
418 — B, *voir vos.*
419 — B, *Quant.*
420 — B, *Et hounist li orde puslente.*
421 — B, *Ne je ne sé qu'il avendra.*
422 — *Ja.* B, *Mais.* — C, *Mès que la pel moie sera.*
423-424 — Ces vers manquent dans A et C.

425 — C, *Elle est vostre?*
426 — Nostre. B, *Nos.* C, *Vos.* — no. C, *ma.*
427 — B, *Sor no kuite et sor nos.* C, *Seur ma couite et sur mes.*
428 — B, *Et.* — C, *Maugré en ait sainte Richeus.*
430 — B, C, *Bele suer.*
431 — C, *Par la foy que me promeïstes.*
432 — primes. B, *premiers.* — C, *en cest hostel venistes.*
434 — B, *par saint Pierre l'apostre.*
435 — C, *Et la meschine.*
436 — B, *Ha! sire.* — C, *Hé! sire, ne l'en.*
437 — ainçois. C, *avant.*
438 — B, C, *fussiés vous.*
440 — B, *Alés ent hors de ma.* C, *Alez hors de nostre.*
442 — Le scribe du ms. C, qui n'a certainement pas su que le « saint signe de Compiegne » était le *suaire du Christ* conservé à Compiègne, a introduit la leçon suivante : *le saint seigneur.*
443 — B, *Dist li prestres.* C, *Dist li doiens.*
444 — C, *Bien voi que le haés.*
445 — C, *C'est pour ce qu'ele est.*
448 — B, *M'avainne et mon orge.* C, *M'avene, mon forment.*
449 — C, *et mon lart me prenés.*
450 — B, *Sire, com vous estes.* — C, *Certes, mout estes forssenés.*
451 — B, *Qui tant l'avés chaiens.*
453 — C, *Et fetes que à li contés.*
454 — C, *or escoutés.*
457 — B, C, *Dites moi ki.*
458 — B, *Nos otes.* C, *Mes ostes.*
459 — Voir. A, *Vois.* — B, *Et pour les boiaus.* C, *Oez pour le cors.*

460 — B, *jehui.*
461 — C, *Ançois que parust.*
462 — C, *com par estes.*
463 — B, *Qui si jurés escortement.* C, *Qui jurez si trés cruelment.*
464 — B, C, *Il prist congié.* — B, *mout belement.* C, *si doucement.*
465 — B, C, *A moi quant il s'en dut aler.*
467 — *adonc.* C, *sire.* — B, *Nenil.* — *Quant donc? — Je me gisoie.*
470 — B, *Or convient.* C, *Il couvient.* — C, *esponde.*
472 — B, *sousprendre.*
473 — B, *Dame, à Dieu vous.*
474 — C, *Et s'en ala tout maintenant.*
475 — B, *C'ainc plus n'i fut ne plus n'i dist.* C, *Plus ne parla ne plus ne dist.*
476 — B, *Ne riens autre.* C, *N'autre chose.*
478 — B, *Mais vos i entechiés folie.* C, *Mès vos i pensés la folie.*
479-488 — Ces vers manquent à B.
481 — C, *La merci Dieu se tout bien non.*
483 — Répété dans C.
484 — Ce vers manque à C.
485 — Ce vers, qui dans C est placé après le v. 486, se lit ainsi :

> Que nule fois ne me remue.

491 — B, *A peu ke ne te fier ou tue.*
492 — B, *Vraiement sai.*
493 — B, *Di va.*
495 — B, C, *Va t'ent, si vuide.*
496 — B, *Je juerrai sur.* C, *Je m'en iré à.*
497 — *deseur.* C, *sur sains.* — On lit dans B, mais après le v. 498 :

Orendroit ce fournierai.

498 — C, *Que jamès ne te maintenrai.*

499 — B, *Par ire s'est li prestre assis.*

500 — B, *Dolans et tristres et pensis.* C, *Touz corouciez et touz marris.*

502 — B, *Se li poise que ele.*

504 — Mout. B, *Si.*

505 — B, *En le cambre entre maintenant.* C, *En la chambre s'en entre atant.*

506 — vient acourant. A, *tout maintenant.* C, *de maintenant.*

509 — B, *Si ne.* — Ce vers et le suivant se lisent dans C :

> Grant aleüre est revenuz,
> Touz courrouciez et esperdus.

511 — B, *Gratant.* — C, *ses ongles.*

512 — C, *disoit s'oroison.* — B, *Li diens siet seur sen leson.*

513 — B, *Tous.* — Ce vers et le suivant manquent à C.

514 — B, *K'esçou, el non de vis maufés?*

515 — B, *Ribaus mauvais.* — Ce vers et le suivant se lisent dans C :

> Atant entre li pastre en l'us :
> « Qu'est ce? mal soies tu venus !

518 — B, C, *Tu deüsses.*

519 — B, *A peu ne te.*

520 — C, *j'ai perdu un.*

521 — B, C, *le plus bel de.* — C, *mon tropé.*

522 — B, *l'a atrapé.* — C, *Di va, où as tu donc esté?*

526 — C, *Sire, pour Dieu.*

527 — B, *quant jou chaiens entrai.*

528 — « i » manque à C.

530 — *ni en chemin n'en voie.* C, *en chemin ne en voie.*

531-534 — Ces vers manquent dans A et C.

535 — B, *Si le.* C, *Qui le.*

536 — B, *Par le cuer bleu.*

539 — B, *Et qui m'amie.*

540 — C, *Et ma pel meïsme vendue.*

541-544 — Ces vers manquent dans A.

542 — C, *Qu'à bone eure.*

543 — C, *Onques ne m'en soi.* — Ce vers et le suivant sont intervertis dans C.

545 — B, *me fait.*

546 — B, C, *Counisteroies tu.*

547 — B, *Que dites vos, biau sire, avoi.* C, *Que dites vous, biau sire, à moi.*

548 — B, *Oïe si bien, se je le voi.* C, *Oïl mout bien, se je la voi.*

549-550 — C :

> Il prent. . . . . . . . .
> Et la repince et la retaste.

552 — C, *li paistres sa beste.*

553 — B, « *Ha la !* » *ce dist.* C, « *Harou !* » *ce dist.*

554 — C, *Par les yeus bleu.*

555 — *plus.* C, *mieus.* — B, *Le beste ou mont que plus.*

556 — *mon.* B, *no.*

557-558 — Ces deux vers manquent dans A et C.

560 — B, *Cha venés, dame.*

561 — *baissele.* C, *baiasse.*

562 — B, *Parlés à moi.* — Ce vers et le précédent sont intervertis dans B.

563 — B, C, *Parole à moi.*

564 — B, *sour cele.* C, *sur ceste.*
566 — meschine. C, *baiasse.* — Ce vers manque à B, où il est remplacé par le suivant, placé avant le vers 565 :

    Foi que doi vous que je molt aim.

568 — B, C, *de m'ame.*
569 — B, *par droit estre.*
571-576 — Ces vers manquent dans A et C.
578 — C, *Vous qui cest conte oï avez.*
579 — B, *Vuistasses.*
580 — B, *Par amors et prie et commande.* C, *Et vous [en] prie et vous comande.*
581 — C, *le jugement.*
582 — C, *Chascuns en die son talent.*
586 — C, *Ou la baiasse pinprenesse.*

Ce fabliau, qui offre une certaine analogie avec le conte de La Fontaine : *A femme avare galant escroc,* se retrouve dans un conte de Chaucer ; c'est aussi, à peu de chose près, le sujet de l'*Anser venalis* du Pogge, de la nouvelle XVIIIe des *Cent Nouvelles nouvelles* et d'une histoire de Boccace (journ. VIII, nouv. 1) ; d'autres imitations existent encore.

## LXXXV. — Le Sentier batu, p. 247.

Le ms. de l'Arsenal porte dans la nouvelle numérotation le n° 3524.

Publié par Barbazan, à la suite de l'*Ordene de Chevalerie,* 168-177 ; par Méon, I, 100-105 ; par M. Aug. Scheler, *Dits et Contes de Baudoin et de Jean de Condé,* III, 299-303, et traduit par Legrand d'Aussy, III, 16-18.

Vers 17 — Athies est une petite ville du Vermandois, tout près de Péronne.

25 — Cf., sur le jeu du roy *qui ne ment*, Th. Wright, *Anecdota literaria*, 74. Il semble que ce soit un jeu dans le genre du jeu actuel des *Proverbes*.

Cette histoire a été remise en vers par Imbert, et nous ne connaissons pas d'imitation qui en ait été faite dans les littératures étrangères.

LXXXVI. — DE BERANGIER AU LONC CUL, p. 252.

A. — Paris, Bibl. nat., Mss. fr. 19152, fol. 54 r° à 55 r°.
B. — Bibl. de Berne, Mss. 354, fol. 146 v° à 149 v°.

Nous empruntons les variantes du ms. de Berne à la copie de la Bibliothèque nationale (coll. Moreau, 1720, Mouchet, 46).

Traduit par Legrand d'Aussy, III, 207-213.

Vers 2 — B, *Que je ai fait.*
3 — B, *passé a un.*
4 — B, *doi Deu et.*
5 — g'en. B, *l'an.*
7 — oï. B, *eü.*
9 — B, *Si tost que ne tarderai.*
10 — B, *Or oiez que je voil.*
11 — A, *Que li.*
18 — B, *Qui mout avoit et.*
20 — B, *Ot à monciaus.*
24 — B, *lo bon lignage.*
25 — B, *Que li.* — Ce vers dans B est placé après le vers 26, qui se lit ainsi :

Et dechiet tot, et va à honte.

28 — « en » manque à B.
32 — B, *Qui miaux aiment.*
33 — B, *Que il ne font.*
34 — noblece. B, *largesce.* — Après ce vers, on lit dans B le vers suivant, qui remplace le v. 36 :

>Ensi dechiet enor et pris.

35 — B, *j[e] ai empris.*
37-38 — Remplacés dans B :

>Repaireré, por traire à chief.
>Li chevaliers à grant meschief.

39 — B, *Maria sa fille au.*
40 — B, *Sel.*
41 — B, *Cil l'amena, si sont ensamble.*
42 — B, *Plus de .x. ans, si com moi samble.*
48 — B, *La dame s'est aperçeüe.*
49 — B, *est si.*
50 — B, *Que.*
51 — ne. B, *et.*
52 — B, *et pallier.*
53 — B, *A menoier qu'escu.*
55 — B, *que il iert si.*
56 — B, *n'est pas nez de.*
57 — B, *Ne estraiz.*
58 — paraige. A, *lignaige.*
60 — B, *Et as armes et as destriers.*
61 — B, *ne pris je rien.*
62 — B, *Donc entandi le vilains bien.*
64 — B, *dist il, « j'é tel.*
69 — B, *de tot.*
70 — B, *se viaus, tu lo verras demain.*
71 — A, *trouver puis.*
72 — A, *vorrai que qu'il en nuit.*

73 — B, *Qui mout deffie.*
75 — B, *Que ges.*
76 — *Que chascuns i perdra.*
78 — B, *trespasserent.*
79 — B, *à l'ajornant.*
83 — B, *Que.*
88 — B, *decevra.*
90 — B, *.I. bois mout grant et mout plenier.*
91 — B, *Avoit.*
94 — B, *Que onques n'i fist nul arrest.*
95-97 — B :

> Qant à mi lo bois fu venuz,
> Desoz .I. chasne est descenduz :
> Son cheval as resnes estache(s).

98 — A, *à .I. arbre ataige.*
99-102 — B :

> D'une branche seche sechiée.
> Après a s'espée sachiée.

101 — A, *sachiée.*
103 — Ce vers, placé dans A après le vers 104, se lit :

> S'en part de l'escu à escous.

105 — B, *Tot la tranchié et tot malmis.*
108 — B, *Après.*
110 — B, *Puis s'en vait poignant tot.*
112 — prent. B, *tint.*
116 — B, *Sa fame en l'encontre li vint.*
118 — B, *la fiert del pié.* — Ce vers et le précédent assonnent sans rimer.
119 — B, *Qui mout iert frès.*
120 — vos tost. A, *vost.*
121 — B, *Que sachiez bien.*
126 — B, *truanz vilains.*

129 — B, *son escu percié.*
131 — A, *a fait croire.*
132 — A, *ne que faire.*
133 — B, *Ne set el mont que ele face.*
134 — B, *Que.*
135 — B, *ne qu'el n'i.*
136 — sa. B, *la.*
137 — B, *.I. mot.*
139 — A, *de tel folie.*
140 — B, *mout vile.*
142 — « pas » manque à B.
143 — B, *fu cil.*
145 — B, *Fu estroiez.*
146 — B, *n'ert cassez ne bleciez.*
147 — B, *Ne ses haubers.*
148 — B, *Et vit tot haitié son cheval.*
149 — B, *Qui n'est lassez.*
150 — B, *N'est pas de la dame.*
151 — B, *A cele.*
152 — B, *Or dist.*
155-159 — Ces vers sont remplacés dans A par les sept suivants :

>Bien est la dame aparceüe
>Que coaz est et par nature,
>Que par sa borde la desoit,
>Et dit que, s'il voit autre foiz
>El bois, qu'ele ira après lui,
>Et si sara mout bien à qui
>Li chevaliers se conbatra.

161 — B, *Enfin c'est cele.*
162 — B, *qant vint à.*
165 — B, *ço menaçoient.*
166 — B, *Et qui son mal li porchaçoient.*
167 — B, *do[n] mout se.*

168 — B, *que il.*
169 — B, *De sergenz armez* .III.
177 — B, *Come chevaliers.*
179 — B, *soing de.*
181 — B, *s'est ou bois.*
182 — ert ja. B, *estoit.*
183 — B, *un[e] chasne, et il i.*
184 — B, *A l'espée lo depeçoit.*
187 — B, *il* .c$^m$.
188 — B, *Ne l[e] [v]os tenez mie.*
189 — meine. B, *fait.*
190 — A, .I. peu.
191 — B, *Qant ele a.*
193 — B, *assez ot.*
194 — B, *Avant.*
196 — B, *c'est grant folie.*
197 — me. B, *si.*
199 — B, *mis en un gié.*
200 — B, *peçoiez.*
202 — hui. B, *or.*
203 — B, *Mal dahaz ait qui or.* — Ce vers et le précédent sont intervertis dans B.
204 — B, *Que.* — Après le v. 203 qui suit celui-ci, B ajoute :

> Que vos estes coarz provez. »
> Li chevaliers s'est regardez.

205 — B, *il a les moz.*
206 — fu. B, *est.*
208 — B, *Do point.*
·216 — B, *renart.*
217 — partoiz. B, *movoiz.* — Ce vers et le suivant sont intervertis dans B.
219 — B, *Covient.*

223 — B, *n'aurai de vos.*
225 — A, *à estuper.* — B, *Devant vos m'iré.*
227 — B, *o par delez.*
228 — B, *lo quel que vos volez.*
229-230 — B :

> De ces jeuz ice vos covient. »
> Li chevaliers, qui dote et crient.

233 — B, *dist il.*
236 — B, *quanque.*
237 — ne. B, *n'i.*
238 — mist pié. B, *descent.*
239 et 240 — B, *prant à.*
241 — B, *Et dit : « Tornez.*
242 — B, *esgarde.*
243 — B, *ce li sanble.*
244 — B, *se tienent.*
246 — B, *Onques mais si grant.*
248 — B, *A guise de coart mauvais.*
250 — B, *à destroit.*
251 — B, *rest montée.*
253 — B, *votre non me.*
254 — B, *Puis si.*
256 — B, *Onques mès teus ne fu nomez.*
257 — mes. A, *me.* — B, *n'i a il nul.*
260 — B, *A ce most a finé.*
262 — A, *A l'einz.* — B, *que pot.*
267 — B, *Estes vos li sires revient.*
277 — \*amenez home. A, B, *home amenez.*
279 — B, *no dites mais.*
280 — B, *Taisiez vos an, coarz malvais.*
281-282 — Ces deux vers manquent à B.
285 — B, *Si[e] seroiez cous.*
287 — A, *pere.* B, *par l'ame votre pere.*

290 — B, *Ce est.*
291 — B, *feroit.*
292 — B, *cil ot.*
293 — B, *grant duel et.*
294 — B, *ne li osa dire.*

La version de ce fabliau, ci-dessus imprimée, dont l'auteur est Guérin, était jusqu'ici inédite, bien qu'elle ait inspiré la traduction de Legrand d'Aussy. Nous réimprimerons dans le prochain volume l'autre version, déjà éditée par Méon. Outre quelques imitations lointaines de cette histoire au moyen âge, nous trouvons dans les *Contes secrets russes* (voy. p. 334-335) la mention d'un *moujik* paresseux et battu par sa femme déguisée en soldat. Imbert a remis ce conte en vers.

### LXXXVII. — DE FRERE DENISE, p. 263.

A. — Paris, Bibl. nat., Mss. fr. 837, fol. 329 v° à 331 r°.
B. —     »      »      »    1635, fol. 60 r° à 62 r°.

Publié par Barbazan, I, 122; par Méon, III, 76-86; par Ach. Jubinal, *Œuvres complètes de Rutebeuf,* 2° éd., 63-77, et donné en extrait par Legrand d'Aussy, III, 380-383.

Vers 3 — A, *Et il en a les dras.*
13 — A, *A grant dolor.*
17 — flabel. A, *ditié.*
19 — A, *Que l'en.*
26 — A, *a fet.*
29 — B, *peires.*
31 — A, *s'entramerent.*
32 — A, *et la.*

33 — laianz. A, *iluec.*
43 — A, *comme nous.*
45 — B, *fussi.*
54 — A, *De bone.*
57 — A, *La reson.*
65 — A, *ordre bien.*
69 — A, *Atant li freres.*
73 — A, *Qu'à.*
77 — B, *estauceüre.*
79 — A, *à tel.*
82 — A, *plus faus.*
83 -- mist. A, *met.*
87 — A, *de la.*
90 — A, *tient.*
93 — A, *refet.* — A, *au tel.*
96 — A, *ele.*
100 — A, *en qui.*
103 — A, *A la.*
115 — A, *que je.*
116 — A, *Et cil respont.*
118 — A, *Metre.* — A, *que il.*
123 — ot. A, *a.*
124 — tiers. A, .III.
132 — n'i. A, *ne.*
134 — a. A, *ot.*
135 — B, *estauciée.*
139 — A, *Bien sanbloit jone homme de chiere.*
150 — s'i. A, *se.*
153 — à. A, *de.*
154 — A, *O les autres.*
156 — A, *contient.*
158 — Lisez *à sa.* — B lit *Quanque ele.*
161-168 — Ces vers manquent dans A.
177 — A, *ot lessié.*

178 — A, *A cele.*
179 — A, *Qui volentiers la retenoit.*
191 — A, *vout.*
192 — A, *Quant l'en ot fet oster.*
207 — A, *d'apercevance.*
213 — A, *Et ele respondi.*
218 — A, *Avoec li dant.*
225 — m'en. A, *me.*
228 — A, *esfroi.*
229 — B, *mierllz.* — A, *que.*
232 — c'i. A, *se.*
235 — A, *Que.*
236 — A, *Et puis.*
237 — A, *Que il la trest de chiés.* — B, *son peire.*
238 — A, *Et se li.*
241 — A, *devant son.*
257 — A, *ne bons ne genz.*
258 — aus. B, *au.* — A, *Vos desfendez aus bones genz.*
260 — A, *Vieles.*
261 — A, *Et deduis de menestrerez.*
263 — A, *Mena.*
270 — B, *adent.*
275 — A, *si le lieve.*
276 — A, *fet il.*
278 — A, *nous jusqu'à .c.*
280 — A, *ot.*
289 — A, *C'onques.*
293 — B, *seüz.*
295 — A, *Ainçois sera bien.*
296 — A, *au mieus de sa.*
298 — A, *qu'il fust.*
301 — B, *mies.*
306 — A, *El li.*

309 — A, *L'arest.*
310 — A, *pas qu'autre.*
314 — sa. A, *la.*
321 — B, *au.*
323 — A, *Qui .1. soir leenz.*
325 — A, *contant.*

Les imitations de cette nouvelle sont assez nombreuses : *Cent Nouvelles nouvelles* (nouv. 32), *Contes de la reine de Navarre* (nouv. 31), La Fontaine (*Les Cordeliers de Catalogne*), l'*Apologie pour Hérodote*, etc. Legrand d'Aussy (III, 384) cite un passage du *Journal de Paris sous Henri III*, qui nous apprend qu'en 1577 le fait raconté par ce fabliau s'est passé en effet à Paris, et que la *damoisele* Denise de cette époque s'appelait alors frère *Antoine*.

## LXXXVIII. — DES BRAIES AU CORDELIER, p. 275.

A. — Paris, Bibl. nat., Mss. fr. 837, fol. 154 v° à 156 r°.
B. —    »         »          »      19152, fol. 120 v° à 122 r°.

Publié par Barbazan, II, 14, et par Méon, III, 169-180 ; traduit par Legrand d'Aussy, I, 343-349.

Vers 2 — B, *A raconter une.*
5 — A, *Si con je truis en la matire.* — Ce vers et le suivant sont intervertis dans A.
15 — « est » manque à B.
19 — A, *Et mout.*
20 — B, *du clerc.*
21 — A, *bien et li.*
23 — B, *Cele se jut.*
27 — B, *Li dist .1. jor.*

29 — A, *qu'el nel lessast mie.*
34 — A, *ou foire.*
35 — B, *mout s'esjoï.*
40 — Ce vers manque à B.
42 — en. B, *il.*
43 — B, *De sire.*
45 — A, *Mais.* — A, *s'en vait.*
46 — B, *Mais la dame.* — A, *fu en bon point.*
49 — A, *cele.*
54 — sai. B, *sa.*
55 — A, *Que trop avez.*
58 — li borjois. A, *li preudom.*
59 — A, *Si s'est.*
66 — A, *preudom s'en ist.*
67 — B, *Qui avoit d'errer.*
68 — A, *Il ne fu.*
69 — a. A, *ot.*
78 — A, *longue aloingne.*
81 — B, *liée.*
83 — A, *grant dolor.*
86 — A, *sus la.*
88 — A, *Du clerc si fist.*
90 — B, *Si tost comme oï avez* (faux).
91 — son voisin. B, *.I. preudom.*
102 — B, *Beaus compainz.*
103 — A, *Et il me gart.*
108 — m'en. B, *me.*
110 — B, *est repairiez.*
112 — pesme. B, *male.*
115 — A, *Malement sommes.*
116 — B, *Deables le ront amené.*
119 — vous. B, *l'uis.*
124 — li. A, *ses.*
125 — B, *Tantost .I. poi.*

128 — A, *Icele.*
130 — mout fu. B, *fist le.*
131 — à. B, *por.*
133 — A, *se fust.*
136 — A, *Or sui je morte.*
138 — A, *Qui est ce couchiez delez mi.*
139 — A, *Qui est entrez.*
142 — A, *esfroi.*
148 — A, *Qui m'estoie couchiez.*
151 et 158 — B, *Mis.*
159 — à l'uiz. A, « *alez.*
160 — B, *Mout estes fous et hors du sen.*
169 — B, *mainte.*
174 — A, *Je vous ai fet mout.*
175 — B, *Ge m'en tieng ore.*
179 — et li dist. B, *puis dist.*
181 — A, *Se je de vous joieuse soie.*
183 — B, *Sachiez se ge.*
184 — levée. B, *issue.*
186 — « en » manque dans A.
188 — A, *N'avez mestier.*
191 — A, *Dormi jusques.*
195 — B, *Commande.*
198 — A, *cel jor li est.*
199 — A, *Que ses sires.*
202 — Lisez *clers.* — B, *isnele pas.*
203 — si. A, *se.*
209 — A, *Issir fors.*
220 — fu. B, *est.*
222 — B, *Mout malement fu.*
225 — A, *autres braies baillies.*
226 — A, *Qui furent blanches et delies.*
227 — le. A, *li.* — B, *Par amors li commande.*
228 — les. A, *ses.*

230 — B, *Et il ne s'en fist pas proier.*
234 — B, *Ele se convenra.*
239 — tors. B, jors.
240 — B, *Quant fu grant eure et grant jorz.*
241 — A, *Por chacier.*
247 — dist il. B, por Dieu.
251 — A, *en ai portées.*
255 — A, *Que cele nuit conceveroie.*
256 — A, *.I. enfant qu'en.*
258 — fait ele. A, dist ele.
260 — B, *Dame,* » fait il, « *mout volentiers.*
265 — A, *toz fu jeün.*
266 — A, *du marchié.*
267 — A, *Et d'autres.*
270 — A, *ce vint à l'escot.*
273 — B, *Trové a une* (faux).
277 — A, *il n'a sa borse.*
278 — A, *l'apele.*
279-280 — Ces vers manquent dans A.
282 — B, *conclus.*
284 — A, *Celui jor meïsmes s'en vint.*
286 — A, « *Dites moi,* » fet il, « *bone dame.*
287 — A, *Vous savez bien.*
290 — A, *Qui ne fu pas trop.*
292 — A, *grant ire.*
299-300 — Ces vers manquent dans A.
301 — A, *Or venez o moi en ma chambre.*
304 — B, *let.*
305 — B, *De son dos, les soes si chauce.*
307 — la. A, sa.
312-316 — Ces vers sont remplacés dans A :

> Qu'il porta à Meün vestues :
> « Portez les, sire, au cordelier,
> Tout maintenant sanz delaier.

317 — A, *Si tost.*
318 — B, *Cil li dist :* « *A il nul çaienz.*
324 — B, *Tantost à une part.*
326 — B, *Trestot belement en l'oraille.*
327 — a. A, *ot.*
328 — A, *fet il.*
330 — A, *Par poi.*
333 — A, *cil.*
335 — A, *Puis a dit.*
338 — A, *fet cil.* — B, *prist.*
340 — A, *en est.*
341 — A, « *Dame,* » *dist il.*
343 — A, *Se je vous ai.*
348 — B, *Or est la dame bien aisie.*
356 — A, *n'en estovra.*
359-360 — A :

> Qui bien et bel son plet define ;
> Atant mon fablel ici fine.

Ce fabliau a inspiré un grand nombre de conteurs italiens et français. Citons, entre autres, Sacchetti, le Pogge, Grécourt, de Chevigné, etc. Nous le retrouvons dans la farce du *Frère Guillebert* (*Anc. Th. fr.*, I, 305). Ce conte est sans doute d'origine milésienne, et Apulée raconte une histoire du même genre.

# TABLE DES FABLIAUX

#### CONTENUS DANS CE VOLUME

|  |  | Pages. |
|---|---|---|
| FABLIAU | LV. Du Mantel mautaillié . . . | 1 |
| — | LVI. De Grongnet et de Petit (par Gerbert) . . . . . . | 30 |
| — | LVII. Du Chevalier à la robe vermeille . . . . . . . | 35 |
| — | LVIII. De la Crote . . . . . . | 46 |
| — | LIX. De Gauteron et de Marion | 49 |
| — | LX. De l'Anel... (par Haisiau) . . | 51 |
| — | LXI. Du Prestre ki abevete (par Garin) . . . . . . . | 54 |
| — | LXII. Du Prestre et des .II. Ribaus. | 58 |
| — | LXIII. Du Pescheor de Pont seur Saine . . . . . . . | 68 |
| — | LXIV. Des .III. Meschines. . . . | 76 |
| — | LXV. De la Damoisele qui ne pooit oïr parler de foutre . . . | 81 |
| — | LXVI. Du Faucon lanier . . . . | 86 |
| — | LXVII. De Pleine Bourse de sens (par Jean le Galois) . . . . | 88 |

## TABLE DES FABLIAUX

|  |  | Pages. |
|---|---|---|
| Fabliau LXVIII. | Le Pet au Vilain (par Rutebeuf). | 103 |
| — LXIX. | De le Vescie à Prestre (par Jacques de Baisieux). | 106 |
| — LXX. | De Celle qui se fist f... | 118 |
| — LXXI. | Des .III. Chevaliers et del Chainse (par Jacques de Baisieux) | 123 |
| — LXXII. | Des .III. Chanoinesses de Couloingne (par Watriquet). | 137 |
| — LXXIII. | Des .III. Dames de Paris (par Watriquet). | 145 |
| — LXXIV. | Du Vilain Mire. | 156 |
| — LXXV. | La Plantez | 170 |
| — LXXVI. | Des Putains et des Lecheors. | 175 |
| — LXXVII. | De l'Evesque qui beneï... | 178 |
| — LXXVIII. | Du Vallet aus .XII. fames. | 186 |
| — LXXIX. | De la Dame qui fit .III. tors entor le moustier (par Rutebeuf) | 192 |
| — LXXX. | Du Vilain au buffet. | 199 |
| — LXXXI. | Du Vilain qui conquist paradis par plait. | 209 |
| — LXXXII. | Le Testament de l'asne (par Rutebeuf). | 215 |
| — LXXXIII. | De Charlot le Juif (par Rutebeuf) | 222 |
| — LXXXIV. | Du Bouchier d'Abevile (par Eustache d'Amiens) | 227 |
| — LXXXV. | Le Sentier batu (par Jean de Condé). | 247 |

TABLE DES FABLIAUX 437
Pages.

FABLIAU LXXXVI. De Berangier au lonc cul
(par Guérin). . . . . 252
— LXXXVII. De Frere Denise (par Rutebeuf). 263
— LXXXVIII. Des Braies au Cordelier . . 275

NOTES ET VARIANTES du troisième volume. . 289

A PARIS

DES PRESSES DE D. JOUAUST

*Imprimeur breveté*

Rue Saint-Honoré, 338

www.ingramcontent.com/pod-product-compliance
Lightning Source LLC
Chambersburg PA
CBHW071114230426
43666CB00009B/1956